高等学校智能会计系列教材

总主编 王爱国

Python财务大数据分析

主　编　李瑞雪　宋　彪　杨海军
　　　　李康昊　王昭贤

副主编　赵瑞山　冯银波　程　军
　　　　周　鑫　时彦超

Python CAIWU

DASHUJU FENXI

中国教育出版传媒集团

高等教育出版社·北京

内容提要

本书是高等学校智能会计系列教材之一。

本书主要内容包括：绪论、Python 语法基础、数据采集与网络爬虫、数据预处理、数据统计分析、数据可视化、文本分析、特征工程、机器学习、财务大数据分析综合案例。本书精选了大量财务相关例题，并通过二维码链接了原始数据、补充知识、代码结果等，利于学生掌握要点。

本书适合作为高等学校相关课程教材，也可作为相关从业人员参考用书。

图书在版编目（CIP）数据

Python 财务大数据分析 / 李瑞雪等主编. --北京：高等教育出版社，2024.8. -- ISBN 978-7-04-062850-0

Ⅰ. F275

中国国家版本馆 CIP 数据核字第 20245W7Y79 号

| 策划编辑 | 张正阳　熊柏根 | 责任编辑 | 熊柏根 | 封面设计 | 张文豪 | 责任印制 | 高忠富 |

出版发行	高等教育出版社	网　址	http://www.hep.edu.cn
社　址	北京市西城区德外大街 4 号		http://www.hep.com.cn
邮政编码	100120	网上订购	http://www.hepmall.com.cn
印　刷	上海新艺印刷有限公司		http://www.hepmall.com
开　本	787mm×1092mm　1/16		http://www.hepmall.cn
印　张	21		
字　数	473 千字	版　次	2024 年 8 月第 1 版
购书热线	010-58581118	印　次	2024 年 8 月第 1 次印刷
咨询电话	400-810-0598	定　价	46.00 元

总　序

　　智能会计是会计转型发展的方向。伴随着网络技术和人工智能的深入发展，当今世界已经进入了一个由网络协同和数据智能双螺旋驱动的智能商业时代①。换句话说，今日之社会已经进入了一个以"数字技术、人工智能、量子计算、万物互联"为代表的第四次科技与产业革命时代。在这个新时代，人类社会的生产方式、消费形态、经济范式、管理模式和营商环境都要发生复杂的、系统的和深刻的颠覆式变化。这种变化的基本趋势是由工业文明时代的机械化、自动化、线性化和简单化向生态文明时代的智能化、生态化、集成化、复合化转型升级。会计作为服务经济和管理工作的经济信息系统或企业管理活动，在未来已来的社会，正面临着百年未有之大变局。

　　会计是古老的，它不会消亡。如果"结绳记事"②不算"会计"的话，古代会计至少可以追溯到中国的西周时期。即使从意大利帕乔利的"复式簿记"③算起，近现代会计也已有八百多年的历史。马克思曾经说过："过程（即生产过程，引者注）越是按社会的规模进行，越是失去纯粹个人的性质，作为过程的控制和观念总结的簿记（即会计，下同，引者注）就越是必要"。会计开始只是"生产职能的附带部分"，在"生产时间之外附带地把收支及支付日期等记载下来"，后来从"生产职能中分离出来，成为特殊的、专门委托的当事人的独立的职能"；会计"在记账时，每时每刻把商品转化为价值符号，抛开商品的底料和它们所具有的一切自然属性，只把它们当作交换价值登记下来"。很显然，会计归根结底发端于科学技术和生产力的不断发展，起源于由此带来的财产物资的不断丰富以及管理和分配这些财产物资的不断需求。可以说，从会计产生的那一刻起，它就是商品经济——商品革命和价格革命的产物，传播和发展到今天，以复式簿记为基本原理的现代会计，已经成为以公司制为代表的现代商务世界的底色，即底层规则和底层逻

---

① 参见：曾鸣. 智能商业［M］. 北京：中信出版社，2018.

② 东汉武梁祠浮雕上记载："伏羲仓精，初造王业，画卦结绳，以理海内"，《周易·正义》中则讲："事大，大结其绳；事小，小结其绳；结之多少，随物众寡"。

③ 复式簿记产生于13—15世纪意大利商贸比较发达的佛罗伦萨、热那亚、威尼斯等北方城市。1494年11月10日意大利数学家卢卡·帕乔利所著的《算术、几何、比及比例概要》（亦称《数学大全》）一书在威尼斯面世，在《计算与记录详论》一篇中集中反映了当时威尼斯复式簿记的内容、方法与程序。德国著名诗人歌德曾称赞复式簿记是"人类智慧的绝妙创造之一，每一个精明的商人从事经营活动都必须利用它"。

辑。即使"在资本主义生产方式废止以后,但社会化的生产仍然维持下去,价值决定就仍然在这个意义上有支配作用——劳动时间的调节和社会劳动在不同各类生产间的分配,最后,和这各种事项有关的簿记,会比以前任何时候变得重要"。一言以蔽之,会计不仅是现代商业制度化的起点,而且也是现代商业繁荣发展的记录技术基础和通用商业语言。它永远不会消失。

　　会计是重要的,它不会缺席。办经济离不开会计。经济越发展,会计越重要。只要发展经济,就离不开市场。市场不仅是配置资源的基础性手段和决定性力量,而且也是发展经济和治理经济必须坚守的经济制度信仰和体制机制底线。改革开放四十多年来,中国经济建设之所以取得世界瞩目的成就,一条基本和宝贵的经验就是尊重市场、按经济规律办事。其中,最主要的就是尊重企业是市场的主体、促进要素的全社会流动和发挥市场的资源配置作用。进一步,只要发展市场经济,就离不开科学管理,而科学管理须臾离不开会计。会计的重要性在于解决由公司资财"两权分离"所带来的信息不对称,在于维护产权制度和明确利益关系。信息公开透明是市场公平、公正和有序的基础,是价格形成、企业决策和社会理性的前提;产权清晰是发挥市场配置资源决定性作用和更好发挥政府作用的基石;利益驱动和责权统一是经济发展、社会进步和文化繁荣的动力。在可预见的未来,经济与管理不会缺席人类经济社会的繁荣进步,服务经济和管理的会计,又岂会缺席!只是在经济发展较快的时期,会计发展相对就快,在管理作用突出的阶段,会计地位相对就高而已。

　　会计是技术的,它需要变革。会计的技术性至少包括内在和外在技术性这两个方面,会计的变革源于会计内在技术性与外在技术性的辩证呼应。伴随第四次科技浪潮的兴起,人类社会的经济业务、企业形态、管理场景都已或都将发生根本性变化。其中,与会计密切相关的商业模式(简单地讲,就是一种为实现客户价值最大化,把企业运行的内外要素及其关系整合起来所形成的商业逻辑、运行系统和解决方案)将会或已经由农耕文明时代的"点"状思维和"点"状结构、工业文明时代的"线"性思维和"线"状结构转向生态文明时代的"网"性思维和"网"状结构,发展成为以消费互联网为支撑、以平台企业或生态企业为介质的场景化、生态化、实时化的消费端到制造端的直联模式;生产方式将会或已经由工业文明时代的存货式、订单式、机械化、自动化、规模化生产转变为以消费者个人偏好和个性化需求("你有我没有""你有我也有""我的比你阔""我不和你比")牵引的后推式、定制式、实时化、智能化、范围化的高韧性智能制造,也就是以工业互联网为支撑、以消费者为中心的低成本、全连接、大规模的个性化生产;管理范式将会或已经由以中心化、价值链、科层化、标准化、同质化、闭环式为特征的泰勒式管理转变为以去中心化、自主化、链接化、中台化、多模态、开环式为特征的生态化管理,也就是以人工智能等新技术为支撑、以生态系统思维为指引的自组织、多主体、各生态主协同演进的智慧管理。相应的,在计算技术和信息技术推动下,会计也逐步实现了从蒸汽时代"算盘+纸张"的"手工会计",到电气时代"计算机+磁盘"的"电算会计",再到互联网时代"计算机+局域网(互联网)"的"信息会计"的进阶式转变。

　　当前,由于以人工智能等为代表的数字技术的迭代发展,使敏捷的、低成本的价值整合、柔性制造、网络协同、商务智能、数据决策和阿米巴式经营管理成为现实;使信息——主要是会计信息的形成与利用日趋自动化、智能化成为可能；使数据成为企业价值创造和社会财富增进的主要源泉。数据就是价值、数据就是财富、数据就是资产、数据就是决策等这些与数据有关的经济与管理问题，从来没有像今天这样蓬勃而直接，会计也从来没有像今天这样遇到如此严峻的冲击和挑战——以记账、算账、报账为主要内容的会计核算，将要或已经被智能机器人所替代，人机次第联结去模拟或实现人的会计思维和财务决策，不是初见端倪，而是即将实现；以出纳、审核、分录、成本、总账、报表为主要表现的低端会计岗位，将要或已经被以预算、司库、风控、税务筹划、数据分析、战略财务、咨询与服务为主要表现的中高端会计岗位所取代；进而我们熟悉的以服务"主板市场"为主要目的、以学习"会计准则"为主要内容、以掌握"会计分录"为主要要求、以熟悉"会计循环"为主要过程、以会填"票证账表税"为主要技能、以强化"课堂教学"为主要抓手的会计人才培养方式，终将为智能会计教育教学模式所取代。

问题是，会计要往何处变、哪里改呢。是按照"业务"思路，向所谓的"业财融合"方向变；还是遵循"技术"思维，向所谓的"数据智能"方向变；抑或两者兼而有之，即以"业财融合"为基础，向"数据智能"方向变。我们是赞成第三种想法的。因为，唯有如此，才符合企业数字化和会计智能化转型升级的内在要求，才能实现会计核算向会计管理的大转变、内外会计与财务管理的大统一和经济业务与财务活动的大融合。也就是，会计要借助人工智能技术——主要是机器学习和算法引擎，聚焦价值管理和数字运营，实现会计核算自动化、会计决策智能化、会计分析可视化、会计服务共享化、会计系统云端化和业务财务一体化。

名不正，言不顺。智能时代的会计，应该叫什么呢？有的叫"云会计""智慧会计"，有的叫"大数据会计""互联网＋会计"，还有的叫"智能化＋会计""神经会计"。这些说法似乎都有道理，但好像又都没有揭示出会计的技术本质。按照技术发展及其推动的逻辑，我们将其命名为"智能会计"，也就是一种在智能时代"人工智能＋万物互联"的"智能化会计"或"智慧化会计"。具体来说，智能会计在本质上是一项管理活动，是以数字经济为前提、业财融合为基础、财务共享为平台、人工智能为支撑，在宏观和微观经济管理领域主要发挥大数据分析和辅助决策信息支持作用的，人机共生、协同进化、管理赋能的一种会计管理活动。

作为未来会计的发展方向，智能会计是在人工智能等新技术基础上，会计科学与数据科学、计算科学相互勾连、相互依赖、相互融合和相互渗透的产物。它属于交叉学科的范畴，具有计算会计科学属性，至少涉及会计核算、会计监督、会计规划、会计预测、会计决策、会计预算、会计控制、会计评价和会计共享服务等方面的全面智能化。基于这样的理解，智能会计布局要具有大会计思维，智能会计建设要采用大交叉方式，智能会计实践要采取革命式举措。同时，要始终坚持"一个遵循"和"三个把握"。

一要遵循智能会计是一种维护产权制度和明确利益关系的基础性保障制度这一会计学的经济制度本质。在万物互联时代，尽管现代企业愈发成为一个具有共建、共治、共享、共赢特征的开放、复杂、协同演进的企业生态，尽管会计也已从最初的记账工具、核算艺术发展到今天的财务会计、管理会计和财务管理并存，但是，无论在生产领域还是流通领域，资本（资金）运动"是由那种也包含价格决定或商品价格计算在内的簿记所确定、所控制的"①这一基本会计属性没有变,"资产=权益"所归纳和表达的财产与财产的权属关系这一会计恒等式和"有借必有贷、借贷必相等"这一反映资金来龙去脉的记账规则没有变,也就是说,智能会计中"会计"的原理规则、内容硬核、理论架构没有变,变化的仅是凭证方式、账表形式、方法手段,即会计之"道"没有变,变的只是会计之"术"。随着数字技术的不断嵌入,不仅会实时、可信、低成本地形成和利用会计信息,而且也会极大地提高会计计量和财务决策的精准度,一些目前看似无法计量确认的如智慧资本等,就有可能纳入企业资产、参与利润分配;一些更加符合企业利益相关者信息需求的事项、业务、场景等方面的信息,就有可能定向、个性化地被提供或定制;一些会计梦想,如流水会计、事项会计、三维会计、作业会计、行为会计、决策会计、人本会计等就有可能不同程度地实现。

二要把握智能会计定将有助于物质(业务)流、价值(资金)流、信息(数据)流深度融为一体的发展趋势。会计一向是反映和监督资金运动的,揭示的是经济活动或经济现象背后所隐藏的以货币表现的价值或经济关系——主要是会计关系和财务关系,受思想观念、组织架构、管理定式和技术条件的影响和约束,对经济关系和业务关系,尤其是企业经济业务和宏观经济形势——主要是产业政策等关注不够。有了智能会计,就很容易实现"三流合一",贯通战略战术,打通数据壁垒,筑牢数字根基;就很容易把产供销、人财物、责权利、上下游、财税金等连接为一体,甚至可以把由若干个业务生态组成的企业生态和由更多产业生态组成的行业生态实时地连接起来,构成企业、生态、环境"三位一体"的企业生命共同体,真正实现为企业管理提供场景全息信息和事项颗粒信息。

三要把握智能会计定将有助于财务会计、成本会计、管理会计、财务管理这些分门别类的会计整合为"大会计"的发展趋势。会计分化,即专门化、专业化的源头在文艺复兴和工业革命,具体在于大工业初期所强调的社会分工,以及由此带来的生产力大发展和经济关系复杂化。"分"的好处:一是便于深入地开展会计科学研究。如果不分科、不分专业,会计知识就很难往深里挖掘、向厚处积累,会计学术含量就很难提高;二是便于提高会计工作熟练程度和就业靶向性。如果不分岗位、不专门化,会计职业就很难相对独立,定位就不准,边界就不清,角色就不明,工作就没有着落。但是,随着智能时代的到来,这种过分强调"分"和"专"的思维方式和培养理念,显然已经不合时宜了。一些现在看似概念清晰、边界明确、职责分明、自成一体的会计学科或专业或课程和职业门类,借助新技术完全可以实现联合、整合、融合和集成。事实上,智能会计一出世,就应该是跨学科、跨专业、跨领域的,就是要以多学科、跨学科、超学科的交叉、交流、交融为基础,重构或新构会计的学术体系、专业体系、课程体系、概念体系和平台体系,进而孵化或催生智能会计的新内容、新理论和新方法。

四要把握智能会计定将有助于数字化、数据化、信息化、智能化、智慧化"五化"全方位深层次融合的发展趋势。数字化是智能化的基础,没有数字化所带来的数据化,就不会有智能化,就更谈不上智慧化。数字强基是会计智能化的前提。在商业智能世界里,

---

① 参见:马克思.资本论第 2 卷[M].北京:人民出版社,1958.

信息的主要表现形式是数据。数据是创造价值的新要素。数据背后是价值。数据反映的是经济、体现的是政策、承载的是责任、影响的是决策。智能会计中的"智能"不是简单的人工代替、全时工作、成本节约、效率提高，而是要在将纷繁复杂多变的经济业务信息转化为以数字表现的大数据信息基础上，运用强劲的算力、开源的算法，实现会计管理的自动化、智能化、智慧化。

基于此，智能会计要培养德智体美劳全面发展的，能够满足智能时代经济社会发展对会计数据分析和企业管理决策需求，具备人文素养、科学精神、诚信品质和技术能力，掌握财务会计、数理统计、经济管理、法律制度和现代信息技术知识，具有大数据分析和会计管理实践能力，能够在党政机关、大中型企业、金融证券公司和会计师事务所等部门从事数据分析和辅助决策工作的智慧型、复合型、创新型、应用型专门人才。具体就是使受教育者在具备企业战略思维基础上，着重熟知会计逻辑、数学逻辑以及具有数据分析能力和计算机编程能力。

为达此目的，我们在强化高等数学、数理统计、机器学习、云计算、区块链、数据库、人工智能等相关知识基础上，将现代计算与数字技术嵌入现行会计专业人才培养的课程内容和教材体系，全面重构了智能会计人才培养的专业知识结构和执业能力框架，整合建设了《智能会计概论》《智能会计信息系统》《智能财务共享》《智能财务决策》《智能财务分析可视化》《智能审计》《Python 财务大数据分析》等智能会计专业核心课程教材。在此，把我们若干不成熟的想法抛将出来，以作引玉之砖，希望得到大家的批评与指正。

是为序。

王爱国

前　言

随着"大智移云物区"等新一代信息技术的迅猛发展,数字技术深度赋能行业发展成为业界和学界共同关注和探讨的热点。在会计领域,发展智能会计已成为教育界和实务界共识,智能会计核算、智能财务共享、智能财务决策、智能财务分析可视化、智能审计作为智能会计的基本构成内容已逐步达成共识。作为智能会计的基础性技术工具,Python编程语言在智能会计体系中发挥着极为重要的底层技术工具作用,尤其是与会计专业知识和业务场景紧密结合的Python开发、应用和分析。基于此,我们编写了《Python财务大数据分析》这本教材,希冀能助推会计智能化与企业数字化的成功转型,并作为相关课程教材,能助力高校进行智能会计教学改革和智能会计人才培养。

本书将Python与会计知识和业务场景深度融合,以数据科学处理流程为依据,从Python基础知识讲起,使用会计专业案例,深入浅出地训练学生的数据思维和财务大数据分析能力。本书共有十章:第一章绪论,主要阐释财务大数据分析概念、Python应用平台安装步骤和对于Python程序的初体验;第二章Python语法基础,主要阐释Python的数据类型、程序控制过程和函数应用;第三章数据采集与网络爬虫,重点阐述如何用爬虫技术获取财务大数据,为辅助企业进行智能决策奠定基础;第四章数据预处理,重点阐述如何利用Python中的pandas包进行财务大数据的数据筛选、合并、清洗;第五章数据统计分析,主要阐述财务大数据的描述性统计分析、分组与聚合,以及如何将财务数据按照不同维度进行透视;第六章数据可视化,主要阐述如何使用matplotlib和pyecharts进行财务大数据的可视化展示;第七章文本分析,主要阐释Python中的jieba库在财务文本数据分析中的使用,以及财务文本情感分析和财务文本主题分析的流程方法;第八章特征工程,主要阐释特征工程的概念、作用,特征转换中的特征编码、特征分箱和特征转化的应用,以及特征选择常用方法;第九章机器学习,主要阐述财务大数据分析中常用的机器学习模型及其适用性;第十章财务大数据分析综合案例,是针对全书知识点的综合实训,主要包括两个综合实训任务,一是基于Python基础技术工具包的财务报表数据分析,二是基于机器学习的财务舞弊风险预测,使用Python工具来实现。

本书为中国商业会计学会"全国会计青年骨干教师能力素养提升培养项目(第一期)"阶段性成果。本书由山东财经大学王爱国担任总主编,由山东财经大学李瑞雪、内蒙古财经大学宋彪、山东大学杨海军、山东财经大学李康昊、山东新产教信息科技有限公司王昭贤共同担任主编,由山东省教育科学研究院赵瑞山、河南工业大学冯银波、山东财经大学程军、河南工程学院周鑫、临沂大学时彦超担任副主编。第一章由冯银波编写,第二章由杨海军编写,第三章由李瑞雪、时彦超编写,第四章由周鑫编写,第五章由李瑞雪编写,第六章由李康昊编写,第七章由宋彪、王昭贤、赵瑞山编写,第八章由程军编写,第九章由宋彪编写,第十章由王昭贤编写。李瑞雪负责统稿。山东财经大学刘方茗、刘梅梅和山东新产教信息科技有限公司田春农参与了教材编写讨论、案例程序测试等工作。

　　本书从构思到编写得到了学界和业界专家的大力支持,在编写过程中也参考了一些教材及其他资料,在此表示诚挚的谢意。受编者水平所限,本书难免有不妥之处,敬请读者批评指正。

编　者
2024 年 7 月

目　录

第一章 绪 论

🎯 **学习目标**

1. 理解财务大数据的概念、分析类型和方法。
2. 了解财务大数据的分析流程和工具。
3. 了解 Python 的发展史、特点和应用领域。
4. 掌握输入输出语句、程序注释、变量赋值和命名。

第一节 财务大数据分析概述

一、财务大数据的概念与应用场景

半个世纪以来,随着计算机技术全面融入社会生活,信息爆炸已经积累到了一个开始引发变革的程度,也催生出了"大数据"这个概念。什么是大数据?麦肯锡全球研究所认为,大数据是一种规模大到在获取、存储、管理、分析方面大大超出了传统数据库软件工具能力范围的数据集合,具有海量的数据规模、快速的数据流转、多样的数据类型和较低的价值密度四大特征。研究机构 Gartner 对于"大数据"(big data)给出了这样的定义:"大数据"是需要新处理模式才能具有更强的决策力、洞察发现力和流程优化能力来适应海量、高增长率和多样化的信息资产。

(一) 财务大数据的概念

传统意义上的财务数据以企业财务报告数据为主,包括资产负债表、利润表、现金流量表、股东权益变动表及报表附注等相关数据。财务大数据除了涵盖传统的财务报告数据,还包含了宏观数据、行业数据及企业内部经营数据等相关数据。从数据类型来看,财务大数据除了包括结构化数据,还包括半结构化数据和非结构化数据。

目前,财务大数据正经历着四个转变。

(1) 数据来源的广度和深度发生了重大转变。

（2）数据处理由集中式向分布式转变。

（3）数据分析从数据仓库向深度学习转变。

（4）数据输出由图表化向可视化转变。

对不同来源的财务大数据的处理、分析、优化与管理，将其应用于辅助企业决策，具有以下价值。

（1）有助于企业形成战略优势。

（2）有助于企业提高核心竞争力。

（3）有助于企业提升决策能力。

（4）有助于企业提高效率。

（5）有助于企业维护客户关系。

（6）有助于优化企业治理、提升合规性。

（二）财务大数据在企业中的应用场景

财务大数据在企业中的应用场景本质上就是数据业务的应用场景，是数据和数据分析在企业经营活动中的具体表现。

1. 财务指标分析

它是指总结和评价企业财务状况与经营成果的分析指标，包括偿债能力指标、运营能力指标、盈利能力指标、发展能力指标、每股指标、相对价值指标等。利用 Python 进行分析与可视化，除了进行传统的静态分析（单个企业单一年度的指标），还可以进行经营财务趋势分析（单个企业多年时间序列的指标）、同业比较分析（某一年同行业内多家企业的横截面指标），甚至可以进行复杂的多企业多年度对比分析，以及综合的杜邦分析法分析。

2. 年报文本检索

首先，利用 Python 设定上市公司年度报告信息检索参数，如检索方案的主语、谓语和宾语，以及行业、数据源、数据源细分、指定公司等检索信息的对象要求设定；其次，根据得到的检索结果，填写上市公司年报文本信息检索程序运行的反馈信息，如信息条数、指定公司信息条数；最后，结合所检索的信息内容，描述信息使用场景及产生的价值。

3. 年报语调分析

利用 Python 构建机器学习模型，用于年报文本情感或语调的分析，在选定训练集的基础上采用朴素贝叶斯、支持向量机、决策树等特定算法训练模型，确定文本分类的规则，再应用于全部文本。除了以上市公司年报的文本内容为基础衡量管理层语调，还可以推广到其他公开文本信息，如专业媒体的新闻报道和评论、社交媒体与在线论坛的交互信息。

4. 财务危机预警

财务危机预警系统是指通过设置并观察一些敏感性财务指标的变化，从而对企业的财务危机事先进行预测的财务分析系统。在 Python 中，可以用 sklearn 库中的分类决策树模型进行分类变量取值的预测，可以用 matplolib 库绘制预警分析图，可以用 graphviz 插件进行模型可视化。

二、财务大数据分析的类型与方法

（一）财务大数据分析的类型

企业通过财务大数据分析创造价值，可分为四种类型：描述性数据分析（结果监控）、诊断性数据分析（问题诊断）、发现性分析（洞察）、预测性数据分析（智能预测）和规范性数据分析（决策支持）。从描述性到规范性数据分析，复杂性和工作量逐步增加，机器智能的参与程度也越来越高。

1. 描述性数据分析

描述性数据分析描述的是已经发生的信息，从会计角度看，这些信息是指历史财务信息。例如：可以根据该公司过去的财务状况对客户信用风险进行预测评估，可以根据客户的产品偏好和销售周期来预测销售结果。

2. 诊断性数据分析

诊断性数据分析是对产生历史结果的原因进行说明，它试图回答"为什么会发生"。例如：在传统财务中，差异分析可以揭示预算结果与实际结果之间产生偏差的根本原因；因果分析可以解释为什么会出现某些结果。

3. 发现性数据分析

这一步可以放在诊断性分析和预测性分析之间。在发现性分析期间，可以通过研究和分析来确定历史信息与另一个数据库之间是否存在联系。

4. 预测性数据分析

预测性数据分析试图通过分析历史数据和趋势来确定即将发生的事。例如：会计部门编制现金流预测报告。

5. 规范性数据分析

规范性数据分析利用在描述性分析、诊断性分析和预测性分析中得到的信息，指导性分析给出近似商业战略的特定决策或变更建议，也可称为实现预期结果的最佳方案。

（二）财务大数据分析的方法

1. 趋势分析法

趋势分析法是追踪数据的趋势变化，找到一些增长或者下降的拐点，然后去分析对应的原因。一般而言，趋势分析适用于产品核心指标的长期跟踪，如营业收入、活跃用户数、网页点击量。做出简单的数据趋势图并不算是趋势分析，趋势分析更多的是需要明确数据的变化以及对变化原因进行分析。

2. 对比分析法

对比分析法是成对的比较，分为横向对比和纵向对比。横向对比是指和"他人"比较，如两家公司的毛利率的对比、公司和行业平均的库存周转率的对比；纵向比较也称动态分析，是指按照时间维度和自己比较，是通过对有关指标的各期对基期的变化趋势的分析，如一家公司去年和今年的毛利率的对比。

3. 细分分析法

细分分析法是指分维度、降低数据颗粒度来分析数据。分维度是指增加维度，如离职率按照部门维度来分析;降低数据颗粒度是指降低数据聚合的程度,如离职率不按年份而按照月份来统计。

4. 溯源分析法

溯源分析法,即从原始数据中获得洞察。溯源是指在对比、细分锁定到具体维度和颗粒度之后依然没有结论,那就需要查看原始数据,洞察数据,从数据中寻找灵感。

三、财务大数据分析的流程

(一)明确数据分析目标

明确数据分析目标,确定分析思路。这是确保数据分析过程有效进行的先决条件,为数据的采集、处理及分析挖掘提供清晰的指引方向,并根据明确分析目标搭建体系化分析框架和体系化指标。例如,某企业进行客户分析时,可进行客户基础特征分析、客户购买行为分析、客户潜在价值分析等,有的放矢地获取相关数据,分析挖掘数据背后的价值,为企业带来更大效益。

(二)数据采集

明确分析目的及分析框架后,自然需要相应的数据支撑,那数据来自哪呢? 通过什么方式获取呢? 一般来说,数据主要来源于企业内部的数据库、公开出版物、互联网公开数据等。例如,根据工作要求,我们想要获取能源行业上市公司 2023 年报进行利润率分析,数据就需要从网上获取。相比枯燥乏味地重复粘贴网页数据,通过 Python 爬虫获取数据比较轻松并且高效,是一种很好的选择。

利用 Python 采集财务大数据,通常有三种方法:①直接从上市公司网站上爬取相关财务数据;②从新浪财经、巨潮资讯等财经网站上爬取上市公司相关财务数据;③调取相关数据接口,如 WIND(万得咨询)、CSMAR(中国经济金融研究数据库)、Tushare。

(三)数据预处理

数据预处理的基本目的是从大量的杂乱无章难以理解的数据中抽取并推导出对解决问题有价值有意义的数据。数据处理是指对已经采集到的数据进行适当的清洗、变换、集成,最后存储起来,主要包括以下步骤:①数据清洗,可以将一些噪声数据和异常数据剔除,同时纠正数据中存在的不一致现象。②数据变换,是指改进一些涉及距离度量的挖掘算法中的精度与有效性,然后把不同度量的数据进行归一化,让数据更能体现价值所在。因此,在进行数据分析之前运用数据预处理技术可以大大提升数据分析的质量,同时也能够提高分析的速度与准确性。③数据集成,是指将来自不同数据源的数据合并在一起,从而形成单一或便于处理的结构形式。数据集成的过程中一般会采用一些数据过滤器,然后通过聚类或关联分析的规则方法,把异常数据过滤掉,以此来防止异常数据对最终的结果造成不利影响,之后再将整理过的数据进行继承与存储。

(四)数据挖掘

数据分析是用适当的分析方法及工具对处理过的数据进行分析,提取有价值的信息,形成有效结论的过程。数据挖掘其实是一种高级的数据分析方法,就是从大量的数据中挖掘出有用的信息，它是根据用户的特定要求，从浩如烟海的数据中找出所需的信息，以满足用户的特定需求。一般来说，数据挖掘侧重解决四类数据分析问题，即分类、聚类、关联和预测，其重点在寻找模式和规律。数据分析和数据挖掘的本质是一样的，都是从数据中发现业务的知识和规律，指导数据使用部门做出更好的决策。

（五）数据可视化

数据可视化是指将庞杂抽象的数据转化为直观易懂的图形，它能帮助我们快速把握数据的分布和规律，更加轻松地理解和探索信息。大数据往往存在数据量大、关联关系极为复杂等特点，因此，如何通过图形化、图像化以及动画化等技术和方法，清晰明朗地展现给用户是一个很重要的问题。比如，通过折线图表现趋势变化，通过饼图表现构成比例，通过散点图表现各变量之间的相关性等。数据可视化技术不仅能够迅速且有效地简化与提炼数据，让大量的数据经过交互之后再提供给用户，还能够让用户从复杂的数据中更快、更好地获取到新的发现。在财务分析领域、经营预警领域中，利用形象的图形向用户展示结果已经成为目前最理想的展示方式。

（六）数据报告

经过以上分析，我们需要将得到的内容汇总成数据分析报告。数据报告主要包含下面的内容：①报告背景，主要描述分析的业务现状和要解决的问题。②数据基本情况，主要体现数据来源及可靠性、数据维度概览、数据完整性等。③可视化图表，每个数据指标和分析结论的可视化展示。④决策建议，提供问题可行的解决方案。

四、财务大数据分析工具

（一）Excel

Excel是微软公司开发的一款电子表格软件，包含了数据处理、计算、数据分析和数据可视化等功能。使用表格的形式，将数据组织成行和列，并提供了丰富的函数和工具来处理数据。Excel可用于各种用途，从简单的数据录入和计算到复杂的数据分析和图表制作。

1. 用 Excel 做数据分析的优点

（1）易学易用：Excel是大众化的软件，几乎任何人都能基本掌握其使用。它不需要编程知识，只需简单的公式和函数，即可进行数据分析。

（2）广泛的应用：Excel几乎在任何行业都得到使用，因此使用Excel进行数据分析的人员和资源相对容易找到。

（3）灵活性：用户可以根据需要自定义公式和分析流程，使Excel成为适应不同分析需求的工具。

2. 用 Excel 做数据分析的缺点

（1）有限的数据处理能力：对于大规模数据集或复杂的数据分析任务，Excel的处理能力有限，容易导致性能问题和系统崩溃。

（2）不适合复杂分析：对于高级数据分析和建模需求，Excel的功能和灵活性有限，无法与专门的数据分析工具相媲美。

（3）易出错：手动输入数据和公式时容易出现错误，特别是当工作表非常庞大时，很难发现和纠正错误。

（二）MATLAB

MATLAB 是一种高级的数值计算和编程环境，特别适用于工程、科学和数据分析领域。它提供了强大的数值计算功能、丰富的工具箱、图形绘制和数据可视化功能，使得它成为许多工程师和科学家的首选工具。

1. 用 MATLAB 做数据分析的优点

（1）易学易用：MATLAB 的语法简单直观，类似于常见的数学表达式，使得学习和上手变得相对容易，即使对编程没有太多了解的人也能较快上手。

（2）强大的工具箱：MATLAB 提供了许多专业工具箱，涵盖了各种领域的工程和科学应用，包括信号处理、控制系统、图像处理、优化等，这使得它非常适合特定领域的数据分析和处理。

（3）优秀的数据可视化：MATLAB 拥有丰富的绘图和可视化功能，能够快速生成高质量的图表和图形，有助于数据的直观展示和分析。

2. 用 MATLAB 做数据分析的缺点

（1）费用较高：MATLAB 是一款商业软件，相较于开源软件，其许可费用较高，可能会成为一些用户选择其他工具的原因。

（2）处理大规模数据的挑战：虽然 MATLAB 支持并行计算，但在处理大规模数据时，性能可能相对较差，特别是对比一些针对大数据优化的开源工具。

（3）速度相对较慢：与一些编译型语言相比，MATLAB 是解释型语言，其执行速度相对较慢，对于某些需要高效率的大规模数据处理任务，可能不是最佳选择。

（三）R

R 是一种广泛用于数据分析和统计建模的编程语言和环境。它提供了丰富的数据分析工具和包，使得数据科学家和分析师能够有效地处理和分析数据，从而得出有意义的结论。

1. 用 R 做数据分析的优点

（1）开源免费：R 是一个开源项目，用户可以免费使用，并且可以根据自己的需求进行修改和定制。

（2）强大的数据分析能力：R 拥有大量的数据分析函数和包，涵盖了从数据清洗、探索性数据分析、统计建模到数据可视化等各个方面的工具。

（3）活跃的社区支持：R 拥有一个庞大而活跃的社区，用户可以从社区中获取帮助、分享知识和发现新的功能和包。

2. 用 R 做数据分析的缺点

（1）学习曲线较陡：对于初学者来说，R 的学习曲线可能相对较陡，特别是对于没有编程经验的人来说，可能需要一些时间来熟悉 R 的语法和概念。

（2）内存管理相对较差：R 的内存管理相对较为简单，这可能导致在处理大型数据集时出现与内存相关的问题。

（3）图形界面有限：相比其他数据分析工具，R 的图形界面相对简单，这可能不太适合那些更喜欢复杂可视化操作的用户。

（四）商务智能(BI)工具

Power BI 和 Tableau 是两种流行的商务智能(BI)工具，用于数据分析和可视化。它们旨在帮助用户从各种数据源中提取信息，生成交互式报表和仪表板，以便更好地理解数据，并作出商业决策。

1. 用商务智能工具做数据分析的优点

（1）易学易用：Power BI 和 Tableau 都提供直观的用户界面和拖放功能，使得数据分析和可视化变得简单易懂，不需要编程知识。

（2）交互式可视化：Power BI 和 Tableau 都支持交互式可视化，用户可以通过交互控件和过滤器来探索数据，发现隐藏的模式和见解。

（3）丰富的图表和图形：Power BI 和 Tableau 提供了丰富的图表类型和定制选项，使用户能够根据需求创建各种复杂的可视化。

2. 用商务智能工具做数据分析的缺点

（1）费用较高：商务智能工具通常需要购买许可，尤其是企业使用时，可能需要投入较高的成本。

（2）性能问题：在处理大规模数据时，这些工具可能会遇到性能问题，特别是在不优化的情况下，加载和呈现大规模数据时可能较慢。

（3）学习曲线较陡：尽管这些工具易于上手，但要充分利用它们强大的功能，可能需要一定的学习和培训时间。

（五）Python

Python 是一种高级编程语言，以简洁、易读的语法而闻名，并且具有强大的社区支持，因此成为了许多领域的首选编程语言，包括数据科学和数据分析。

1. 用 Python 做数据分析的优点

（1）丰富的库和生态系统：Python 拥有大量优秀的数据科学和数据分析库，如 numpy、pandas、matplotlib、seaborn、scipy 等。这些库提供了强大的功能，帮助处理和分析数据。

（2）易学易用：Python 具有简单、易读的语法，使得初学者可以快速上手。与其他编程语言相比 Python 更加直观和易于理解。

（3）开源免费：Python 是开源的，意味着任何人都可以免费使用和修改它。这使得它成为一个受欢迎的选择，尤其是对于个人和小型团队来说。

2. 用 Python 做数据分析的缺点

（1）执行效率相对较低：与一些编译型语言相比，如 C++ 或 Java，Python 的执行速度较慢。这意味着处理大规模数据时可能会感到一些性能上的限制。

（2）全局解释器锁(GIL)：Python 的 GIL 限制了多线程执行，这可能对并行计算造成一些影响。虽然有解决方案（如使用多进程而不是多线程），但对于某些特定任务，性能仍可能受到影响。

（3）不适合高度复杂的计算：对于某些需要大量数值计算和高度优化的任务，Python 可能不如专门针对此类任务设计的语言效率高。

第二节 Python 编程概述

一、Python 的发展历程与应用领域

（一）Python 的发展历程

Python 是由 Guido van Rossum 于 20 世纪 80 年代末至 90 年代初在荷兰创造的一种高级编程语言。它的设计哲学强调代码的可读性和简洁的语法，使得 Python 成为一种易学易用的语言。自诞生以来，Python 经过多年的发展，已成为一种广泛应用于软件开发、数据分析、人工智能等领域的流行编程语言。

（二）Python 的应用领域

Python 是一种解释型脚本语言，可以应用 Web 和 Internet 开发、科学计算和统计、人工智能、桌面界面开发、软件开发和后端开发等领域。具体应用如下：

（1）图形处理：有 PIL、tkinter 等图形库支持，能方便进行图形处理。

（2）数学处理：numpy 扩展提供大量与许多标准数学库的接口。

（3）文本处理：Python 提供的 re 模块能支持正则表达式，还提供 SGML、XML 分析模块，许多程序员利用 Python 进行 XML 程序的开发。

（4）数据库编程：可通过遵循 Python DB-API（应用程序编程接口）规范的模块与 Microsoft SQL Server、oracle、sybase、DB2、MySQL、SQLite 等数据库通信，自带一个 Gadfly 模块，提供了一个完整的 SQL 环境。

（5）网络编程：提供丰富的模块支持 sockets 编程，能方便快速地开发分布式应用程序。很多大规模软件开发计划，如 Zope、Mnet 及 BitTorrent. Google 都在广泛地使用它。

（6）Web 编程：应用的开发语言，支持最新的 XML 技术。

二、Python 的集成开发环境

集成开发环境（integrated development environment，IDE）是用于提供程序开发环境的应用程序。

（一）IDLE

集成开发与学习环境（integrated development and learning environment，IDLE）是 Python 内置的集成开发工具，无须单独安装，同时也是开发 Python 程序的基本 IDE，具备 IDE 的基本功能，如语法高亮、段落缩进、基本文本编辑、TABLE 键控制和调试程序。

（二）PyCharm

PyCharm 是一种 Python IDE，由 JetBrains 公司开发。PyCharm 带有一整套可以

帮助用户在使用 Python 语言开发时提高效率的工具，如调试、语法高亮、Project 管理、代码跳转、智能提示、自动完成、单元测试和版本控制。

（三）Anaconda

Anaconda，是一个开源的 Python 发行版本，广泛应用于数据科学、机器学习应用程序、大规模数据处理和预测分析等。它的发行版旨在简化包管理和部署，包括适用于 Windows、Linux 和 macOS 的数据科学包及其依赖项，由 Peter Wang 和 Travis Oliphant 于 2012 年创立的 Anaconda，Inc. 开发和维护。

讲解视频

Anaconda
安装教程

（四）大数据分析集成平台

在当今的大数据分析领域，很多大数据课程集成平台已在系统中植入 Python 的云编程环境，用户无须进行烦琐的下载及安装步骤，直接通过登录到课程系统中，轻松一键调用云编程环境，即可进行相关实训操作。

以山东新产教信息科技有限公司开发的"财务大数据综合实践平台"为例，如图 1-1 所示。平台内置 Jupyterhub 编程环境，便于 Python 相关内容的实训。平台支持实时代码运行、可视化展示、代码评分等功能，大大增加了教学的内容完整性和连贯性。

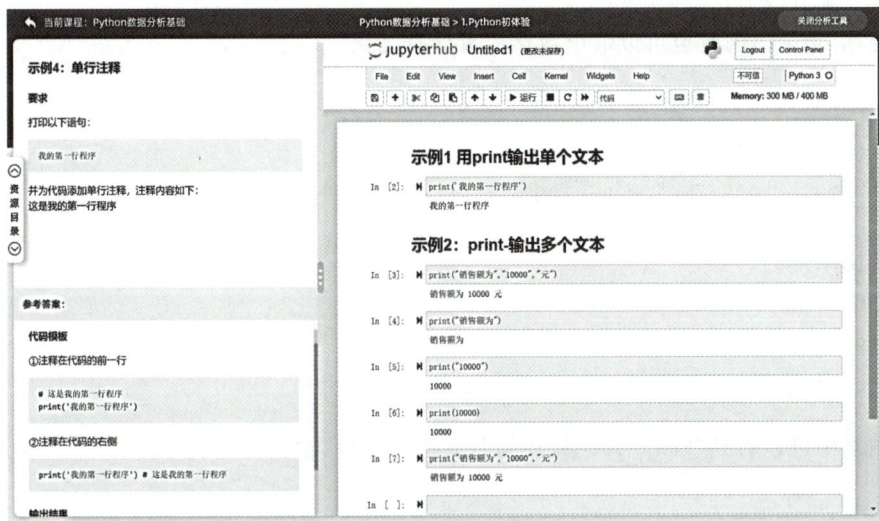

图 1-1　财务大数据综合实践平台

三、Python 的基本语句

（一）输入输出语句

1. 输出语句（print）

（1）输出单个文本。

print()函数的作用是将结果打印输出，是 Python 的常用函数之一。

```python
print("Python 财务大数据分析")
print('Python 财务大数据分析')
```

输出结果为：

Python 财务大数据分析

Python 财务大数据分析

这里要注意：如果要输出的是文本数据，需要使用引号标识后输出，单引号和双引号作用一样，但在 Python 中所有符号都需要在英文状态下输入。

（2）输出多个文本。

print()函数输出时，"＋"可以拼接多个文本。多个文本之间用逗号","隔开时，输出时会依次打印每个文本，遇到逗号","默认输出一个空格。

```
print("Python" + "财务大数据分析")
print("销售额为","10000","元")
```

输出结果为：

Python 财务大数据分析

销售额为 10000 元

（3）输出数字。

使用 print()函数也可以输出数字或者计算结果。

```
print(299)
print(299 - 100)
print("299 - 100"," = ",299 - 100)
```

输出结果为：

299

199

299 - 100 = 199

结果中可以看到"299－100"使用引号后没有计算，输出的是文本。

2. 输入语句（input）

input()函数是最常用的输入函数，用来获取用户的输入，其返回值为字符串类型，可以赋值给变量。当程序运行到 input()函数时，程序会暂停并等待用户输入，用户输入完成后，点击回车，程序会继续执行。

```
a = input("请输入到货原材料数量")    #输入数量 100 点击回车
print("本次到货原材料数量为：",a)
```

输出结果为：

请输入到货原材料数量 100

本次到货原材料数量为：100

➢ Python 常见报错和解决方案(表 1-1)

表 1-1　　　　　　　　Python 常见报错和解决方案

常见报错	常见报错截图	解决方案

运行什么都不出结果	`[*]:` ▶ `a=input("请输入到货原材料数量")`
	`print("本次到货原材料数量为:",a)`
	`[*]:` ▶ `print("Python" + "财务大数据分析")`
		1. 点击中断内核
		✂ ⎘ ⎗ ↑ ↓ ▶运行 ■ C ⏭
		2. 问题所在
		python 中 input 函数正在等待接收一个值,而未输入,所以无法继续往下运行。

(二) 注释语句

注释语句是指在程序中添加的一些说明性文字,用于解释程序的功能、实现方法、变量含义等。注释的作用是方便程序员自己和其他人阅读和理解代码,同时也可以提高代码的可维护性和可读性。注释应该清晰明了,简洁明了,不要过多地注释,也不要过少地注释。

1. 单行注释

单行注释以"#"号开头,一直到行末为止,快捷键是"Ctrl+/"。也可以在代码行后面添加注释。

```
#这是我的第一行程序
print("Python 财务大数据分析")
print("银行存款为:",100,"万元")     #100 是数值
```

输出结果为:
Python 财务大数据分析
银行存款为:100 万元

2. 多行注释

一次性注释程序中多行内容时,使用三个连续的单引号('')或三个连续的双引号("""")注释多行内容。

```
"""
这是一个双引号示例
让计算机输出这句话
财务大数据课程
"""
print("财务大数据课程")
```

输出结果为：

财务大数据课程

（三）变量的赋值与命名语句

1. 变量的概念

变量来源于数学，是计算机语言中能储存计算结果或能表示值的抽象概念，在 Python 中，可以简单地认为，变量就是数据的名字。每个变量在使用前都必须赋值，赋值后该变量才会被创建。可以使用等号（＝）对变量赋值或修改值，"＝"被称为赋值符号。Python 中的变量可以代表任意数据类型，如数值、字符串、列表、字典。

2. 变量赋值语句

（1）单变量赋值。

单变量赋值是指将一个值赋给一个变量，使得该变量存储该值。

```python
# 创建一个变量 Assets 接收资产
Assets = 1000
print("公司资产为",Assets,"元")
```

输出结果为：

公司资产为 1000 元

（2）多变量赋值。

多变量赋值是指在一行代码中同时给多个变量赋值。

```python
#多个变量赋相同的值
a = b = c = 1
print(a,b,c)
```

输出结果为：

1 1 1

输出结果意味着 a、b、c 三个变量同时创建，被赋予相同的值 1。

```python
#多个变量赋不同的值
a,b,c = "库存现金为",90,"元"
print(a,b,c)
```

输出结果为：

库存现金为 90 元

输出结果意味着 a、b、c 三个变量同时创建，被赋予不同的值，按顺序对应赋值。

> 小贴士

> ➤ 当你创建一个变量时,Python 会在内存中为该变量分配空间,并将其与一个特定的值关联起来。如果你创建了两个变量并将它们都命名为相同的名称,那么后创建的变量将覆盖先前创建的变量。

3. 变量命名语句

变量命名是指在编程中给变量起一个有意义的名称,以便于代码的可读性和可维护性。变量名可以包括字母、数字、下划线、中文等字符及组合。为增加变量识别和可读性,根据惯例有以下几种变量命名规则(非强制性规则)。

(1) 骆驼式命名法。

骆驼式命名法(camel case),又称驼峰式命名法,是一种常用的变量命名规范,它的命名方式是将多个单词连接在一起,每个单词的首字母大写,其余字母小写。

例如,小驼峰命名法(原材料:rawMaterials、库存商品:finishedGoods)。

例如,大驼峰命名法(原材料:RawMaterials、库存商品:FinishedGoods)。

(2) 蛇形命名法。

蛇形命名法(snake_case)又称下划线命名法,使用下划线将单词连接起来,可以使变量名更加清晰易读,实际中使用最多。

例如,成本数据:cost_data、历史成本:historical_cost。

(3) 自由命名法。

自由命名法(studly caps)混杂大小写、中文、下划线,相对自由的为变量命名。

例如,数据:data、其他数据:Data、生产成本:生产成本、利润表:lrb。

```
# 创建变量接收输入的数量
amount = input("请输入到货原材料数量")    # 输入 100
# 单价 10,计算原材料入库成本
raw_materials = 10 * amount
# 打印原材料入库成本
print("原材料入库成本",raw_materials,"元")
```

输出结果为:

请输入到货原材料数量 100

原材料入库成本 100100100100100100100100100100 元

很明显上述结果是把"100"打印了 10 次,这并不是我们想要的结果。这是因为 input()函数的返回值为文本,如需计算我们要先将其转换为数值。可以通过 int()函数、float()函数将其转换为整数和小数。下面我们可以尝试修改一下这个案例。

```
# 创建变量接收输入的数量
amount = int(input("请输入到货原材料数量"))    # 输入 100
```

```
#单价10,计算原材料入库成本
raw_materials = 10 * amount
#打印原材料入库成本
print("原材料入库成本",raw_materials,"元")
```

输出结果为：

请输入到货原材料数量 100

原材料入库成本 1000 元

小贴士

　　变量名注意事项：①大小写敏感。②首字符只能是字母或者下划线,不能是数字。③Python3 可以用中文命名。④不能使用以下 35 个保留字(关键字)命名：

and	as	assert	break	class	continue	await
def	del	elif	else	except	finally	async
for	from	False	global	if	import	while
in	is	lambda	nonlocal	not	None	with
or	pass	raise	return	try	True	yield

```
#使用保留关键字作为变量名
and = 5
print(and)
```

输出结果为：

SyntaxError：invalid syntax

补充知识

我的第一个
Python 小程序

◎ 本章小结

　　1. 传统意义上的财务数据以企业财务报告数据为主,包括资产负债表、利润表、现金流量表、股东权益变动表以及报表附注等相关数据。

　　2. 财务大数据除了涵盖传统的财务报告数据,还包含了宏观数据、行业数据及企业内部经营数据等相关数据,从数据类型来看,除了结构化数据,还包括半结构化数据以及非结构化数据。

　　3. 财务大数据分析分为五种类型,包括描述性数据分析(结果监控)、诊断性数据分析(问题诊断)、发现性分析(洞察)、预测性数据分析(智能预测)、规范性数据分析(决策支持)。

　　4. 财务大数据分析方法包括趋势分析法、对比分析法、细分分析法、溯源分析法,分析流程包括明确数据分析目标、数据采集、数据预处理、数据挖掘、数据可视化和数据报告 6 个步骤。

5. Python 是一种解释型脚本语言，广泛应用于 Web 和 Internet 开发、科学计算和统计、人工智能、桌面界面开发、软件开发、后端开发等领域。

6. 注释是对代码的解释和说明，只是为了提高可读性，并不会被执行，通常分为单行注释和多行注释。

7. Python 中，可以使用等号"＝"对变量赋值或修改变量取值，变量可以是数值、字符串、列表、字典等数据类型。

复习思考题

1. 财务大数据是什么？对企业有什么价值？
2. 财务大数据在企业中的应用场景有哪些？
3. 财务大数据分析的类型和方法有哪些？
4. 财务大数据分析的基本流程是什么？
5. 财务大数据分析的常用工具有哪些？
6. Python 的主要应用领域有哪些？
7. Python 编程的常用平台有哪些？
8. 分析财务大数据分析的未来发展趋势。

实践操作题

1. 登录 Anaconda 官方网站 https://www.anaconda.com/，下载并安装 Python。

2. 打开 Jupyter Notebook 或 Spyder，观察其界面，浏览菜单、工具栏、工作区等。运行基本的命令，如 print()、input()，以及赋值，并添加注释语句。

3. 利用简单的输入输出语句、注释语句、变量赋值与命名语句编写一个 Python 小程序。

第二章　Python 语法基础

🎯 **学习目标**

1. 熟练掌握 Python 中的数据类型。
2. 了解并可熟练使用 Python 程序的三种基本结构。
3. 掌握结构化编程的思想,熟悉函数的应用。

第一节　数 据 类 型

在财务会计领域,我们经常需要与数字打交道,比如日常收付款、工资发放等。那么,这类数字在 Python 中是以什么类型存储和处理的呢?除了数字以外,对财务人员来说必不可少的会计科目、报表项目等又是以什么类型存储的呢?不同的数据,在计算机中的存储类型和存储空间可能也是不同的。

一、数据类型的概念

计算机在对数据进行运算和操作时,需要明确数据类型,不同的类型需要不同的操作,并且每一种数据类型都有自己独特的形式。Python 中的数据类型就是用来装数据的容器,不同的容器会有不一样的特性。

在 Python 中,有 6 种标准的数据类型,如图 2-1 所示。

二、数值

(一)数值的类型分类

(1)整数(int):与数学中整数的概念一致,可正可负,没有取值范围的限制,如 1、8、99。

(2)浮点数(float):与数学中实数的概念一致,指带有小数点及小数的数字,如 3.14。

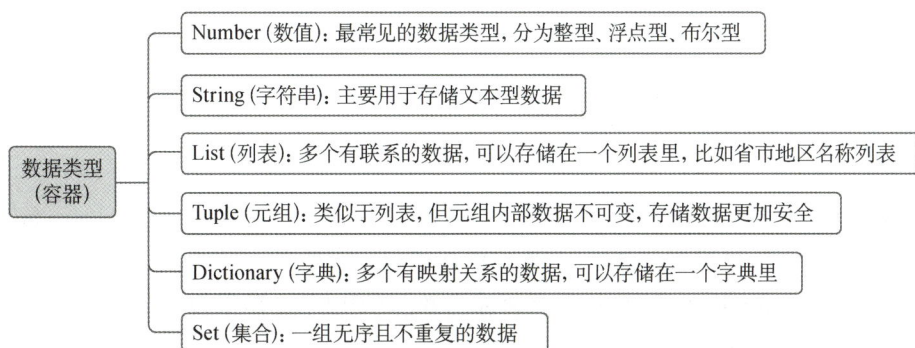

- Number (数值)：最常见的数据类型，分为整型、浮点型、布尔型
- String (字符串)：主要用于存储文本型数据
- List (列表)：多个有联系的数据，可以存储在一个列表里，比如省市地区名称列表
- Tuple (元组)：类似于列表，但元组内部数据不可变，存储数据更加安全
- Dictionary (字典)：多个有映射关系的数据，可以存储在一个字典里
- Set (集合)：一组无序且不重复的数据

数据类型（容器）

图 2-1　标准的数据类型

（3）布尔值（bool）：主要使用 True 和 False 的保留字表示，布尔值一般产生于成员运算符、比较运算符、逻辑运算符。True 和 False 可以参与数值运算（可以将 True 理解为 1，将 False 理解为 0）。

（4）复数（complex）：复数由实数部分和虚数部分构成，可以用 a+bj，或 complex(a,b)表示，a 称为实部，b 称为虚部，j 称为虚数单位。

在 Python 中，可以使用 type()函数来查看数字类型。

（二）数值运算

要进行各种复杂的运算，就需要各种运算符号。将运算符和操作数组合成表达式，即可实现程序编制中所需的大量操作。数值运算，需要使用运算符，运算符主要有以下 6 种：

1. 算术运算符

在 Python 中，算术运算符用于执行基本的数学运算，包括加、减、乘、除、取模和幂运算等。创建变量 a＝13，b＝10，Python 中常用算术运算符及其实例，如表 2-1 所示。

表 2-1　　　　　　　　　　　　常用的算术运算符及其实例

运算符	描述	实例
＋	加，两个对象相加	a＋b 输出结果 23
－	减，两个对象相减	a－b 输出结果 3
*	乘，两个对象相乘	a * b 输出结果 130
/	除，两个对象相除	a/b 输出结果 1.3
％	取模，返回除法的余数	a％b 输出结果 3
**	幂，返回 a 的 b 次幂	a ** b 输出结果 137858491849
//	取整除，返回商的整数部分	a//b 输出结果 1

小贴士

> ➤ 在 Python 中，减号"—"既可以作为二元运算符，也可以作为单目运算符。作为二元运算符时，它表示两个数相减；作为单目运算符时，它表示对一个数取负。
> ➤ 与 C 语言不同，Python 中两个整数相除返回的类型是浮点数。如 4/2，结果为 2.0，而"//"表示整除，结果为整数，如 5//2 得 2。
> ➤ 整数和浮点数运算，结果类型为浮点数，如 10＋5.0 结果为 15.0。

【例 2-1】 截至 2022 年 12 月 31 日，华新公司资产负债表显示总资产为 23 800 万元，总负债为 14 700 万元。

要求：计算华新公司的所有者权益。

```
# 创建变量 zc,接收总资产
zc = 23800
# 创建变量 fz,接收总负债
fz = 14700
# 计算华新公司所有者权益
syzqy = zc−fz
# 打印计算结果
print("所有者权益为",syzqy,"万元")
```

输出结果为：

所有者权益为 9100 万元

【例 2-2】 2023 年，A 银行公布贷款年利率为 4.80％，陶然公司向该银行贷款 1 000 000 元，贷款时间为 6 个月，约定到期一次还本付息。

要求：请运用算术运算符，计算并打印此公司到期应付的利息以及到期还款额。

```
# 创建变量接收数值
贷款额 = 1000000
月利率 = 0.048/12
期限 = 6
# 计算应付利息和还款额
应付利息 = 贷款额 * 月利率 * 期限
还款额 = 贷款额 + 应付利息
# 打印计算结果
print('应付利息 =',应付利息)
print('还款额 =',还款额)
```

输出结果为：

应付利息 = 24000.0

还款额 = 1024000.0

2. 赋值运算符

在 Python 中，赋值运算符用于对变量进行赋值。程序中的变量在进行具体的运算之前，都需要有明确的值，Python 对变量的赋值提供了多种方式。Python 中常用的赋值运算符及其实例，如表 2-2 所示。

表 2-2　　　　　　　　　　　常用的赋值运算符及其实例

运算符	描述	实例
＝	赋值运算符	c＝a＋b 将 a＋b 的运算结果赋值为 c
＋＝	加法赋值运算符	c＋＝a 等效于 c＝c＋a
－＝	减法赋值运算符	c－＝a 等效于 c＝c－a
＊＝	乘法赋值运算符	c＊＝a 等效于 c＝c＊a
/＝	除法赋值运算符	c/＝a 等效于 c＝c/a
％＝	取模赋值运算符	c％＝a 等效于 c＝c％a
＊＊＝	幂赋值运算符	c＊＊＝a 等效于 c＝c＊＊a
//＝	取整除赋值运算符	c//＝a 等效于 c＝c//a

【例 2-3】　佳乐商城 2022 年前三个季度的家居服累计销售量为 70 000 件，第四季度销售量为 25 000 件。

要求：请运用赋值运算符，计算并打印该商品本年四季度的累计销售量。

```
# 创建变量接收第四季度销售量
numb = 25000
# 创建变量接收前三个季度累计销售量
cumulativeNumb = 70000
# 计算累计销售量(cumulativeNumb 第二次赋值)
cumulativeNumb + = numb
# 打印本年累计销售量
print(cumulativeNumb)
```

输出结果为：

95000

3. 比较运算符

在 Python 中，比较运算符用于比较两个值的大小或者判断它们是否相等。创建变量 a＝13，b＝10，Python 中常用的比较运算符及其实例，如表 2-3 所示。

表 2-3 常用的比较运算符及其实例

运算符	描述	实例及结果
==	等于:比较对象是否相等	(a==b)返回 False
!=	不等于:比较两个对象是否不相等	(a! =b)返回 True
>	大于:返回 a 是否大于 b	(a>b)返回 True
<	小于:返回 a 是否小于 b	(a<b)返回 False
>=	大于等于:返回 a 是否大于等于 b	(a>=b)返回 True
<=	小于等于:返回 a 是否小于等于 b	(a<=b)返回 False

【例 2-4】　烟华公司属于化工行业,截至 2022 年 6 月 30 日,该公司的流动资产总额为 773.5 亿元,流动负债总额为 1 090 亿元。同时期,化工行业流动比率均值为 1.1。

要求:请判断该公司流动比率是否大于同行业流动比率均值。

```
# 创建变量接收烟华公司的流动比率
current_ratio1 = 773.5/1090
# 创建变量接收行业平均流动比率
current_ratio2 = 1.1
# 比较烟华公司的流动比率是否大于同行业
print(current_ratio1>current_ratio2)
```

输出结果为:

False

4. 逻辑运算符

在 Python 中,逻辑运算符用于两个对象间的逻辑运算。在逻辑运算中,数字 0 代表假,即 Fasle,其他数字代表真,即 True。Python 中常用的逻辑运算符及其实例,如表 2-4 所示。

表 2-4 常用的逻辑运算符及其实例

运算符	描述	实例
and	表示逻辑"与",一假则假	a and b 返回 False
or	表示逻辑"或",一真则真	a or b 返回 True
not	表示逻辑"非"	not a 返回 False

【例 2-5】　义创贸易公司与客户交易多为赊销,为加强内部财务风险管理,对客户信用等级进行评价,初步确立 A 级的评价标准为:资质评分、信用回款评分需 90 分以上,且经营能力评分 85 分以上。

要求:潮派公司为义创贸易公司的客户之一,潮派公司的各项评分为资质评分 92 分、信用回款评分 59 分,经营能力评分 88,通过逻辑运算判断潮派公司是否可以评为 A 级信用客户。

```
#创建变量接收资质评分
资质评分 = 92
#创建变量接收信用回款评分
信用回款评分 = 59
#创建变量接收经营能力评分
经营能力评分 = 88
#判断潮派公司是否为 A 级信用客户,并输出结果
print(资质评分>90 and 信用回款评分>90 and 经营能力评分>85)
```

输出结果为:

False

5. 身份运算符

在 Python 中,身份运算符用于比较两个对象的内存地址是否相同,即判断两个对象是否是同一个对象。创建变量 x=300,y=x,z=300,Python 中常用的身份运算符及其实例,如表 2-5 所示。

表 2-5 常用的身份运算符及其实例

运算符	描述	实例
is	is 用于判断两个标识符是否引自一个对象	(x is y)返回 True (x is z)返回 False
is not	is not 用于判断两个标识符是否引自不同对象	(x is not y)返回 False (x is not z)返回 True

可以看出像 x,z 虽然数值相同,但是并不是引用自同一个对象。

【例 2-6】 志华公司有两个财务账户,分别为工商银行和建设银行,账户余额分别为 1 000 元和 1 000 元。

要求:使用 Python 中的身份运算符比较这两个账户对象是否相同。

```
#创建变量接收账户余额
工商银行 = 1000
建设银行 = 1000
#比较这两个账户对象是否相同
判断结果 = 工商银行 is 建设银行
#输出结果
print(判断结果)
```

输出结果为:

False

6. 成员运算符

在 Python 中,成员运算符主要用于判断某个值是否为某个序列的成员。创建变量 x＝"Python",y＝"Python 在财务中的应用",Python 中常用的成员运算符及其实例,如表 2-6 所示。

表 2-6　常用的成员运算符及其实例

运算符	描述	实例
in	如果在指定的序列中找到值返回 True,否则返回 False	(x in y)返回 True
not in	如果在指定的序列中没有找到值返回 True 否则返回 False	(x not in y)返回 False

```
# 创建变量
a = "数值型分别包含:整数类型、浮点数类型、布尔值、复数"
b = "整数类型"
# 输出结果 b 在 a 中
print(b in a)
```

输出结果为:

True

(三) 运算符的优先级

运算符有不同的优先级,如果在公式里出现了多种运算符,运算符的计算是有先后顺序的。Python 中运算符的优先级顺序(表 2-7):从左往右,括号优先算,先乘除后加减,再比较,再逻辑。

表 2-7　运算符的优先级顺序

序号	运算符	描述	优先级
1	**	幂运算	先
2	*、/、//、%	乘、除、取整除、取模	
3	+、-	加、减	
4	==、!=、>、<、>=、<=	比较运算符	
5	is、is not、in、not in	身份运算符、成员运算符	
6	not	逻辑运算符	
7	and	逻辑运算符	
8	or	逻辑运算符	后
9	=、+=、-=、*=、/=	赋值运算	

【例 2-7】　分别计算表达的值:47＋243/9 ＊＊ 2、(8＋10) ＊ 3＋96/3、(True or

False)+1。

要求:使用 Python 中的成员运算符判断"整数类型"是否在指定的序列中。

```
#先计算 9 ** 2 = 81,再计算 243/81 = 3,再计算 47 + 3 = 50
print(47 + 243/9 ** 2)
#括号优先(8 + 10)结果为 18,再计算 18 * 3 为 54,再计算 96/3 = 32,再计算 54 + 32
= 86
print((8 + 10) * 3 + 96/3)
#先计算(True or False)结果为 True,再计算 True + 1 结果为 2
print((True or False) + 1)
```

输出结果为:

50.0

86.0

2

三、字符串

(一)字符串的相关概念

1. 字符串的概念

字符串是计算机编程中表示文本数据的一种数据类型。它是由字符序列组成的,字符可以是字母、数字、标点符号或其他特殊字符。在 Python 中,字符串被表示为用引号括起来的字符序列。

2. 字符串常量

字符串常量是由字符串定界符括起来的字符序列。在 Python 中,字符串定界符有以下 3 种表示形式:

(1)用一对单引号包括的单行字符序列。

(2)用一对双引号包括的单行字符序列。

(3)用两边都是 3 个单引号或 3 个双引号包括的多行字符序列。

具体如图 2-2 所示。

图 2-2 字符串界定符

小贴士

> 单引号、双引号、三引号只是一种表示方式,并不是字符串的一部分。
> 数字用引号引起来,也是字符串如'123'、"20220520"、"""888"""。
> 字符串开头和结束必须使用同一种引号。
> 当字符串中存在单引号或双引号时:(1)字符串中存在单引号时,使用双引号标识字符串;(2)字符串中存在双引号时,使用单引号标识字符串。

3. 转义字符

转义字符使用\(反斜杠)标识,在一些字符前加上"\"可以表示特别含义。转义字符是一种特殊的字符序列,用于表示在字符串中具有特殊含义的字符,如引号、换行符和制表符等。转义字符及其实例如表 2-8 所示。

表 2-8 转义字符及其实例

转义字符(\)	含义	代码	实例
\'	单引号	print('\'会计科目\'')	'会计科目'
\"	双引号	print("\"会计科目\"")	"会计科目"
\t	制表符	print('\t 会计科目')	会计科目
\n	换行符	print('\n 会计科目')	会计科目
\r	回车符,光标移至本行最前	print('\r 会计科目')	会计科目
\\	反斜杠	print('\\会计科目\\银行存款')	\会计科目\银行存款

```
# 使用\输出单引号、双引号
print("会计的\"基本职能\"是:\'核算\'、\'监督\'。")
```

输出结果为:

会计的"基本职能"是:'核算'、'监督'。

三引号转义字符:若字符串中有许多需要换行的地方,使用换行符(\n)不便于阅读,这时可以使用三个单引号或三个双引号来标识字符串。

```
# 换行符打印换行字符串
print('银行存款\n 库存现金\n 应收账款')
```

输出结果为:

银行存款

库存现金

应收账款

```
#三引号打印换行字符串
print('''银行存款
库存现金
应收账款''')
```

输出结果为:

银行存款

库存现金

应收账款

当输出的文件路径中包含转义字符"\",若不进行处理,反斜杠会默认地进行转义。如果要输出地址时包含\t、\n、\r 的时候默认进行转义,就无法输出完整的文件路径了。可以在字符串前加 r,来告诉 Python 程序这是原始字符串不需要进行转义。

【例 2-8】 在 Python 中输出"D:\Finance\november\task"文件路径。

要求:使用转义字符按照要求输出打印。

```
#直接打印文件路径
print("D:\Finance\november\task")
#使用转义字符打印文件路径
print(r"D:\Finance\november\task")
```

输出结果为:

D:\Finance

ovember ask

D:\Finance\november\task

(二) 字符串的常用操作

1. 字符串的操作方法

字符串操作方法是一种用于在字符串之间执行特定操作的符号或运算符。创建变量 a="Hello",b="Python",Python 中字符串操作方法及其实例,如表 2-9 所示。

补充知识

字符串的索引和截取

表 2-9　　　　　　　　　　Python 中字符串操作方法及其实例

操作方法	描述	实例
+	字符串连接	a+b 输出结果 HelloPython
*	重复输出字符串	a * 2 输出结果 HelloHello
[]	通过索引获取字符串中字符	a[1]输出结果 e
[:]	截取字符串中一部分,遵循前闭后开原则,str[0: 2]不包含第 3 个字符	a[0:5:2]输出结果 Hlo
in	成员运算符—如果字符串中包含给定的字符返回 True	'H' in a 输出结果 True

（续表）

操作方法	描述	实例
not in	成员运算符—如果字符串中不包含给定的字符返回 True	'M' not in a 输出结果 True

【例 2-9】　已知 str1="有借必有贷,", str2="必相等"。

要求:对已有的 str1 和 str2 字符串进行操作形成 str3="有借必有贷,借贷必相等"。

```
str1 = "有借必有贷,"
str2 = "必相等"

# 对已有的 str1 和 str2 进行拼接和切片
str3 = str1 + str1[1] + str1[4] + str2
print(str3)
```

输出结果为:

有借必有贷,借贷必相等

2. 字符串的操作函数

字符串的操作函数是在处理字符串时经常使用的函数,它们可以执行各种操作和转换,如获取字符串长度、查找子字符串、分割字符串、连接字符串、转换大小写。创建字符串 a='Customer Satisfaction:客户满意度',Python 中字符串常用函数及其实例,如表 2-10 所示。

表 2-10　　　　　　　　　　　Python 中字符串常用函数及其实例

操作函数	描述	实例	结果
replace()	把字符串中的旧字符串替换成新字符串	a. replace('Customer Satisfaction','CAST')	'CAST:客户满意度'
len()	返回序列长度或项目个数	len(a)	27
find()	检测字符串是否包含子字符串,如果是返回开始的索引值,否则返回−1	a. find('客户满意度')	22
join()	序列中的元素以指定的分隔符连接成一个新字符串	'/'. join(a)	'C/u/s/t/o/m/e/r/ S/a/t/i/s/f/a/c/t/i/ o/n/: /客/户/满/意/度'
lower() upper()	字符串大小写转换	a. lower() a. upper()	'customer satisfaction: 客户满意度' 'CUSTOMER SATISFA CTION:客户满意度'

（续表）

操作函数	描述	实例	结果
split()	将字符串分割为序列,通过指定分隔符对字符串进行切片	a. split(';')	['Customer Satisfaction', '客户满意度']
strip()	移除字符串头尾指定字符(默认为空格)	a. strip('满意度')	' Customer Satisfaction;客户'
startswith()	是否以某字符开始	a. startswith('C')	True
endswith()	是否以某字符结束	a. endswith('度')	True
count()	统计字符出现过的次数	a. count('C')	1
index()	获取指定字符第一次出现的索引	a. index('C')	0

【例 2-10】　在税务申报中,往往需要对数据进行修正。例如,将错误的税率替换为正确的税率。str4＝"小规模纳税人销售货物或应税劳务的增值税税率为 13％"

要求:使用 replace()函数对字符串 str4 进行修改,使其说法正确。

```
# 创建变量接收字符串
str4 = "小规模纳税人销售货物或应税劳务的增值税税率为 13% "
# 调用 replace()函数替换税率
str4 = str4.replace('13%','3%')
# 输出修改后的字符串
print(str4)
```

输出结果为:

小规模纳税人销售货物或应税劳务的增值税税率为 3%

（三）字符串的格式化输出

当财务会计需要处理大量数据并进行报表输出时,字符串格式化输出可以帮助他们更有效地处理数据并生成符合要求的报表。例如,输出固定的格式字符串("光源企业 ＊＊＊＊ 年实现 ＊＊＊＊ 为 ＊＊＊＊ 亿元。")。

格式化字符串是指按照一定格式输出的字符串,在创建字符串时使用占位符,然后再对占位符进行赋值。占位符就是先占住一个固定的位置,需要时再往里面添加内容的符号。随着赋值内容的变化,格式化字符串能够重复输出固定格式但内容不同的文本。字符串格式化输出方式如表 2-11 所示。

表 2-11　　　　　　　　　　　　字符串格式化输出方式

方法	说明
%占位法	%s:在字符串中表示任意字符
	%d:格式化整数
	%f:格式化浮点数字,可指定小数点位数

（续表）

方法	说明
format( )占位法	format( )占位法是一种字符串格式化的方法,它使用花括号{}来指示变量的位置,并使用花括号中的数字来指定变量的顺序。
f-strings 占位法	f-strings 是 Python 3.6 引入的字面量字符串插值方式,它将变量(以及表达式)直接嵌入字符串,而无需指定{}占位符。

【例 2-11】　格式化模板:"光源企业 ＊＊＊＊ 年实现 ＊＊＊＊ 为 ＊＊＊＊ 亿元。"

要求:通过％占位符方式实现格式化输出"光源企业 2022 年实现营业收入为 197.20 亿元。"。

```
# 使用 % 占位,%.2f 占位浮点数保留 2 位小数
print("光源企业 %d 年实现 %s 为 %.2f 亿元。" % (2022,'营业收入',197.2))
```

输出结果为:

光源企业 2022 年实现营业收入为 197.20 亿元。

【例 2-12】　格式化模板:"光源企业 ＊＊＊＊ 年实现 ＊＊＊＊ 为 ＊＊＊＊ 亿元。"

要求:通过格式化函数 format( )方法实现格式化输出"光源企业 2022 年实现营业收入为 197.20 亿元。"。

```
# 使用 format 方法,{}占位
print("光源企业{}年实现{}为{:.2f}亿元。".format(2022,'营业收入',197.2))

# 使用 format 方法,通过索引方式获取内容
print("光源企业{1}年实现{0}为{2:.2f}亿元。".format('营业收入',2022,197.2))
```

输出结果为:

光源企业 2022 年实现营业收入为 197.20 亿元。

光源企业 2022 年实现营业收入为 197.20 亿元。

【例 2-13】　格式化模板:"光源企业 ＊＊＊＊ 年实现 ＊＊＊＊ 为 ＊＊＊＊ 亿元。"

要求:通过使用 f-strings 方法实现格式化输出"光源企业 2022 年实现营业收入为 197.20 亿元。"。

```
# 使用 f-strings 方法进行占位
year = 2022
account = '营业收入'
Amount = 197.2
print(f"光源企业{year}年实现{account}为{Amount:.2f}亿元。")
```

输出结果为:

光源企业 2022 年实现营业收入为 197.20 亿元。

小贴士

➢ 财务报表的数字格式化：在财务报表中，数字展示对于精确计算和信息交流来说至关重要。

➢ 打印格式化票据：在财务中，打印格式化的票据或收据是常见的需求。

➢ 税收计算：占位符可以通过格式化税率等信息，来计算和输出各类税务信息。

四、列表

在 Python 中，列表（List）是一种有序、可变的数据类型，用于存储一组任意类型的数据。列表是由一对方括号（[]）包围的一系列元素构成，元素之间用逗号（,）分隔。

列表通常用于存储同类项目，是一个有序的集合（有序是说列表内存储的数据是有先后顺序的），由 0 个或多个数据组成的有序序列，是 Python 中最基本的数据结构之一。

（一）列表的特性

（1）列表使用[]表示，采用逗号分隔各元素。

（2）使用保留字 in 可以判断一个元素是否在列表中。

（3）列表属于序列类型，可以通过"索引"访问其中的元素。

（4）特点：①可变对象；②可变长度；③任意嵌套。

（二）列表的创建

方法一：使用英文方括号[]直接创建为列表，用英文逗号分隔不同的元素。在方括号内输入数据，支持数字、字符串、列表（即嵌套），同一个列表中可以出现不同类型的数据。

方法二：使用 list() 函数将数据转换为列表。使用 list(x) 函数将序列 x 转换为一个列表。

```
#基本语法[]创建列表,列表元素为数字
list1 = [10200,10300,10400]
print(list1)
#基本语法[]创建列表,列表元素为字符串
list2 = ['银行存款','库存现金','其他货币资金']
print(list2)
#基本语法[]创建列表,列表可以存在多种元素
list3 = ['银行存款',1000,'Finance',['库存现金',800]]
print(list3)
```

```
#基本语法[]创建列表,创建空列表
list4 = []
print(list4)
```

输出结果为:

[10200,10300,10400]

['银行存款','库存现金','其他货币资金']

['银行存款',1000,'Finance',['库存现金',800]]

[]

```
#list()函数创建列表
list5 = list('借贷记账法')
print(list5)
```

输出结果为:

['借','贷','记','账','法']

通过案例可以观察到,list()函数创建列表时,输入的任意字符串,输出的结果是按照单个字符分割成若干个字符串组成的列表。

(三) 列表的操作

1. 列表的操作方法

列表与字符串同属于序列类型,可以对列表元素进行拼接、截取、获取等操作。创建列表 list1＝[9,8,7,6] list2＝[1,2,3],Python 中列表操作方法及其实例,如表 2-12 所示。

表 2-12　　　　　　　　　　　列表操作方法及其实例

操作方法	描述	实例	结果
＋	拼接	list1＋list2	[9,8,7,6,1,2,3]
*	重复	list1 * 2	[9,8,7,6,9,8,7,6]
[]	获取	list1[2]	7
[:]	截取	list1[0:2]	[9,8]
in	成员运算符	1 in list1	False
not in	成员运算符	1 not in list1	True

【例 2-14】 已知列表 listA＝[98,100,101,102,103]。

要求:(1)要求获取列表 listA 第二个索引位置开始到终点的切片,得到列表 listB＝[100,101,102,103];(2)对列表 listA 第一个索引的元素替换为 99,得到新列表 listA＝[99,100,101,102,103]。

```
listA = [98,100,101,102,103]
#从 listA 列表第二个索引位置开始到终点切片
listB = listA[1:]
print(listB)


#通过索引位置,替换相对应的元素
listA[0] = 99
print(listA)
```

输出结果为：

[100,101,102,103]

[99,100,101,102,103]

2. 列表的操作函数

列表是一种常见的数据结构,Python 提供了许多用于操作列表的函数。创建列表 list1 = [2021,2019,2020,2022,2025,2023,2024] list2 = ['我','喜欢','学习'] list3 = ['Python','数据分析'],Python 中列表操作函数及其实例,如表 2-13 所示。

表 2-13　　　　　　　　　　　列表操作函数及其实例

操作函数	描述	实例	结果
len(list)	获取 list 中元素的个数	len(list1)	7
list.index(obj)	获取 list 中指定元素索引	list1.index (2022)	3
list.append(obj)	在列表末尾添加新的元素	list2.append ('数据分析')	['我','喜欢','学习','数据分析']
list.insert(index, obj)	将元素插入列表中指定的位置	list1.insert (0,2018)	[2018,2021,2019, 2020,2022,2025,2023, 2024]
list.extend(seq)	在列表末尾一次性追加另一个序列中的多个值(用新列表扩展原来的列表)	list2.extend (list3)	['我','喜欢','学习', 'Python','数据分析']
list.clear()	清楚列表中的元素	list1.clear()	[]
list.pop(index)	通过索引位置,从列表中移除一个元素并返回元素的值	list2.pop(1)	['我','学习']
list.remove(a)	移除列表中一个参数 a 的匹配项 a 表示列表中需要移除的元素	list2.remove ('喜欢')	['我','学习']
list.sort(key=None, reverse=False)	对原列表进行排序(只能对相同类型的元素进行排序,默认升序)	list1.sort()	[2019,2020,2021, 2022,2023,2024,2025]

【例 2-15】 通过使用函数方法向已知列表中增加元素。已知列表：存货＝['在途物资','原材料','在产品']。

```
存货 = ['在途物资','原材料','在产品']
# 末尾添加一个元素(库存商品)append 方法
存货.append('库存商品')
print(存货)
# 末尾添加一个元素(发出商品、周转材料)extend 方法
存货.extend(['发出商品','周转材料'])
print(存货)
# 指定索引位置添加元素或列表(委托加工物资)insert 方法
# 在第一个位置增加新元素,委托加工物资
存货.insert(0,'委托加工物资')
print(存货)
```

输出结果为：

['在途物资','原材料','在产品','库存商品']

['在途物资','原材料','在产品','库存商品','发出商品','周转材料']

['委托加工物资','在途物资','原材料','在产品','库存商品','发出商品','周转材料']

注意：使用 extend 方法,添加多个元素时,需要用[]将多个元素包裹起来。使用 insert 方法时,需要填入两个参数,第一个参数为需要插入的索引,第二个参数为新插入内容。

【例 2-16】 通过使用函数方法删除已知列表中元素。已知列表 listC＝['年限平均法','计划成本法','工作量法','双倍余额递减法']。

要求：通过使用函数方法移除列表 listC 中不属于固定资产的折旧方法的元素(计划成本法属于原材料采购的核算方法)。

```
listC = ['年限平均法','计划成本法','工作量法','双倍余额递减法']
# 通过索引位置移除元素,list.pop(index)函数
listC.pop(1)
print(listC)
listC = ['年限平均法','计划成本法','工作量法','双倍余额递减法']
# 通过匹配项移除对应元素,list.remove(a)函数
listC.remove('计划成本法')
print(listC)
```

输出结果为：

['年限平均法','工作量法','双倍余额递减法']

['年限平均法','工作量法','双倍余额递减法']

小贴士

➤ 列表切片与字符串切片的关键不同之处是,列表切片有赋值操作,而字符串切片没有。因为字符串是不能被修改的;而列表是可修改的,通过切片、赋值等操作,方便对列表插入、删除、修改等维护。

五、元组

元组(tuple)由一堆用圆括号()括起来、用逗号分隔的数据项组成,元组也可以嵌套。元组与列表一样,属于 Python 中的序列类型;不同的是,元组中的元素不可修改。

(一) 元组的特性

(1) 元组是任意对象的有序集合,通过"索引"可以访问其中的元素;

(2) 元组具有可变长度和任意嵌套的特点;

(3) 元组中的元素是不可修改的。

(二) 元组的创建

方法一:使用小括号()直接创建为元组:在小括号内输入数据,支持数字、字符串、列表等数据类型,同一个元组中可以出现不同类型的数据。

方法二:使用 tuple()函数将数据转换为元组。

```
# 基本语法:用小括号创建元组,元组元素为数字
tup1 = (10200,10300,10400)
print(tup1)


# 基本语法:用小括号创建元组,元组元素为字符串
tup2 = ('银行存款','库存现金','其他货币资金')
print(tup2)


# 基本语法:用小括号创建元组,元祖元素可以存在多种数据类型
tup3 = ('银行存款',1000,'Finance',['库存现金',800])
print(tup3)
```

输出结果为:

(10200,10300,10400)

('银行存款','库存现金','其他货币资金')

('银行存款',1000,'Finance',['库存现金',800])

```
# tuple()函数创建元组
tup4 = tuple('借贷记账法')
```

```
print(tup4)
```

输出结果为：

('借','贷','记','账','法')

```
# 创建空元祖,无任何元素
tup5 = ( )
print(tup5)


# 创建单个元素的元组
tup6 = (3,)
print(tup6)
# 查看 tup6 数据类型
print(type(tup6))
```

输出结果为：

( )

(3,)

＜class'tuple'＞

小贴士

➤ 创建元组时如果只有一个元素,元素后面要加逗号;否则括号会被当作运算符小
　括号。例如,tup7＝(3)的返回结果为数值3。

(三) 元组操作

元组中的元素可以通过索引访问。例如,通过 tuple[n]访问第 n 个元素;通过 tuple[m:n]访问 m 到 n 之间多个元素,元组中的元素是不允许删除和修改的。

```
tup7 = (2020,2021,2022,2023)
# 访问 tup7 元组第 0 个元素
print(tup7[0])


# 访问 tup7 元组第 0—2 个索引的元素
print(tup7[0:2])


# 修改元组中的元素
tup7[0] = 2024
```

输出结果为：

2020

(2020,2021)

```
----------------------------------------------------------------
TypeError                         Traceback (most recent call last)
<ipython-input-12-ee3b80ea8e28> in <module>
      7
      8 #修改元组元素的操作是非法的
----> 9 tup7[0]=2024

TypeError: 'tuple' object does not support item assignment
```

(四) 列表与元组的区别

列表(list)和元组(tuple)在 Python 中都是用于存储数据集合的数据结构,但它们的关键区别在于可变性。列表是可变的,允许添加、删除或修改元素,适用于需要频繁修改的数据集。而元组是不可变的,一旦创建就不能修改其内容。这种不同的可变性使得列表和元组在适用场景和性能上有所区别。

【例 2-17】　期末考试后,教务系统需要教师录入学生的期末考试成绩,然后开放学生查询。这个时候我们需要用什么样的数据类型呢?

Python 里面有 list 和 tuple 这两种数据类型。教师录入学生的期末考试成绩,需要在教务系统上做更新和修改处理,所以选择 list 存储数据更方便。

登记完所有的成绩后开放学生查询时,需要改变数据结构,选择 tuple 类型来确保每个同学的成绩都是不可被修改的。

六、字典

在 Python 中,字典(dictionary)是一种可变的数据类型,字典用{}标识,用于存放具有映射关系的数据。字典使用键-值(key-value)存储相当于保存了两组数据,其中一组数据是关键数据,被称为 key;另一组数据可通过 key 来访问,被称为 value。键值对是一种映射关系,键表示属性,值为属性内容。

(一) 字典的特性

(1) 字典用{}标识。

(2) 字典 key 和 value 间用冒号隔开。

(3) 字典中的元素是无序的。

(4) 字典中键是唯一的,如有重复后者覆盖前者,值可不唯一。

(5) 字典中包含多个键值对时,用英文逗号隔开。

(二) 字典的创建

方法一:使用{}直接创建字典:字的键(key)和值(value)使用冒号连接,每个键值对之间使用逗号分隔。即 dict1={key1：value1，key2：value2}。

方法二:使用 dict()函数将数据转换为字典。字典的键(key)和值(value)使用等号进行连接。即 dict(key1：value1，key2：value2)。

```
#使用{}创建字典
```

```
dict1 = {'姓名':'李华','住址':'苏州'}
print(dict1)

# 使用 dict()函数创建字典
dict(a = 1,b = 2)
```

输出结果为：
{'姓名':'李华','住址':'苏州'}
{'a':1,'b':2}

(三) 字典操作

在 Python 中,字典操作包括对字典进行增、删、改、查等操作。

以创建字典 dict1＝{'财务部':7,'市场部':9}为例,Python 中字典操作方法及其实例如表 2-14 所示。

表 2-14　　　　　　　　　　　字典操作方法及其实例

操作方法	描述	实例	结果
dict[key]	访问字典里的值	dict1['财务部']	7
dict[key]＝	修改值/添加键值对	dict1['财务部']＝10 dict1['技术部']＝12	{'财务部':10,'市场部':9} {'财务部':10,'市场部':9,'技术部':12}
Del dict[key]	删除键值对	del dict1['财务部']	{'市场部':9}
del dict	删除字典	del dict1	删除后,后续脚本引用变量时会报未定义错误
dict. keys()	以列表返回所有键	dict1. keys()	dict_keys(['财务部','市场部'])
dict. values()	以列表返回所有值	dict1. values()	dict_values([7,9])
dict. items()	以列表返回所有键值对	dict1. items()	dict_items([('财务部',7),('市场部',9)])

【例 2-18】　2022 年 12 月 31 日,荣德公司应付职工薪酬科目明细项目:工资 70 万元,社会保险 4.1 万元,设定提存计划 2.5 万元。

要求:结合该公司的"应付职工薪酬"科目明细项目创建字典,对创建好的字典添加住房公积金 2 万元、工会经费 1.4 万元。以列表的形式返回所有的值。

```
# 结合该公司的"应付职工薪酬"科目明细项目创建字典(单位:万元)
dict = {'工资':70,'社会保险':4.1,'设定提存计划':2.5}
# 添加住房公积金、工会经费
dict['住房公积金'] = 2
dict['工会经费'] = 1.4
```

```
print(dict)
#返回所有值
dict.values()
```

输出结果为：

{'工资':70,'社会保险':4.1,'设定提存计划':2.5,'住房公积金':2,'工会经费':1.4}

dict_values([70,4.1,2.5,2,1.4])

七、集合

集合是一种无序的、可变的容器,其中每个元素都是唯一的(不能重复)。集合中的元素只能是数值、字符串和元组这些不可修改的数据,不能是列表、字典、集合。

(一) 集合的特性

(1) 包含多个元素的无序组合,与数学中集合的概念一致。

(2) 集合元素无序且唯一,不存在相同元素。

(3) 集合元素不可修改。

(4) 用大括号{}或者 set()函数创建集合,元素之间用逗号分隔。

(二) 集合的创建

方法一:使用{}直接创建集合,即直接以大括号的方式进行赋值。

方法二:使用 set()函数将数据转换为集合。创建一个空集合必须用 set()函数。

```
#直接用大括号"{}"创建集合
s1 = {(1,2,3),'银行存款',1000,2000}
print(s1)


#用 set()函数将数据转换为集合
s2 = set('借贷记账法')
print(s2)
```

输出结果为：

{1000,'银行存款',(1,2,3),2000}

{'借','法','账','贷','记'}

由于集合元素是无序排列的,因此集合元素的输出顺序与定义时的顺序可以不一致。

(三) 集合操作

集合操作方法是用于对集合进行操作和运算的特殊符号或方法。

以创建集合 set1={2021,2023,'资产','负债'}为例,Python 中集合操作方法及其实例如表 2-15 所示。

表 2-15　　　　　　　　　　　　　　集合操作方法及其实例

操作方法	描述	实例	结果
set. add()	添加元素	set1. add('所有者权益')	{'负债',2021,2023,'资产','所有者权益'}
set. update()	更新元素	set1. update([2021,2023])	{'负债',2021,2022,2023,'资产'}
set. clear()	移除所有元素	set. clear()	set()
set. remove()	移除指定元素	set1. remove('负债')	{'资产',2021,2023}

【例 2-19】　木森农场自行营造樱桃园,已知发生各类费用集合 R＝{'种苗费','肥料费','农机设备折旧费'}。

要求:从集合 R 中移除与"原材料"科目不相关的费用(农机设备折旧费属于累计折旧科目),并新增农药费。

```
R = {'种苗费','肥料费','农机设备折旧费'}

#移除'农机设备折旧费'
R.remove('农机设备折旧费')

#添加'农药费'
R.add('农药费')
print(R)
```

输出结果为:
{'种苗费','肥料费','农药费'}

八、数据类型转换

在实际业务中,单一数据类型往往不能满足数据处理的要求,比如字符串不能进行数值计算。这时候就要进行数据类型转换。将数据类型作为函数名,即可将目标数据转换为指定的类型。数据类型转换操作方法及其实例如表 2-16 所示。

表 2-16　　　　　　　　　　　数据类型转换操作方法及其实例

操作方法	描述	实例	结果
int(x)	将 x 转换为一个整数	int(3. 14)	3
float(x)	将 x 转换为一个浮点数	float(5)	5.0
tuple(s)	将序列 s 转换为一个元组	tuple(' ABCD')	('A','B','C','D')
list(s)	将序列 s 转换为一个列表	list(' ABCD')	['A','B','C','D']
set(s)	将字符串转换为可变集合	set('1234')	{'1','2','3','4'}
dict(d)	将元组转换为字典	dict((('a',1),('b',2)))	{'a':1,'b':2}

第二节　程序控制

程序控制是编写高效且逻辑清晰的代码的关键机制。它决定了代码的执行路径。程序控制允许我们根据特定的条件或事件的发生,动态地选择执行不同的操作或代码块。Python 中的程序控制主要包括三种结构:顺序结构、条件结构和循环结构。

一、顺序结构

顺序结构是最基本和常用的程序结构,按照语句出现的先后顺序依次执行的。Python 在 IDLE 交互状态下执行的程序实质上就是顺序结构。

简单的顺序结构的程序一般由输入数据、处理数据、输出结果三部分组成,如图 2-3 所示。

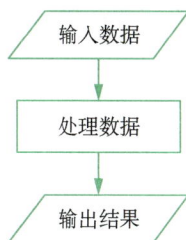

图 2-3　顺序结构

> 小贴士

➤ 在 Python 中,输入少量数据一般通过 input()函数,测试程序的批量数据可以通过随机数生成。在实际应用中,批量数据一般通过文件读入。
➤ 处理数据要考虑解决问题的复杂度。
➤ 输出数据通常使用 print()函数。

```
# 我的第一个 Python 财务小程序:预测投资价值
# 输入初始投资金额
initial_investment = float(input('请输入初始投资金额(元):'))
# 输入年利率(假设为百分比形式,如 5% 应输入为 5)
annual_rate = float(input('请输入年利率(%):'))/100    # 转换为小数形式
# 输入投资年数
years = int(input('请输入投资年数:'))


# 使用复利公式计算未来价值
future_value = initial_investment * ((1 + annual_rate) ** years)


print('投资价值为:',future_value,'元')
```

输出结果为:
请输入初始投资金额(元):10000

请输入年利率（%）:3
请输入投资年数:10
投资价值为:13439.163793441223 元

二、条件结构

条件结构的特点是在程序执行时,根据不同的条件,选择执行相应的语句。先根据指定的条件进行判断,再由判断的结果决定选取执行两条分支路径中的某一条。判断条件(条件表达式)是由条件运算符和相应的数据所构成的。在 Python 中,所有合法的表达式都可以作为条件表达式。条件表达式的值除了 False、0、空值(None)、空列表、空集合、空元组、空字符串等,其他均为 True。条件结构示意图如图 2-4 所示。

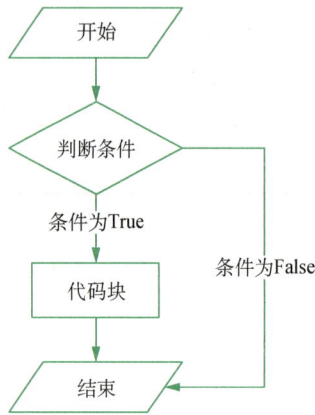

图 2-4　条件结构示意图

（一）单分支选择结构

单分支选择结构是一种流程控制结构,用于根据条件选择性地执行一段代码。它只包含一个条件分支和一个代码块。

在单分支选择结构中,程序会首先评估一个条件表达式。如果条件表达式的结果为真(True),则执行与该条件关联的代码块;如果条件表达式的结果为假(False),则跳过代码块,继续执行后续的代码。单分支结构的格式如下:

```
if 条件表达式:
    满足条件,执行代码块 1
else:
    不满足条件,执行代码块 2
```

注意:Python 中用缩进的方式来设置代码的层次结构,相同缩进数的语句在一起组成一个语句块,一般缩进 4 个空格或者一个 Tab。每个条件后面要使用冒号:。else 后没有条件。

【例 2-20】　为一个客户计算销售折扣,折扣是根据订单总额来计算的。如果订单总额大于 10 000 元,则可获得 10％的折扣,否则不享受折扣。

要求:如果订单总额为 15 000 元,应该如何编写 Python 代码来计算客户的折扣金额?

```
# 创建变量接收订单总额
amount = 15000
# 条件判断语句
if amount＞10000:
    print("折扣金额:",amount * 0.1)
else:
    print("折扣金额:",0)
```

输出结果为:

折扣金额:1500.0

(二) 多分支选择结构

在多分支选择结构中,程序会根据不同的条件表达式的结果,执行不同的代码块。通常使用的语法是 if-elif-else 语句。多分支结构的格式如下:

```
if 条件 1:
    满足条件 1,执行代码块 1
elif 条件 2:
    不满足条件 1 但满足条件 2,执行代码块 2
else:
    条件 1 和 2 都不满足,执行代码块 3
```

【例 2-21】　为一个客户计算销售折扣,折扣是根据订单总额来计算的。如果订单总额大于 10 000 元,则可获得 10％的折扣;如果订单总额大于 50 000 元,则可获得 20％的折扣。

要求:如果订单总额为 15 000 元,应该如何编写 Python 代码来计算客户的折扣金额?

```
# 创建变量接收订单总额
amount = 15000
# 条件判断语句
if amount＞50000:
    print("折扣金额:",amount * 0.2)
elif amount＞10000:
    print("折扣金额:",amount * 0.1)
else:
    print("折扣金额:",0)
```

输出结果为：

折扣金额:1500.0

（三）if 嵌套结构

if 嵌套是指在 if 分支或 else 分支中再嵌套使用 if 语句,以实现多个条件的判断和执行不同的代码块。通过嵌套使用 if 语句,可以构建更复杂的条件判断逻辑。if 嵌套结构的格式如下：

```
if 条件判断 1:
    if 条件判断 2:
        满足条件 1 且满足条件 2 时,执行代码块 1
    elif 条件判断 3:
        满足条件 1 且不满足条件 2 且满足条件 3,执行代码块 2
    else 条件判断 4:
        满足条件 1 且不满足条件 2 且不满足条件 3 且满足条件 4,执行代码块 3
else:
    不满足条件 1,执行代码块 4
```

注意:只有外部的 if 语句满足条件才能执行内部的 if 语句。需要注意的是,在相互嵌套时,一定要严格遵守不同级别代码块的缩进规范。

【例 2-22】　为一个客户计算销售折扣,折扣是根据是否为合作伙伴及订单总额来计算的。合作伙伴订单总额大于 10 000 元,则可获得 10% 的折扣;合作伙伴订单总额大于 50 000 元,则可获得 20% 的折扣;否则不享受折扣。

要求:如果合作伙伴的订单总额为 15 000 元,应该如何编写 Python 代码来计算客户的折扣?

```
# 创建变量接收订单总额
amount = 15000
VIP = input("是否为合作伙伴,请输入是或否")
# if 嵌套
if VIP = = "是":
    if amount>50000:
        print("折扣金额:",amount * 0.2)
    elif amount>10000:
        print("折扣金额:",amount * 0.1)
    else:
        print("折扣金额:",0)
else:
    print("折扣金额:",0)
```

输出结果为：

是否为合作伙伴，请输入是或否

折扣金额：1500.0

三、循环结构

循环是编程中一种重要的结构，可以用来让程序反复执行某段代码，直到满足一定条件后停止执行。循环结构示意图如图 2-5 所示。

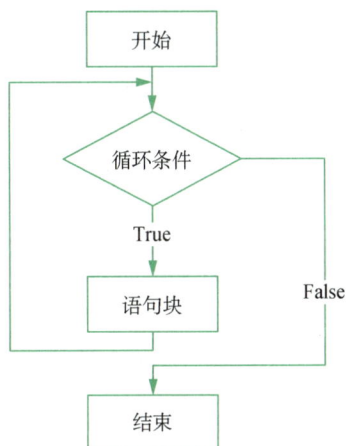

图 2-5　循环结构示意图

（一）while 循环

while 循环和 if 条件分支语句类似，即在条件（表达式）为真的情况下，会执行相应的代码块。不同之处在于，只要条件为真，while 就会一直重复执行代码块。while 循环的格式如下：

```
i = 0   #初始化表达式
while i<= 5：   #条件表达式
    print(i)
    i += 1   #更新表达式
```

注意：初始化表达式用于初始化一个变量。条件表达式用来设置循环执行的条件。更新表达式修改初始化变量的值。

如果条件判断语句永远为 True，循环将会无限地执行下去，进入死循环（可以使用"Ctrl＋C"来中断循环）

【例 2-23】　智领贸易公司本年年初账户余额为 50 000 元。每月有以下支出情况：房租支出 2 000 元，水电费支出 1 000 元。

要求：请使用 while 循环计算该公司在 12 个月后的账户余额。

```
#创建变量接收账户余额
balance = 50000
```

```
month = 1              # 初始化表达式
while month < = 12：        # 条件表达式
    balance -= 2000
    balance -= 1000
    month + = 1    # 更新表达式
print("12 个月后账户余额为：",balance,"元")
```

输出结果为：

12 个月后账户余额为：14000 元

（二）for 循环

1. for 循环语法

for 循环是一种常用的循环结构，用于遍历序列（如列表、元组、字符串）或其他可迭代对象（如列表、字符串、元组、字典）。在每次循环中，变量名会依次取到序列中的每个元素，直到遍历完整个序列为止。for 循环的格式如下：

```
for 变量 in 序列：
        循环体(语句块)
```

for 循环的语法结构跟前面讲的 if-else 有点类似，容易混淆。for 执行时，依次将可迭代对象中的值赋给变量，变量每赋值一次，则执行一次循环体。循环执行结束时，如果有 else 部分，则执行对应的语句块。

【例 2-24】　华航种业公司 1—4 个月的库存现金期末余额分别为 5 800、3 400、4 500、4 560 万元。

要求：请使用 for 循环依次取出库存现金期末余额，以方便后续对账操作。

```
# 创建列表接收余额
money = [5800,3400,4500,4560]
for i in money：
    print(i)
```

输出结果为：

5800

3400

4500

4560

【例 2-25】　一家公司的账户余额为 50 000 元，每月有以下支出情况：房租支出 2 000 元，水电费支出 1 000 元。

要求：请使用 for 循环计算该公司在 12 个月后的账户余额。

```
# 创建变量接收账户余额
balance = 50000

# 循环体
for i in[1,2,3,4,5,6,7,8,9,10,11,12]:
    balance-= 2000
    balance-= 1000

print("12 个月后账户余额为:",balance,"元")
```

输出结果为:

12 个月后账户余额为:14000 元

2. range()函数

如果计算 5 年后的余额,用 for 循环实现是很困难的,需要在可迭代对象里面创建 60 个元素,有没有什么简单的方法呢?

range()函数是 Python 内置的一个函数,创建并返回一个包含指定范围的元素的数组,通常与 for 循环搭配使用,快速创建可迭代对象。range()函数的格式如下:

```
range(start, stop, step)
```

其中:计数从 start 开始,默认是从 0 开始。

计数到 stop 结束,但不包括 stop。

步长为 step,默认为 1。

```
# range()函数,开始值 1,结束值 10
print(range(1,11))

# 采用 list 函数转换结果
list(range(1,11))
```

输出结果为:

range(1,11)

[1,2,3,4,5,6,7,8,9,10]

【例 2-26】　假设有一家公司,每年的净利润为 100 万元,且每年增长率为 5%。

要求:使用 range()函数配合 for 循环,计算该公司未来 8 年的净利润。

```
# 创建变量接收数值
net_profit = 1000000
rate = 0.05
```

```
for i in range(8):
    net_profit = net_profit * (1 + rate)    # 计算当年净利润
  # 输出当年净利润
    print("第",i + 1,"年净利润为：",net_profit)
```

输出结果为：

第 1 年净利润为：1050000.0

第 2 年净利润为：1102500.0

第 3 年净利润为：1157625.0

第 4 年净利润为：1215506.25

第 5 年净利润为：1276281.5625

第 6 年净利润为：1340095.640625

第 7 年净利润为：1407100.42265625

第 8 年净利润为：1477455.4437890626

3. zip()函数

zip()函数将多个可迭代对象作为参数，将对象中对应的元素打包成元组，返回由元组组成的新的可迭代对象。

【例 2-27】　列表 a 存放着公司的银行信息['工行存款','建行存款']，列表 b 存放着公司的银行余额信息[3000,1000]。

要求：使用 zip()函数打包公司的银行信息和余额信息。

```
# 创建列表
a = ['工行存款','建行存款']
b = [3000,1000]
# zip()函数打包
c = zip(a,b)
print(c)
```

输出结果为：

<zip object at 0x7fc37c8de988>

如果想查看 zip()函数打包后的结果并将其转换为列表，可以使用 list()转换。

【例 2-28】　假设您有两个包含不同股票的市值和股票价格的列表（记为 value 和 price）。

要求：请使用 zip()函数将两个列表打包到一个列表中，并通过 for 循环计算每种股票的价格市值比率。

```
value = [1000000,500000,2000000]
price = [50,10,40]
# 使用 zip()函数打包股票市值和股票价格
```

```
z = zip(value,price)

#创建一个空列表来存储每个价格市值比率
ratio_total = [ ]
#计算比率,将其添加到价格市值比率列表中
for i, j in z:
    ratio = i/j
    ratio_total.append(ratio)

#打印出价格市值比率列表
print(list(ratio_total))
```

输出结果为:

[20000.0,50000.0,50000.0]

(三) 跳转语句

跳转语句是一种控制语句,用于在程序执行时跳过某些代码块或者重复执行某些代码块。在 Python 中,常见的跳转语句包括 break、continue 和 return 等。

1. break 语句

break 语句可以跳出 for 和 while 的循环体。执行 break 后,后面的代码不再执行,并且终止循环。

【例 2-29】　公司需要计算每个月的销售额,如果销售额为 0,则不需要继续计算,直接跳出循环。

要求:请使用 for 循环语句和 break 跳转语句进行编写代码。

```
#创建变量接收初始值
sales = [10000,20000,0,15000,0,18000]
sales_total = 0

for s in sales:
    if s == 0:
        print("销售额为 0,停止计算")
        break
    sales_total += s
print("本月销售额为:",sales_total)
```

输出结果为:

销售额为 0,停止计算

本月销售额为:30000

2. continue 语句

continue 语句被用来告诉 Python 跳过当前循环块中的剩余语句,然后继续进行下一轮循环。

【例 2-30】 公司需要计算每个月的销售额,如果销售额为 0,则跳过后继续计算。

要求:请使用 for 循环语句和 continue 跳转语句进行编写代码。

```python
# 创建变量接收初始值
sales = [10000,20000,0,15000,0,18000]
sales_total = 0

for s in sales:
    if s == 0:
        print("销售额为 0,跳出一次")
        continue        # 跳出本次循环
    sales_total += s
print("本月销售额为:",sales_total)
```

输出结果为:

销售额为 0,跳出一次

销售额为 0,跳出一次

本月销售额为:63000

【例 2-31】 某企业购置生产用固定资产,原值为 100 000 元,预计使用年限为 8 年,净残值率 6%。该固定资产经税务部门批准,按双倍余额递减法计提折旧。

要求:采用 for 循环计算该固定资产每年折旧额。

```python
net_value = 100000
null = []  # 创建空列表存储每年折旧额
for i in range(8-2):
    depreciation = round(net_value * (2/8),2)        # 年折旧率 = 2/8
    null.append(年折旧额)
    net_value -= 年折旧额
else:
    depreciation = round((net_value - 100000 * 0.06)/2,2)    # 预计净残值 =
100000 * 0.06
    null.append(depreciation)        # 倒数第二年折旧额
    depreciation = round(net_value - 100000 * 0.06 - 年折旧额,2)
    null.append(depreciation)        # 最后一年折旧额
print("每年折旧额依次为:",null)
```

输出结果为：

每年折旧额依次为：[25000.0,18750.0,14062.5,10546.88,7910.16,5932.62,5898.92,5898.92]

第三节 函 数 应 用

一、函数的概念

函数是指组织好的、可重复使用的、用来实现单一、相关联功能的代码段。在程序设计中，函数是实现某个功能的语句集合。函数可以实现一次定义多次调用，提高代码的重用性；函数通常实现较为单一的功能，提高程序的独立性、易维护性便于程序的模块化设计。在使用函数时，只需要知道如何传递正确的参数，以及函数将返回什么样的值就够了，函数内部的复杂逻辑被封装起来，调用者无须了解。

函数可以最大化代码重用。函数允许我们整合并通用化代码，方便多次使用，实现一次编写，多次运行。

函数可以最小化代码冗余。在最大化代码重用的基础上，减少代码冗余、降低代码维护成本。

函数可以将复杂过程分解。如公司主营业务成本计算的工作，分解为多个子任务来完成，每个子任务对应数量不等的函数，独立地实现较小的任务要比一次完成整个任务要容易得多。

二、常用内置函数及举例

(一) 常用内置函数 1：sum()

1. 函数定义

计算列表或元组中所有元素的总和。

2. 应用场景

在财务数据分析中，可以使用 sum() 函数计算收入、支出或投资组合等中的所有数值之和。

3. 举例

以下代码计算名为 values 的数字列表中的总和。

```
# 创建列表接收初始值
values = [100,200,300,400,500]
# 计算 values 数字列表总和
total = sum(values)
print(total)   # 输出：1500
```

（二）常用内置函数 2：min( )、max( )

1. 函数定义

计算列表或元组中的最小值或最大值。

2. 应用场景

在财务数据分析中，可以使用 min( ) 和 max( ) 函数计算股票或投资组合等中的最小或最大数值。

3. 举例

以下代码计算名为 values 的数字列表中的最小和最大值。

```
# 创建列表接收初始值
values = [100,200,300,400,500]
# 计算 values 数字列表最小值最大值
min_val = min(values)
max_val = max(values)
print(min_val)     # 输出:100
print(max_val)     # 输出:500
```

（三）常用内置函数 3：round( )

1. 函数定义

将浮点数四舍五入为指定位数的小数。

2. 应用场景

在财务数据分析中，可以使用 round( ) 函数将股票价格或其他数值四舍五入到合适的精度。

3. 举例

以下代码将浮点数 3.1415926 四舍五入到小数点后两位。

```
# 创建变量接收数值
num = 3.1415926
rounded_num = round(num,2)
print(rounded_num)     # 输出:3.14
```

（四）常用内置函数 4：sorted( )

1. 函数定义

对列表或元组进行排序。

2. 应用场景

在财务分析中，您可以使用 sorted( ) 函数对股票价格或投资收益等数据进行排序。

3. 举例

以下代码将名为 prices 的数字列表按升序排列。

```
# 创建列表接收初始值
prices = [20,10,30,5,25]
sorted_prices = sorted(prices)
print(sorted_prices)
# 输出：[5,10,20,25,30]
```

关于 Python 内置函数的更多内容可以查看官网，自行学习。网址：https://docs.python.org/zh-cn/3.11/library/functions.html

三、自定义函数

Python 除了有可以直接使用的内置函数外，还支持自定义函数，即将一段有规律的、可重复使用的代码定义成函数，达到一次编写、多次调用的目的。自定义函数在程序设计中有重要的价值，可以大大简化程序编写工作，只需要关注函数功能的实现，不必要了解函数内部的逻辑实现。

（一）自定义函数的格式

```
def 函数名(参数 1,参数 2,…,参数 n)：
    函数体
    return[表达式]
```

自定义函数必须使用 def 关键词开头。参数可根据需求设置，多个用逗号隔开。函数体是函数的程序代码，需要保持缩进。return[表达式]结束函数，选择性地返回值给调用方，不带表达式的 return 相当于返回 None。

```
# 两个数求和
def func1(a,b)：
    c = a + b
    return c
# 调用函数
func1(100,299)
```

输出结果为：
399

```
def cal(origin,year,rate)：
    固定资产期初净值 = origin  # 第一年固定资产净值 = 固定资产原值
    null = []    # 创建空列表存储每年折旧额
    for i in range(year - 2)：
        depreciation = round(net_value * (2/year),2)   # 年折旧率 = 2/折旧年限
```

```
        null.append(depreciation)
        net_value - = depreciation
    else：
        depreciation = round((net_value - origin * rate)/2,2)    #预计净残值
    = 100000 * 0.06
        null.append(depreciation)
        depreciation = round(net_value - origin * rate - depreciation,2)
        null.append(depreciation)
    print("每年折旧额依次为：",null)

#调用函数
cal(100000,8,0.06)
```

输出结果为：

每年折旧额依次为：[25000.0,18750.0,14062.5,10546.88,7910.16,5932.62,5898.92,5898.92]

当我们再使用函数时，只需要调用然后传入参数就可以了。

(二) 参数传递

1. 参数传递的概念

参数传递指在程序运行过程中，实际参数将参数值传递给相应的形式参数，然后在函数中实现数据处理和返回的过程。

形式参数：在函数定义阶段括号内定义的参数，称为形式参数，简称形参，本质就是变量名。

实际参数：在函数调用时提供的参数，称为实际参数，简称实参。

2. 参数类型

在自定义函数中，参数类型指的是为函数的参数指定数据类型。在定义函数的时候，需要把参数的名字和位置确定好。

(1) 必选参数（位置参数）是最常见的参数类型。位置参数按照它们在函数定义中的顺序进行传递，调用函数时必须提供相应的参数值。

```
#自定义函数计算货币资金
def calc(bank_deposit,cash)：
    return(bank_deposit + cash)


#调用函数
calc(12000,800)
```

输出结果为：

12800

（2）默认参数是在函数定义时为参数提供默认值，如果调用函数时没有传递相应参数值，将使用默认值。定义参数时，默认参数位于形参的后面。

```
# 自定义函数计算货币资金
def calc(bank_deposit,cash = 200):
    return(bank_deposit + cash)


# 调用函数
print(calc(12000))    # 只输入 1 个值
print(calc(12000,300))    # 输入 2 个值
```

输出结果为：

12200

12300

（3）可变参数是指在函数定义时，可以接受任意数量的位置参数或关键字参数，并将其打包成一个元组或字典传递给函数。

① 在函数定义时，使用 * args 来表示可变位置参数；* args 接收任意数量的位置参数，打包成一个元组传递给函数。

② 在函数定义时，使用 ** kwargs 来表示可变关键字参数。** kwargs 接受任意数量的关键字参数，打包成一个字典传递给函数。

```
# 自定义函数计算货币资金
def calc( * args):
    return sum(args)


# 调用函数传入任意个实参
calc(1600,1900,200)
```

输出结果为：

3700

（4）命名关键字参数是指在函数定义时，通过在参数列表中使用 * 后面的参数来定义的，这些参数只能通过关键字传递，不能通过位置传递。

```
# 自定义函数可变参数
def calc(deposit,cash, * ,others):
    return(deposit,cash,others)


# 调用函数传入实参
```

```
calc(180,100,others = 1000)
```

输出结果为：

(180,100,1000)

（5）关键字参数是通过"参数名＝值"的形式传参，无须按照参数的指定顺序，这样可以让函数更加清晰易用。

```
#自定义函数可变参数
def calc( ** kwargs):
    return(kwargs)


#调用函数传入实参
calc(银行存款 = 180,库存现金 = 100,其他货币资金 = 1000)
```

输出结果为：

{'银行存款':180,'库存现金':100,'其他货币资金':1000}

参数在书写时要遵循以下顺序：必选参数（位置参数）、默认参数、可变参数、命名关键字参数、关键字参数。

四、匿名函数和三元运算符

（一）匿名函数

匿名函数也被称为 Lambda 函数，是一种在代码中定义并使用的无须命名的函数。它们通常用于需要一个简单函数来执行某个特定操作的情况下。与普通函数不同，匿名函数没有函数名，因此无法在其他地方调用。匿名函数的格式如下：

```
lambda 形参 1,形参 2:函数体
```

匿名函数一般只有一行表达式，必须有返回值；不能有 return；可以没有参数，可以有一个或多个参数。

```
#自定义匿名求和函数
(lambda a,b:a + b)(100,200)
```

输出结果为：

300

（二）三元运算符

三元运算又称三目运算，是对简单的条件语句的简写。三元运算符的格式如下：

```
满足条件值 if 条件 else 不满足条件值
```

```
#使用 if…else 语句
a = 5
b = 7
if a>b:
    c = a
else:
    c = b
print(c)
```

输出结果为：

7

```
#使用三元运算符语句
a = 5
b = 7
print(a if a>b else b)
```

输出结果为：

7

```
#使用三元运算符语句
(lambda a,b:a if a>b else b)(5,7)
```

输出结果为：

7

【例 2-32】　销售折扣是根据订单总额来计算的。如果订单总额大于 10 000 元,则可获得 10％的折扣,否则不享受折扣。

要求:如果订单总额为 15 000 元,使用匿名函数和三元运算符计算销售折扣。

```
#使用匿名函数和三元运算符
(lambda x:x * 0.2 if x>10000 else 0)(15000)
```

输出结果为：

3000.0

五、模块

为了更好地维护代码,Python 会把很多函数进行分组,分别放到不同的文件里。在 Python 中,一个".py"格式的文件被称为一个模块,也就是说,模块是一组 Python 代码的集合。

（一）自定义模块

1. 自定义模块的创建

使用代码编辑器编写自定义求平均数函数，然后保存为"计算.py"文件。

第一步：编写函数。

```
#自定义求平均数函数
def ave( * x):
    return(sum(x)/len(x))
```

第二步：保存为"计算.py"文件。

保存你的文件为"计算.py"。确保文件扩展名是".py"，这是 Python 源代码文件的扩展名。保存了模块文件，你就可以在其他的 Python 脚本中导入并使用这个模块了。

2. 自定义模块的调用

在使用该自定义模块时，通过"import 文件名"命令载入。

```
#自定义模块调用
import calculate
calculate.ave(100,280)
```

输出结果为：

```
190.0
```

（二）内置模块

内置模块是 Python 语言的核心组成部分，它们与 Python 解释器一同安装，无须用户进行额外的安装步骤。这些模块内置了一系列预定义的功能和工具，这些功能和工具直接嵌入在 Python 环境中，能够轻松地在 Python 程序中调用，无须额外导入外部库或模块。

与内置函数类似，内置模块也是 Python 语言强大功能的重要体现。然而，与内置函数专注于单个任务不同，内置模块提供了更为广泛、更为模块化的功能集合。这些模块中的函数和类往往相互关联，协同工作，以支持更复杂的编程需求。

对于内置模块的使用，可以参考内置函数的调用方式。通过了解每个模块的功能和用法，可以在编写 Python 程序时灵活地运用这些模块，以构建功能强大、易于维护的代码。内置模块为 Python 编程提供了坚实的基础，使得开发者能够专注于实现业务逻辑和算法，而无须过多关注底层细节。

（三）第三方模块

Python 模块调用指的是在 Python 代码中使用 import 语句导入其他模块的过程。有两种方式：使用 import 导入、使用 from…import…导入。

1. 使用 import 导入

import 模块名：这种方式引入模块时，使用模块内的函数，需要使用函数名的方式来调用函数。

import 模块名 as 别名：可以给引入的模块一个别名，方便使用。

【例 2-33】　random 模块是 Python 中用于生成随机数的模块。它提供了各种功能来生成随机数、随机选择和随机操作序列等。

要求：使用 import 导入 random 模块，生成一个 0—1 的随机浮点数。

```
#直接导入模块
import random
#使用 random 模块内的 random()函数生成随机数
print(random.random())
```

输出结果为：

0.47689765660376215

【例 2-34】　os 模块是一个与操作系统交互的模块，提供了许多与操作系统相关的功能。使用 os 模块执行各种操作，如文件和目录操作、进程管理、环境变量访问。

要求：使用 import 导入 os 模块，获取本文件夹下文件名称。

```
#直接导入模块
import os
#使用 os 模块内的 listdir()函数获取本文件夹下文件名称
os.listdir()
```

输出结果为：

['函数.ipynb',
'计算.py']

【例 2-35】　datetime 是 Python 中的一个模块，它提供了处理日期和时间的函数和类。可以使用 datetime 模块来创建日期和时间对象，执行日期和时间的计算，以及格式化日期和时间的输出。

要求：使用 import 导入 datetime 模块别名 dt，将字符串解析为日期和时间对象。

```
#直接导入模块给别名
import datetime as dt
data = "2022-01-01"
#使用 datetime 模块中 datetime 子模块的 strptime 函数
print(dt.datetime.strptime(data,"%Y-%m-%d"))
```

输出结果为：

2022-01-01 00:00:00

2. 使用 from…import…导入

from 模块名 import * 或者 from 模块名 import 函数。一个模块/包中有很多函数，采用这种方式引入的函数可以直接引用,就不再需要再加函数名来使用了。

【例 2-36】　random 模块是 Python 中用于生成随机数的模块。它提供了各种功能来生成随机数、随机选择和随机操作序列等。

要求:使用 from 模块名 import 函数导入 random 模块,生成一个 0—1 的随机浮点数。

```
#使用 from 模块名 import 函数导入函数
from random import *    #第一种方法

#使用 from 模块名 import 函数指定函数
from random import random    #第二种方法

#使用 random 模块内的 random()函数生成随机数
print(random())
```

输出结果为:
0.965078450990295

本章小结

1. Python 的数据类型,包括整数、浮点数、字符串、列表、元组、字典等。

2. 程序控制,包括条件语句(如 if-elif-else)、循环语句(如 for 和 while 循环)。控制结构能够根据数据的不同情况做出不同的处理,或者对数据进行重复操作,从而更高效地实现财务数据分析的任务。

3. 函数是 Python 中非常重要的概念,它可以将一系列代码封装成一个独立的功能块,并通过调用来实现代码的复用。

复习思考题

1. 为什么在财务数据分析中使用 Python 这样的编程语言会更有优势?

2. 什么是数据类型?请解释整数、浮点数、字符串和布尔值在财务数据分析中的应用。

3. 程序控制是什么?在财务数据分析中如何应用?

4. 请解释循环语句及其在财务数据分析中的应用场景。举一个计算财务指标的例子。

5. 什么是函数?为什么在财务数据分析中使用函数可以提高效率和可维护性?

6. 自定义函数在财务数据分析中的价值是什么?设计计算投资回报率的自定义函数。

7. 什么是匿名函数？匿名函数有哪些优点？

8. 在财务数据分析中,如何引入外部模块并使用其功能?

实践操作题

1. 房贷计算器

房贷计算器是一个用于计算房屋贷款相关信息的工具。通过输入贷款金额、贷款期限、年利率等参数,可以计算出还款总额、每月月供以及支付利息等相关数据。这些数据有助于购房者了解贷款的具体信息,以便做出更明智的购房决策。

假设小明想要购买一套价值为 100 万元的房子,他需要向银行申请贷款。根据银行的贷款利率和还款期限,我们可以使用房贷计算器来计算小明的还款总额、每月月供以及支付利息。我们知道以下参数:贷款金额:100 万元,贷款期限:30 年(360 个月)年利率:4.9%。

请使用 Python 编写一个简单的房贷计算器程序来计算这些数据。

2. 打印购物小票

购物小票又称购物收据,是指消费者购买商品时由商场提供给用户的消费凭证。购物小票中一般会包含用户购买商品的名称、数量、单价和总金额等信息。请编写代码,实现打印图 2-6 中购物小票的功能。

收 银 员:管理员
结账日期:2014-04-01 01:17:16
小票编号:20140401011716654

品名	折扣价	数量	小计
睫毛膏			
	20.0	1	20.0
香水			
	46.4	3	139.2
合　　计:		4	159.2

应　　收: 159.20 元
实　　收: 159.20 元
找　　零: 0.00 元
优惠金额: 39.80 元

图 2-6　购物小票

第三章　数据采集与网络爬虫

学习目标

1. 了解数据采集的方法和技术。
2. 了解数据采集与网络爬虫的步骤。
3. 掌握使用爬虫获取财务数据的方法。
4. 了解反爬虫技术及绕过反爬虫技术的相关知识。

第一节　数据采集概述

一、数据采集的概念

数据采集指的是从各种数据源中获取和收集数据的过程。这些数据源可以是企业内部的数据库、文件、日志等，也可以是外部的网站、社交媒体、传感器等。数据采集是财务大数据分析的第一步，其质量和准确性对后续的数据处理和分析至关重要。数据采集范围决定数据分析挖掘的维度和深度。

常见的数据采集方式包括手工采集、自动化采集和第三方数据接口采集。在财务数据采集中，可以根据具体需求选择适当的采集方式。例如，可以使用自动化采集方式从财务系统或 ERP 系统中获取财务报表数据，使用第三方数据接口获取银行交易记录或股票交易记录。

二、企业内部财务数据的采集

（一）企业内部财务数据的内容

企业内部财务数据是指企业自身产生的财务数据，包括财务报表、资产负债表、利润表、现金流量表、预算报表和成本报表等。在进行财务大数据分析时，企业内部财务数据是非常重要的数据源。

(二) 企业内部财务数据的特征

(1) 数据源：企业内部的财务数据来源包括财务系统、ERP 系统、银行交易记录、股票交易记录、税务数据、销售数据、供应链数据等。需要对这些数据源进行分析，确定我们需要采集哪些数据。

(2) 数据格式：企业内部财务数据通常以电子表格、数据库等形式存储。需要了解不同的数据格式，并选择合适的工具进行数据采集。

(3) 数据准确性：财务数据对企业的决策具有重要影响，因此数据的准确性非常重要。在进行财务数据采集时，需要保证数据的准确性和完整性。

(4) 数据安全性：企业内部财务数据属于敏感信息，需要采取措施保证数据安全，包括加密、权限控制等。

三、企业外部财务数据的采集

(一) 企业外部财务数据的内容

企业外部财务数据是指企业在外部环境中产生的与财务相关的数据。这些数据包括市场数据、宏观经济数据和行业数据等。企业外部财务数据可以反映企业的经营状况、竞争力、市场表现等方面的情况，对企业的决策和战略制定具有重要的参考价值。

(二) 企业外部财务数据的获取方式

(1) 公开数据：企业可以通过公开渠道获取到的数据，如财务报表、行业报告、政府发布的经济数据。

(2) 第三方数据提供商：企业可以购买或订阅第三方数据提供商的数据服务，如金融数据服务商、市场研究公司。

(3) 互联网数据采集：企业可以利用数据采集工具和技术，如网络爬虫、数据抓取工具，从互联网上收集相关的财务数据。

(4) 合作伙伴和供应链：企业可以与合作伙伴和供应链中的其他企业进行数据共享，如与客户、供应商、分销商进行数据交换。

(5) 社交媒体和在线论坛：企业可以通过监测社交媒体和在线论坛上的相关讨论和评论，获取到一些有关财务数据的信息。

(三) 企业外部财务数据的应用

(1) 经营决策：企业可以通过分析外部财务数据，了解市场的需求和竞争情况，为经营决策提供参考依据。例如，根据竞争对手的财务数据，评估自身的市场地位，制定市场营销策略。

(2) 风险评估：外部财务数据可以帮助企业评估潜在的风险和不确定性。通过分析行业的财务数据，企业可以了解行业的健康状况和潜在风险，从而制定相应的风险管理策略。

(3) 资金筹集：企业可以利用外部财务数据来展示自身的财务状况和业绩，吸引投资者和金融机构提供资金支持。例如，根据行业的财务数据和市场趋势，企业可以编制详细的财务报告，用于向投资者展示企业的投资价值和潜在回报。

（4）绩效评估：通过与行业的财务数据进行比较，企业可以评估自身的财务绩效，并制定改进措施。例如，通过分析竞争对手的财务数据，企业可以了解自身在市场上的竞争力，并采取相应的措施提升自身的绩效。

第二节　互联网数据采集与网络爬虫

一、互联网数据采集的概念

互联网数据采集是指通过网络收集和获取各种类型的数据。网络爬虫是请求网站并提取数据的自动化程序，又称网络蜘蛛、网络蚂蚁、网络机器人等，它可以不受人工干涉自动按照既定规则浏览互联网中的信息。我们把这些既定规则称为爬虫算法。

常见的网络爬虫有百度公司的 Baiduspider、360 公司的 360Spider、搜狗公司的 Sogouspider、微软公司的 Bingbot 等。

网络爬虫实质上是一个能自动下载网页的程序，它是搜索引擎中最核心的部分。所谓的上网便是由用户端计算机发送请求给目标计算机，将目标计算机的数据下载到本地的过程。而爬虫程序要做的就是"模拟浏览器发送请求、下载网页代码、只提取有用的数据、存放于数据库或文件中"。

使用网络爬虫技术时，我们务必要遵循网站的机器人协议（robots. txt）。对网页或网络公开接口进行爬取不会对网站的正常运行产生负面影响，也不会侵犯网站用户的个人信息和重要数据资源。但是需要注意的是，若以过于强硬和不考虑规范的方式超越被允许的爬取范围，可能会对被爬取对象的系统造成干扰和损害，甚至导致商业侵权等不利后果。因此，我们在使用爬虫技术时应当谨慎行事，遵循道德和法律准则，以确保数据采集活动合法、道德且不造成不良影响。

二、单页面静态爬虫

当用户在浏览器中输入网页地址时，浏览器会向服务器发送 HTTP 请求。服务器会将网页的 HTML、CSS 和 JavaScript 等代码封装成 HTTP 响应，再传输回浏览器。浏览器通过解析这些代码，将网页的内容展示给用户。手动和爬虫获取数据的基本流程如图 3-1 所示。

	发送请求	获取响应内容	解析内容	保存数据
手动：	手动输入网址，向服务器发送请求	服务器响应内容返回给客户端浏览器	我们浏览网页内容，找到需要的数据	手动下载、记录、保存到目标地方
爬虫：	爬虫自动输入网址，向服务器发送请求	服务器响应内容返回给爬虫	自动解析网页内容，按规则寻找所需数据	爬虫自动下载保存到目标地方

图 3-1　手动和爬虫获取数据的基本流程

（一）发送请求

超文本传输协议（HTTP 协议）是浏览器和服务器之间的传输协议，它通常运行在传输控制协议之上。它指定了浏览器可能发送给服务器什么样的消息以及得到什么样的响应。

浏览器作为 HTTP 客户端，通过 URL 向 HTTP 服务端（即 Web 服务器）发送所有请求，该请求发送到 Web 服务的一个监听端口上（默认端口是 80），Web 服务器根据接收到的请求，向客户端发送响应结果。

统一资源定位符（uniform resource locator，URL），也称为网址。互联网上的每个页面，都对应一个 URL。

requests 库是一个 Python 的第三方库，可以通过调用来帮助我们实现自动爬取 HTML 网页页面以及模拟人类访问服务器自动提交网络请求。该库的具体方法及说明如表 3-1 所示。

表 3-1　　　　　　　　　　　requests 库的具体方法及说明

方法	说明
requests. request()	构造一个请求，requests 库的核心方法。支撑以下各方法的基础
requests. get()	获取 HTML 网页的主要方法
requests. head()	获取 HTML 网页头的信息
requests. post()	向 HTML 网页提交追加资源的请求
requests. put()	向 HTML 网页提交覆盖资源的请求
requests. patch()	向 HTML 网页提交局部修改的请求
requests. delete()	向 HTML 网页提交删除的请求

其中，requests. get()构造一个向服务器请求资源的 url 对象，这个对象是 requests 库内部生成的，返回的是一个包含服务器资源的 response 对象，包含从服务器返回的所有的相关资源。response 对象的属性及说明如表 3-2 所示。

表 3-2　　　　　　　　　　　response 对象的属性及说明

属性	说明
r. status_code	HTTP 请求的返回状态，200 表示连接成功，其他表示失败
r. text	HTTP 响应内容的字符串形式，即 url 对应的页面内容
r. encoding	从 HTTP header 中猜测的响应内容编码方式
r. apparent_encoding	从内容中分析出的响应内容编码方式
r. content	HTTP 响应内容的二进制形式

【例 3-1】　通过 requests. get()请求爬取新产教大数据中心-宜宾五粮液股份有限公司主要财务指标，要求先返回状态码，然后查看响应内容。

URL：https://oss. xinchanjiao. com/bigdata/company/2021/csv/cwbbzy_000858. csv

```
# 导入 requests 库
import requests
# 发送请求(爬取"新产教大数据中心-五粮液公司主要财务指标")
r = requests. get (' https://oss. xinchanjiao. com/bigdata/company/2021/csv/
cwbbzy_000858.csv')


# 检测请求的状态码
print("返回的状态码:",r.status_code)


# 查看响应内容
r.text
```

输出结果为：

返回的状态码:200

'æ\x8a¥å\x91\x8aæ\x9c\x9f, 2021-12-31, 2020-12-31, 2019-12-31, 2018-12-31, 2017-12-31, 2016-1
2-31, 2015-12-31, 2014-12-31, 2013-12-31, 2012-12-31, 2011-12-31, 2010-12-31, 2009-12-31, 2008-
12-31, 2007-12-31, 2006-12-31, \r\nè\x90¥ä\x9aæ\x94¶å\x85¥(ä, \x87å\x85\x83), 6620905, 57321
06, 5011811, 4003019, 3018678, 2454379, 2165929, 2101149, 2471859, 2720105, 2035059, 1554130, 1112
922, 793307, 732856, 739701, \r\nè\x90¥ä, \x9aæ\x88\x90æ\x9c¬(ä, \x87å\x85\x83), 1631878, 14811
96, 1280226, 1048678, 845009, 731425, 667196, 577203, 661041, 801572, 689541, 486319, 386066, 36180
7, 337798, 349400, \r\nè\x90¥ä, \x9aå\x88©æ\¶(ä, \x87å\x85\x83), 3255243, 2782642, 2424580, 1871
839, 1337454, 923721, 824624, 803240, 1143243, 1370214, 849694, 609475, 458667, 243113, 218342, 179
522, \r\nå\x88©æ\x80»é¢\x9d(ä, \x87å\x85\x83), 3245040, 2767845, 2410601, 1860682, 1339169,
933741, 828749, 801592, 1124708, 1373867, 849995, 607024, 460559, 239916, 217835, 178591, \r\næ\x8
9\x80å¾\x97ç ¨\x8eè´¹ç\x94 ¨(ä, \x87å\x85\x83), 794295, 676511, 587776, 456817, 330572, 22806
5, 187701, 195770, 292486, 340293, 210558, 150819, 113892, 56946, 70556, 60930, \r\nå\x87\x80å\x88
©æ\¶(ä, \x87å\x85\x83), 2450745, 2091334, 1822826, 1403865, 1008597, 705677, 641048, 605821, 8322
22, 1033573, 639438, 456206, 346667, 182970, 147278, 117661, \r\nå\x9f°æ\x9c¬ǣ\x8fè\x82¡æ\x94¶
ç\x9b\x8a, 6. 02, 5. 14, 4. 48, 3. 47, 2. 55, 1. 79, 1. 63, 1. 54, 2. 1, 2. 62, 1. 62, 1. 16, 0. 86, 0. 48, 0. 39, 0. 4
3, \r\nè´ §å, \x81µ\x84é\x87\x91(ä, \x87å\x85\x83), 8233596, 6820958, 6323883, 4896005, 405918
0, 3466592, 2637419, 2238211, 2576350, 2784551, 2155086, 1413446, 754359, 592540, 406077, 27862
6, \r\nåº°\x94æ\x94¶è´¦ ǣ¼(ä, \x87å\x85\x83), 6419, 4150, 13445, 12733, 10957, 10770, 10695, 1229

返回的状态码为200表示连接成功，但是使用r. text查看响应内容后发现是乱码。

请求发出后，requests会基于HTTP头部信息对响应的编码方式做出推测，当访问r. text时，requests会使用其推测的编码方式进行解码，显示网页内容，所以当头部信息和内容信息使用不同编码方式时就会出现乱码，可以使用内容中对应的编码方式进行解码(r. encoding＝r. apparent_encoding)。

```
# 导入 requests 库
import requests
# 发送请求(爬取"新产教大数据中心-五粮液公司主要财务指标")
```

```
r = requests. get (' https://oss. xinchanjiao. com/bigdata/company/2021/csv/
cwbbzy_000858.csv')

#检测请求的状态码
print("返回的状态码:",r.status_code)
# header 中猜测的响应内容编码方式
print("header 中猜测编码方式:",r.encoding)
#内容中分析出的响应内容编码方式
print("内容中分析的编码方式:",r.apparent_encoding)

#更换解码方式
r.encoding = r.apparent_encoding
r.text
```

输出结果为:

返回的状态码:200

header 中猜测编码方式:ISO-8859-1

内容中分析的编码方式:utf-8

' 报告期, 2021-12-31, 2020-12-31, 2019-12-31, 2018-12-31, 2017-12-31, 2016-12-31, 2015-12-31, 20
14-12-31, 2013-12-31, 2012-12-31, 2011-12-31, 2010-12-31, 2009-12-31, 2008-12-31, 2007-12-31, 2
006-12-31, \r\n营业收入(万元),6620905,5732106,5011811,4003019,3018678,2454379,2165929,21
01149,2471859,2720105,2035059,1554130,1112922,793307,732856,739701, \r\n营业成本(万元),1
631878,1481196,1280226,1048678,845009,731425,667196,577203,661041,801572,689541,486319,
386066,361807,337798,349400, \r\n营业利润(万元),3255243,2782642,2424580,1871839,1337454,
923721,824624,803240,1143243,1370214,849694,609475,458667,243113,218342,179522, \r\n利润
总额(万元),3245040,2767845,2410601,1860682,1339169,933741,828749,801592,1124708,137386
7,849995,607024,460559,239916,217835,178591, \r\n所得税费用(万元),794295,676511,587776,4
56817,330572,228065,187701,195770,292486,340293,210558,150819,113892,56946,70556,6093
0, \r\n净利润(万元),2450745,2091334,1822826,1403865,1008597,705677,641048,605821,832222,
1033573,639438,456206,346667,182970,147278,117661, \r\n基本每股收益,6. 02,5. 14,4. 48,3. 47,
2. 55,1. 79,1. 63,1. 54,2. 1,2. 62,1. 62,1. 16,0. 86,0. 48,0. 39,0. 43, \r\n货币资金(万元),8233596,6
820958,6323883,4896005,4059180,3466592,2637419,2238211,2576350,2784551,2155086,1413446,
754359,592540,406077,278626, \r\n应收账款(万元),6419,4150,13445,12733,10957,10770,10695,
12295,7547,8100,7562,8931,10276,517,679,626, \r\n存货(万元),1401507,1322827,1367962,1179
546,1055780,925737,870085,809149,688559,668002,553650,451478,347684,207693,180587,15080
2, \r\n流动资产合计(万元),12213773,10235567,9662676,7811017,6327970,5450454,4459741,3850
008,3694222,3792233,2971314,2136971,1328292,874155,648389,503094, \r\n固定资产净额(万

(二)获取响应内容

数据形式是指数据的表达方式或存储格式。常见的数据形式包括文本、数字、日
期、图像、音频和视频等。在财务数据中,常见的数据形式包括文本数据、数字数据、日
期数据、图表数据、文件数据和图像数据等。

1. 浏览器开发者模式

一般内容资源都存在网页中,查找资源存放在哪个地方就需要用到浏览器开发者
模式。每一个现代网络浏览器都包含一套强大的开发工具套件。这些工具可以用于查

看网页的控件、布局、HTML、header、CSS 以及与网络连接相关的信息等，显示对应的代码、布局信息以及载入所花费的时间。

　　浏览器开发者模式调出方法有三种：①键盘按 F12 调出；②鼠标右键-检查；③快捷键 Ctrl＋Shift＋i。浏览器开发者模式示意图如图 3-2 所示。

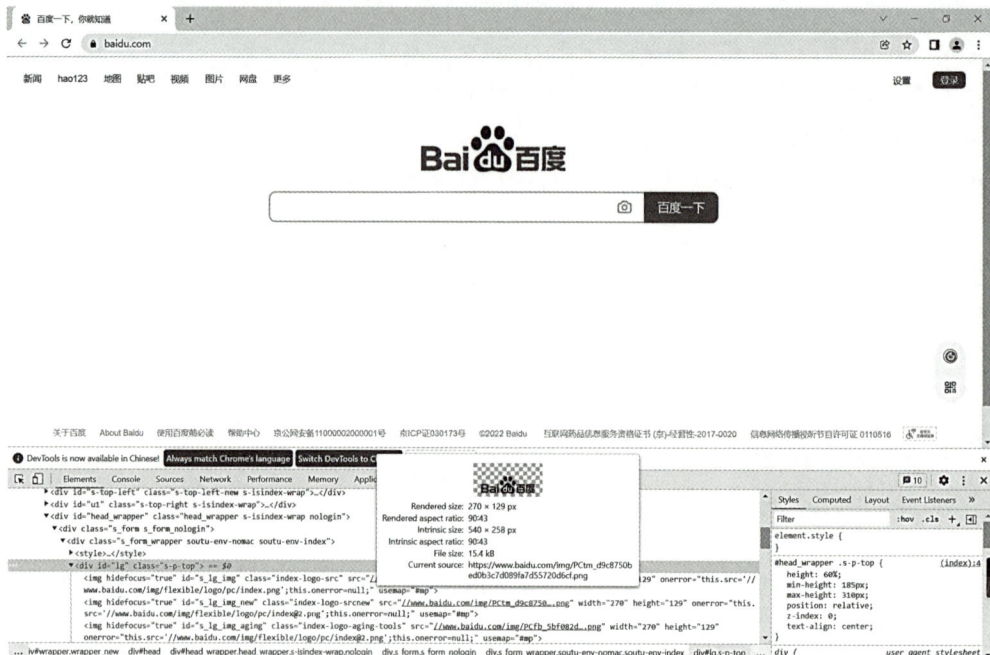

图 3-2　浏览器开发者模式示意图

　　网页架构是指网页的结构和组织方式，包括网页的 HTML、CSS 和 JavaScript 代码等。其中 HTML 是网页的骨架，用于描述网页的结构和内容。在 HTML 中，可以使用标签来定义网页中的各个部分，如标题、段落、图片、链接等。而 CSS 用于控制网页的样式和布局，可以设置字体、颜色、背景、边框、布局等样式属性。JavaScript 则用于实现网页的交互和动态效果，可以实现网页响应用户的操作。

2. DOM 文档对象模型

　　虽然内容资源都存在网页中，但是所有的资源分散在一个大树的各个枝叶上。

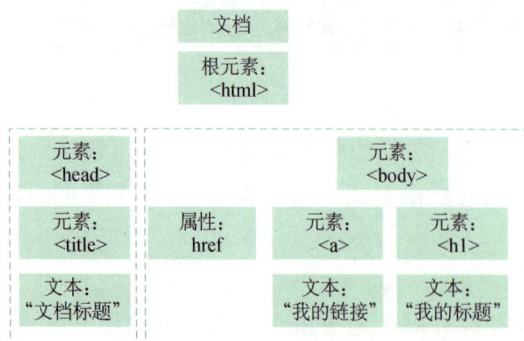

图 3-3　DOM 文档对象模型示意图

DOM 接口提供了一种通过分层对象模型来访问 HTML 页面的方式。DOM 文档对象模型，是标准规范接口，是一种处理 HTML 和 XML 文件的标准接口。DOM 提供了对整个文档的访问模型，将文档作为一个树形结构，树的每个结点表示了一个 HTML 标签或标签内的文本项。DOM 文档对象模型示意图如图 3-3 所示。

```
html 代码:
<html>
    <head>
        <title>文档标题</title>
    </head>
    <body>
        <a href = "">我的链接</a>
        <h1>我的标题</h1>
    </body>
</html>
```

【例 3-2】 财务部门需要对企业产品销售情况进行分析,其中包括京东平台上五粮液的销售情况。由于京东平台上的销售数据无法直接下载,因此需要使用 Python 编写爬虫程序,从京东平台上爬取五粮液的销售数据,进而分析销售情况。

URL:https://item.jd.com/251826.html(由于京东平台上的商品可能会下架或调整,因此在进行数据爬取时,可能会出现商品不存在或信息有所变动的情况。)

```
# 引入 requests 库
import requests
r = requests.get("https://item.jd.com/251826.html")
# 检测请求的状态码
print("返回的状态码:",r.status_code)
# 变换编码方式
r.encoding = r.apparent_encoding
print(r.text[:500])   # 显示前 500 字符
```

输出结果为:

返回的状态码:200

<!DOCTYPE html>

<html>

<head>

    <meta charset = "utf8" version ='1'/>

    <title>京东(JD.COM)-正品低价、品质保障、配送及时、轻松购物!</title>

    <meta name = "viewport" content = "width = device-width, initial-scale = 1.0, maximum-scale = 1.0, user-scalable = yes"/>

    <meta name = "description"

        content = "京东 JD.COM -专业的综合网上购物商城,为您提供正品低价

的购物选择、优质便捷的服务体验。商品来自全球数十万品牌商家,囊括家电、手机、电脑、服装、居家、母婴、美妆、个护、食品、生鲜等丰富品类,满足各种购物需求。"/>

　　＜meta name＝"Keywords" content＝"网上购物,网上商城,家电,手机,电脑,服装,居家,母婴,美妆,个护,食品,生鲜,京东"/>

　　＜script type＝"text/java

(三) 解析内容

　　我们看到的网页数据是经过渲染的,虽然可以拿到数据,但是都是杂乱无章的。需要 XPath、正则表达式等方式设定规则,查找目标位置,进行解析,引导采集工具执行采集作业。比较常用 XPath 进行解析。

　　XPath 即 XML 路径语言(XML Path Language),是一门用来确定 XML 文档中某部分位置的语言。XPath 可用来在 XML 文档中对元素和属性进行遍历,如图 3-4 所示。

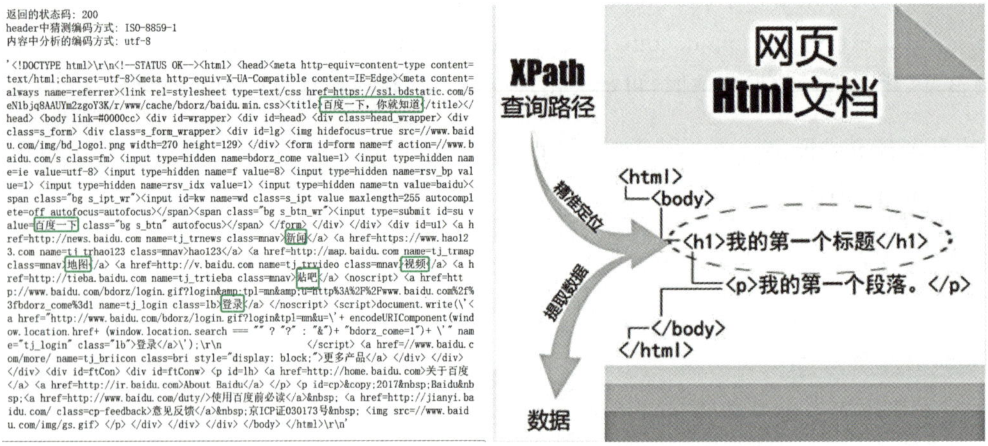

图 3-4　XPath 示意图

　　Chrom 插件 XPath Helper 是谷歌浏览器的开发者插件,安装后用该插件可以预览 Xpath 所提取的内容。就再也不需要通过搜索 Html 源代码定位一些 ID 去找到对应的位置去解析网页了。

　　XPath 解析流程如下:

　　(1) 打开浏览器开发者模式。

　　(2) 单击方框小箭头 ▣。

　　(3) 点击需要查看的页面元素。

　　(4) 点击代码行左侧的三个点,在菜单中选择复制—复制 XPath。

　　(5) 快捷键 Ctrl＋v,将 XPath 粘贴到 XPath Helper 左侧框中。

　　(6) 复制两个 XPath 查看异同点,删除不同点,得到 XPath。具体如图 3-5 所示。

　　在使用 XPath 获取 HTML 文档中的元素或属性时需要在最后加上"/text()",如果没有加上则获取的是该元素的子元素或者子节点,而不是该元素本身所包含的文本

添加 XPath
Helper 插件

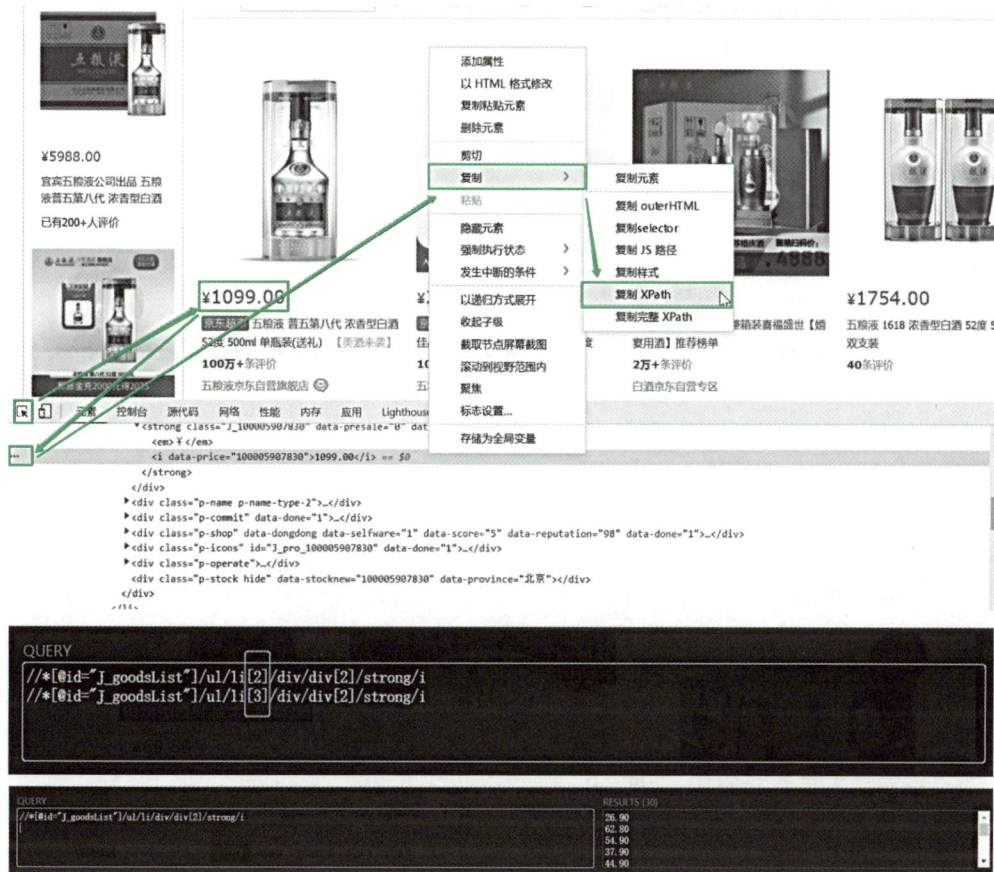

图 3-5 XPath 解析流程

内容。加上"/text()"可以将节点的文本内容获取出来，使得我们可以更方便地解析和处理 HTML 文档中的信息。

【例 3-3】 在京东商城搜索"五粮液"，爬取首页展示的所有店铺的"店铺名称"和"商品价格"。URL：https://search.jd.com/Search?keyword = 五粮液 &enc = utf-8&pvid = b41e02073b39402f96f74c92e51e2fab

```
# 引入库
import requests
from lxml import etree


headers = {'user-agent':'修改为本浏览器的 user-agent',
        'Cookie':'修改为登录成功后本浏览器的 Cookie'}
url = "https://search.jd.com/Search?keyword = 五粮液 &enc = utf-8&pvid = b41e02073b39402f96f74c92e51e2fab"
```

```
resp = requests.get(url, headers = headers)
html = resp.content.decode()  # 使用 decode() 方法解码为字符串形式的 HTML 文档
element = etree.HTML(html)  # 解析 HTML 代码


# 店铺
name = element.xpath('//*[@id="J_goodsList"]/ul/li/div/div[5]/span/a/text()')
# 金额
price = element.xpath('//*[@id="J_goodsList"]/ul/li/div/div[2]/strong/i/text()')

# 使用 for 循环打印店铺名称和金额
for i in name:
    for j in price:
        print (i, j)
        break
```

输出结果为：

帝罗酒类专营店 1308.00

五粮液京东自营旗舰店 1308.00

五粮液官方旗舰店 1308.00

酒水京喜专区 1308.00

五粮液臻酒专卖店 1308.00

五粮液京东自营旗舰店 1308.00

五粮液　京东自营专区 1308.00

五粮液京东自营旗舰店 1308.00

酒水海外自营专区 1308.00

五粮液京东自营旗舰店 1308.00

五粮液白酒京东自营专区 1308.00

小贴士

➤ 本例中使用到了 headers 反爬虫技术，后续课程会详细讲解，用本浏览器的 User-Agent 及 Cookie 查找 headers 字段的步骤：

(1) 在页面单击鼠标右键选择"检查"。

(2) 在检查页面的菜单栏选择"网络"。

(3) 在"网络"页面选择类型 Fetch/XHR，或者默认全部。

(4) 刷新页面后点击任意一条数据。

（5）查找及复制 User-Agent、Cookie。具体如图 3-6 所示。

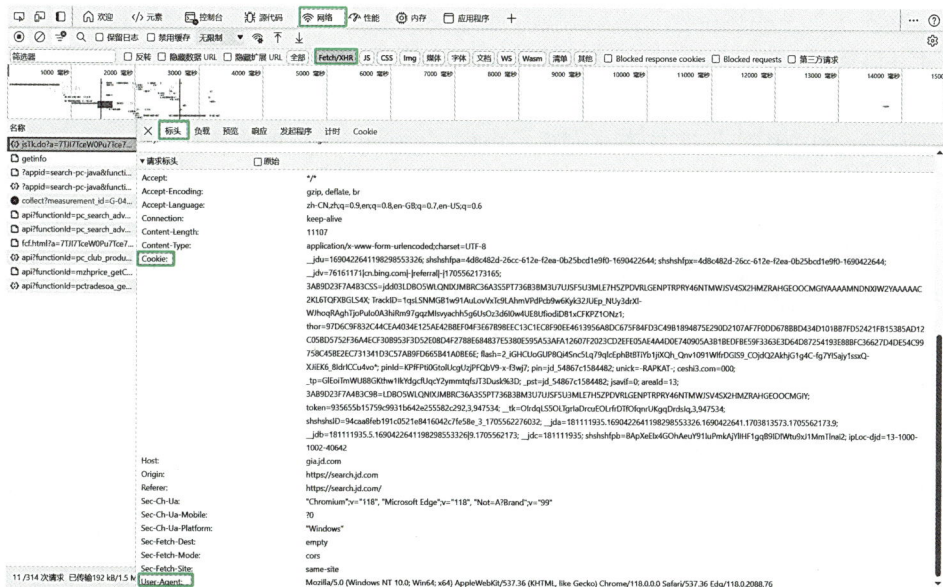

图 3-6　查找 headers 字段

（四）保存数据

1. 使用 open()和 write()方法写入文件

爬虫请求解析后的数据，需要保存下来，才能进行下一步的处理，一般保存数据的方式有如下几种：

（1）文件：txt、csv、excel、json 等，保存数据量小。

（2）关系型数据库：MySQL、oracle 等，保存数据量大。

（3）非关系型数据库：Mongodb、Redis 等键值对形式，保存数据量大。

（4）二进制文件：保存爬取的图片、视频、音频等格式的数据。

用 open()函数和 write()函数保存数据方法如下：

```
#保存数据方法
with open('文件名称','写入模式',编码方式)as f:
    f.write()
```

（1）open()函数：将字符串 str 写入一个打开的文件。如果要写入的文件不存在，函数 open()将自动创建它。open()函数的语法如下：

```
open(file,mode = 'r',encoding = None)
open('文件名称','写入模式',编码方式)
```

其中：file 是文件名称，打开并返回一个文件对象。

mode 是文件写入的模式，默认为"r"。

r 是指只读方式打开文件，文件必须存在；w 是指重新写入，有文件，覆盖原内容，无文件，重新写入；a 是指追加写入，有文件，追加写入，无文件，重新写入；b 是指处理二进制文件，包含 rb、wb、ab。不需要指定编码方式。

encoding 是写入文件时使用的编码方式，一般设置为 encoding='utf-8'。

（2）write()函数：向文件中写入指定内容。write()函数的语法如下：

```
write(data)
```

其中：data 是指写入的数据，包括字符串类型（str）、二进制类型（bytes）。str 通过 encode 方法转化为 bytes；bytes 通过 decode 方法转化为 str。

【例 3-4】　在京东商城搜索"五粮液"，爬取首页展示的所有店铺的"店铺名称"和"商品价格"然后保存成 TXT 格式的文件。

```
# 导入库
import requests
from lxml import etree

headers = {'user-agent':'修改为本浏览器的 user-agent',
           'Cookie':'修改为登录成功后本浏览器的 Cookie'}
url = "https://search.jd.com/Search?keyword = 五粮液 &enc = utf-8&pvid =
b41e02073b39402f96f74c92e51e2fab"

resp = requests.get(url,headers = headers)
html = resp.content.decode() # 使用 decode()方法解码为字符串形式的 HTML 文档
element = etree.HTML(html) # 解析 HTML 代码

# 店铺
name = element.xpath('//*[@id = "J_goodsList"]/ul/li/div/div[5]/span/a/
text()')
# 金额
price = element.xpath('//*[@id = "J_goodsList"]/ul/li/div/div[2]/strong/i/
text()')

# 将结果保存到 TXT 文件
with open("京东店铺信息.txt","w",encoding = "utf-8")as file:
    for n, p in zip(name,price):
        file.write(f"店铺名称:{n.strip()},商品价格:{p}\n")
print("京东店铺信息.txt",保存成功')
```

输出结果为：

"京东店铺信息.txt",保存成功

2. 使用 pandas 库保存数据

pandas 库支持多种文件格式的读写,最常用的就是 csv 和 xlsx 格式数据的操作,因为直接读取的数据是数据框格式,所以在爬虫、数据分析中使用非常广泛。一般我们将爬取到的数据储存为 DataFrame 对象(DataFrame 是一个表格或者类似二维数组的结构,它的各行表示一个实例,各列表示一个变量)。

【例 3-5】　在京东商城搜索"五粮液",爬取首页展示的所有店铺的"店铺名称"和"商品价格",然后使用 pandas 库把数据保存成 csv 格式文件。

```
# 导入库
import requests
import pandas as pd
from lxml import etree

headers = {' user – agent ': ' Mozilla/5. 0 ( Windows  NT 10. 0；Win64；x64)
AppleWebKit/537.36 (KHTML, like Gecko) Chrome/96.0.4664.45 Safari/537.36'}
url = "https://search. jd. com/Search? keyword = 五粮液 &enc = utf – 8&pvid =
b41e02073b39402f96f74c92e51e2fab"

resp = requests. get(url,headers = headers)
html = resp. content. decode() # 使用 decode()方法解码为字符串形式的 HTML 文档
element = etree. HTML(html) # 解析 HTML 代码

# 店铺
name = element. xpath('// * [@ id = "J_goodsList"]/ul/li/div/div[5]/span/a/
text()')
# 金额
price = element. xpath('// * [@ id = "J_goodsList"]/ul/li/div/div[2]/strong/i/
text()')

# 将结果保存到 csv 文件
data = list(zip(name,price))
df = pd. DataFrame(data,columns = ['店铺','金额']) # 把数据转换为 pandas
DataFrame
df.to_excel('京东店铺信息.xlsx') # 保存到 excel 表格

print('数据保存成功')
```

输出结果为：

数据保存成功

三、多页面静态爬虫

当我们要爬取多个页面的信息时，就要用到多页面爬虫。多页面爬虫可以从多个页面收集数据，而不仅限于单个页面。可以获取更多的信息，从而更全面地了解目标网站的内容。

多页面爬虫主要通过遍历多个 URL 来实现对多个页面的数据爬取。爬虫会从一个初始 URL 开始，然后根据页面内容中的链接提取出其他目标 URL，进一步爬取这些链接对应的页面。这样的过程可以让爬虫自动地在多个页面之间进行导航和数据提取。

要想了解目标网站的 URL 结构，首先我们需要了解目标网站的 URL 结构，特别是在多页面情况下，URL 之间可能存在的规律或差异。根据目标网站的 URL 结构，我们可以通过 Python 代码构造一个 URL 循环，以便能够访问多个页面。例如，可以使用 for 循环来遍历不同页面的 URL。

【例 3-6】　在京东商城搜索"五粮液"，爬取前五页展示的所有店铺的"店铺名称"和"商品价格"。

```
# 引入库
import requests
import pandas as pd
from lxml import etree


# 创建空列表接收每页爬取的内容
names = []
prices = []
headers = {'user-agent':'修改为本浏览器的 user-agent',
        'Cookie':'修改为登录成功后本浏览器的 Cookie'}


for i in range(1,5):
    url = f"https://search.jd.com/Search?keyword = 五粮液 &qrst = 1&wq = 五粮液 &stock = 1&ev = exbrand_ 五 粮 液（WULIANGYE）% 5E&pvid = 87e16a131c724a77968 42027a827cb61&page = {i}&s = 536&click = 0"


    resp = requests.get(url,headers = headers)
    html = resp.content.decode()  # 使用 decode()方法解码为字符串形式的 HTML 文档
    element = etree.HTML(html)  # 解析 HTML 代码
```

```
　　#店铺
　　name = element. xpath('//＊[@id = "J_goodsList"]/ul/li/div/div[5]/span/
a/text()')
　　names + = name
　　#金额
　　price = element. xpath('//＊[@id = "J_goodsList"]/ul/li/div/div[2]/
strong/i/text()')
　　prices + = price
#将结果呈现出来
df = pd. DataFrame ({'店铺': names,'金额': prices}) #把数据转换为pandas
DataFrame
df
```

输出结果为：

	店铺	金额
0	五粮液京东自营旗舰店	1099.00
1	五粮液官方旗舰店	2798.00
2	茂盛酒城京东自营官方旗舰店	290.00
3	五粮液京东自营旗舰店	6439.00
4	五粮液臻酒专卖店	2718.00
...	...	...
115	五粮液京东自营旗舰店	1099.00
116	五粮液京东自营旗舰店	1149.00
117	Magic Dog京东自营官方旗舰店	265.00
118	五粮液京东自营旗舰店	243.00
119	益商酒类专营店	6259.00

120 rows × 2 columns

四、动态网站爬虫

　　对于财务数据采集,现在许多网站使用动态网页来呈现财务报表、实时股票价格、汇率信息等。传统的静态网页在服务器上生成,并且在浏览器中加载时内容是固定的,不能实时地根据用户的操作进行更新。与之相反,动态网页是在浏览器端使用JavaScript 等技术实时生成和更新内容,这使得页面可以根据用户的交互和需求进行动态展示。

　　由于这些内容是通过 JavaScript 等脚本生成的,传统的静态爬虫可能无法直接获取其中的数据。这就需要使用动态爬虫技术,通过模拟用户操作和解析 JavaScript 代码来获取动态网页中的数据。

本书以东方财富网为例,进行动态网站数据爬取。财务部门需要对企业同行业的财务信息进行分析,以便做出更加明智的决策。使用 Python 编写一个动态爬虫程序,从东方财富网上爬取沪深京 A 股上市公司的财务数据。URL：http://quote.eastmoney. com/center/gridlist. html♯hs_a_board(东方财富网页面结构可能有调整,以实际页面为准。)具体步骤如下：

(一) 分析网页结构

在动态网页的数据爬取中,分析网页结构至关重要。因为我们需要找到数据"藏"在哪,否则不知道应该去哪爬取数据。可以先看一下网页源代码直接使用搜索功能,在网页源代码页面,搜索界面展示的数据,如果没有这个数据,那么它就是动态网站数据。

查找动态网页的数据接口有以下几个步骤：

(1) 在页面鼠标右键,选择"检查"。

(2) 在检查页面选择"网络"。

(3) 在"网络"页面选择类型,数据接口一般在 Fetch/XHR 或者 JS 类型中。

(4) 刷新页面,找到数据接口,如图 3-7 所示。

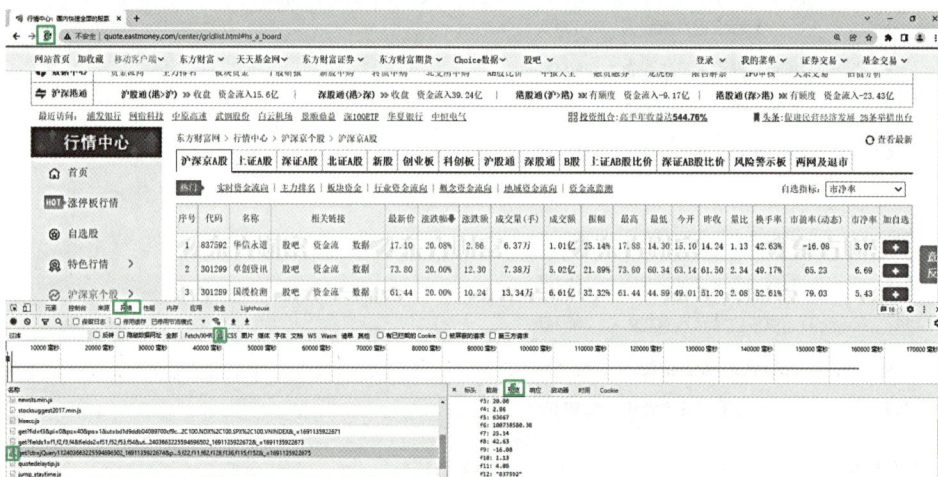

图 3-7　查找动态网页的数据接口

动态网页里的数据很多,有时候就算筛选了类型,也很难找到需要的数据。那怎么办呢？有一个小技巧,就是利用搜索功能(Ctrl＋F)。在检查页面,搜索一下页面展示内容,找到数据,如图 3-8 所示。

(二) 请求接口数据

找到了数据存放的位置,接下来就是要获取数据。具体步骤如下：

(1) 查找接口网址,分析接口网址的情况。

(2) 请求头信息：请求动态网页数据需要比较完整的请求头,复制 User-Agent 的内容。

(3) 请求数据：在有了数据接口的位置后,可以直接通过 requests 请求数据,如图 3-9 所示。

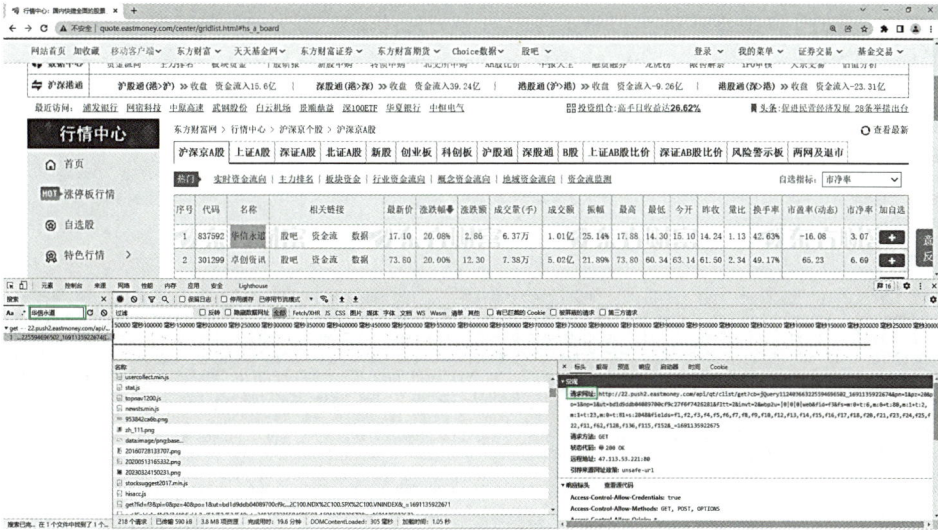

图 3-8　搜索数据

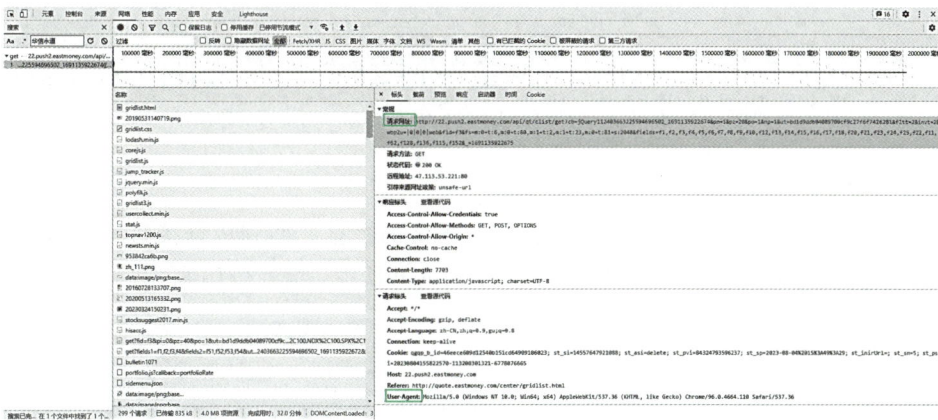

图 3-9　请求接口数据

接下来就可以复制请求头，构造请求参数，请求需要的数据。

```
#导入 requests 库
import requests


#构造请求头
headers = {'User-Agent':'Mozilla/5.0 (Macintosh; Intel Mac OS X 10_15_7)
AppleWebKit/537.36 (KHTML, like Gecko) Chrome/114.0.0.0 Safari/537.36'}


#爬取数据
resp = requests.get(f'http://40.push2.eastmoney.com/api/qt/clist/get?pn =
1&pz = 20&po = 1&np = 1&ut = bd1d9ddb04089700cf9c27f6f7426281&fltt = 2&invt =
```

```
2&wbp2u = |0|0|0|web&fid = f3&fs = m:0 + t:6,m:0 + t:80,m:1 + t:2,m:1 + t:23,m:0
+ t:81 + s:2048&fields = f1,f2,f3,f4,f5,f6,f7,f8,f9,f10,f12,f13,f14,f15,
f16,f17,f18,f20,f21,f23,f24,f25,f22,f11,f62,f128,f136,f115,f152&_ =
1691120608180',headers = headers)
resp.text
```

输出结果为：

'{"rc":0,"rt":6,"svr":182994253,"lt":1,"full":1,"dlmkts":"","data":{"total":5491,"diff":[{"f1":2,"f2":17.1,"f3":20.08,"f4":2.8 6,"f5":63667,"f6":100738580.38,"f7":25.14,"f8":42.63,"f9":-16.08,"f10":1.13,"f11":4.08,"f12":"837592","f13":0,"f14":"华信永道","f 15":17.88,"f16":14.3,"f17":15.1,"f18":14.24,"f20":1034550000,"f21":255370990,"f22":-0.06,"f23":3.07,"f24":62.09,"f25":62.09,"f6 2":11237192.0,"f115":30.94,"f128":"-","f140":"-","f141":"-","f136":"-","f152":2},{"f1":2,"f2":73.8,"f3":20.0,"f4":12.3,"f5":7375 9,"f6":502280473.84,"f7":21.89,"f8":49.17,"f9":65.23,"f10":2.34,"f11":0.0,"f12":"301299","f13":0,"f14":"卓创资讯","f15":73.8,"f1 6":60.34,"f17":63.14,"f18":61.5,"f20":4428000000,"f21":1107000000,"f22":0.0,"f23":6.69,"f24":42.88,"f25":50.31,"f62":67588770. 0,"f115":78.56,"f128":"-","f140":"-","f141":"-","f136":"-","f152":2},{"f1":2,"f2":61.44,"f3":20.0,"f4":10.24,"f5":133375,"f6":660 943461.59,"f7":32.32,"f8":52.61,"f9":79.03,"f10":2.08,"f11":0.03,"f12":"301289","f13":0,"f14":"国缆检测","f15":61.44,"f16":44.8 9,"f17":49.01,"f18":51.2,"f20":4792320000,"f21":1557497917,"f22":0.0,"f23":5.43,"f24":80.28,"f25":90.93,"f62":-15287890.0,"f115": 66.56,"f128":"-","f140":"-","f141":"-","f136":"-","f152":2},{"f1":2,"f2":23.72,"f3":19.98,"f4":3.95,"f5":175555,"f6":406818621. 3,"f7":17.82,"f8":19.77,"f9":-62.17,"f10":1.44,"f11":0.0,"f12":"300380","f13":0,"f14":"安硕信息","f15":23.72,"f16":20.17,"f17":2 0.17,"f18":19.77,"f20":3315132106,"f21":2955270696,"f22":0.0,"f23":8.48,"f24":33.48,"f25":34.01,"f62":117044555.0,"f115":-42.4 8,"f128":"-","f140":"-","f141":"-","f136":"-","f152":2},{"f1":2,"f2":11.15,"f3":15.54,"f4":1.5,"f5":902074,"f6":973448392.56,"f 7":17.82,"f8":20.19,"f9":118.6,"f10":-62.17,"f11":0.0,"f12":"300465","f13":0,"f14":"高伟达","f15":11.49,"f16":9.77,"f17":9.77,"f1 8":9.65,"f20":4981399166,"f21":4981399166,"f22":-0.09,"f23":7.93,"f24":-0.36,"f25":43.13,"f62":99674129.0,"f115":-74.94,"f128":"- ","f140":"-","f141":"-","f136":"-","f152":2},{"f1":2,"f2":20.59,"f3":14.58,"f4":2.62,"f5":756903,"f6":1524348929.09,"f7":16.08,"f 8":9.99,"f9":16.1,"f10":3.3,"f11":0.0,"f12":"300773","f13":0,"f14":"拉卡拉","f15":21.08,"f16":18.19,"f17":18.19,"f18":17.97,"f2 0":16472411800,"f21":15600845604,"f22":-0.05,"f23":4.3,"f24":11.24,"f25":21.98,"f62":-11427628.0,"f115":-13.11,"f128":"-","f14 0":"-","f141":"-","f136":"-","f152":2},{"f1":2,"f2":107.2,"f3":13.38,"f4":12.65,"f5":262684,"f6":2613010203.27,"f7":15.76,"f8":7. 33,"f9":90.48,"f10":1.52,"f11":0.22,"f12":"300394","f13":0,"f14":"天孚通信","f15":108.77,"f16":93.87,"f17":95.23,"f18":94.55,"f2 0":42318162334,"f21":38424355816,"f22":0.17,"f23":15.77,"f24":110.65,"f25":331.39,"f62":189332544.0,"f115":91.24,"f128":"-","f14 0":"-","f141":"-","f136":"-","f152":2},{"f1":2,"f2":23.75,"f3":12.45,"f4":2.63,"f5":71345,"f6":166067478.73,"f7":15.96,"f8":15.7 8,"f9":1100.3,"f10":11.69,"f11":0.21,"f12":"301067","f13":0,"f14":"显盈科技","f15":24.5,"f16":21.13,"f17":21.2,"f18":21.12,"f20": 2309355000,"f21":1073527313,"f22":0.0,"f23":2.75,"f24":23.57,"f25":18.93,"f62":20338986.0,"f115":36.92,"f128":"-","f140":"-","f14

（三）解析网页数据

请求成功后，查看请求数据的结构，获取需要的数据。回到数据接口中，可以看到数据是通过 json 格式存储的，数据在 data 下面的 diff 中，如图 3-10 所示。

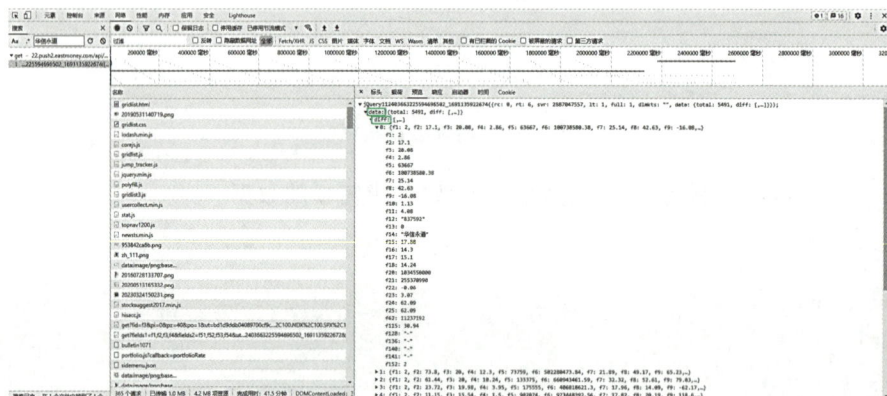

图 3-10　请求数据的结构

用 json 解析请求到的数据，并把需要的数据提取出来。

```
#引入 requests 库
import requests
import json
```

```
# 构造请求头
headers = {'User - Agent ':' Mozilla/5. 0 (Macintosh; Intel Mac OS X 10 _ 15 _ 7)
AppleWebKit/537. 36 (KHTML, like Gecko) Chrome/114. 0. 0. 0 Safari/537. 36'}


# 爬取数据
resp = requests. get(f ' http://40. push2. eastmoney. com/api/qt/clist/get?pn =
1&pz = 20&po = 1&np = 1&ut = bd1d9ddb04089700cf9c27f6f7426281&fltt = 2&invt =
2&wbp2u = |0|0|0|web&fid = f3&fs = m:0 + t:6,m:0 + t:80,m:1 + t:2,m:1 + t:23,m:0
+ t:81 + s:2048&fields = f1,f2,f3,f4,f5,f6,f7,f8,f9,f10,f12,f13,f14,f15,
f16,f17,f18,f20,f21,f23,f24,f25,f22,f11,f62,f128,f136,f115,f152& _ =
1691120608180',headers = headers)

resp. text


将获取到的 JSON 格式文本解析为字典,然后获取特定数据
df = pd. DataFrame(json. loads(resp. text)['data']['diff'])
df
```

输出结果为:

	f1	f2	f3	f4	f5	f6	f7	f8	f9	f10	...	f23	f24	f25	f62	f115	f128	f140	f141	f136	f152
0	2	17.10	20.08	2.86	63667	1.007386e+08	25.14	42.63	-16.08	1.13	...	3.07	62.09	62.09	11237192.0	30.94	-	-	-	-	-	2
1	2	73.80	20.00	12.30	73759	5.022805e+08	21.89	49.17	65.23	2.34	...	6.69	42.88	50.31	67588770.0	78.56	-	-	-	-	-	2
2	2	61.44	20.00	10.24	133375	6.609435e+08	32.32	52.61	79.03	2.08	...	5.43	80.28	90.93	-15287890.0	66.56	-	-	-	-	-	2
3	2	23.72	19.98	3.95	175555	4.068186e+08	17.96	14.09	-62.17	1.44	...	8.48	33.48	34.01	117044555.0	-42.48	-	-	-	-	-	2
4	2	11.15	15.54	1.50	902074	9.734484e+08	17.82	20.19	118.60	8.05	...	7.93	-0.36	43.13	99674129.0	-74.94	-	-	-	-	-	2
5	2	20.59	14.58	2.62	756903	1.524349e+09	16.08	9.99	16.10	3.30	...	4.30	11.24	21.98	-11427628.0	-13.11	-	-	-	-	-	2
6	2	107.20	13.38	12.65	262684	2.613010e+09	15.76	7.33	90.48	1.52	...	15.77	110.65	331.39	189332544.0	91.24	-	-	-	-	-	2
7	2	23.75	12.45	2.63	71345	1.660675e+08	15.96	15.78	1100.30	11.69	...	2.75	23.57	18.93	20338986.0	36.92	-	-	-	-	-	2
8	2	39.01	11.84	4.13	28906	1.087944e+08	14.48	3.15	-45.95	2.34	...	4.73	92.26	168.11	-14653.0	-51.22	-	-	-	-	-	2
9	2	18.53	11.22	1.87	305102	5.814217e+08	19.63	20.80	-17.64	3.03	...	4.98	14.95	31.14	77862379.0	47.62	-	-	-	-	-	2
10	2	42.28	10.51	4.02	99089	4.152466e+08	13.51	27.96	39.95	3.88	...	3.11	16.80	25.50	9004046.0	29.31	-	-	-	-	-	2
11	2	15.49	10.25	1.44	1087732	1.648242e+09	16.51	20.64	2240.10	2.06	...	13.85	8.70	66.56	23436697.0	-125.96	-	-	-	-	-	2
12	2	3.91	10.14	0.36	1588915	6.098774e+08	10.14	3.49	106.83	2.17	...	0.91	13.99	28.20	127590028.0	112.34	-	-	-	-	-	2
13	2	5.13	10.09	0.47	911667	4.596446e+08	8.15	15.30	127.16	1.09	...	3.52	64.42	58.82	-2539454.0	-10.21	-	-	-	-	-	2
14	2	6.45	10.07	0.59	193635	1.227588e+08	10.24	3.72	-28.28	2.30	...	2.33	17.06	25.24	50499940.0	-20.54	-	-	-	-	-	2
15	2	11.18	10.04	1.02	452880	4.964256e+08	9.74	6.79	12.13	1.77	...	1.15	-9.11	46.14	159781041.0	10.93	-	-	-	-	-	2
16	2	19.98	10.02	1.82	1755660	3.440631e+09	10.02	54.14	75.03	1.46	...	3.90	30.50	142.18	480978608.0	50.72	-	-	-	-	-	2
17	2	10.87	10.02	0.99	989371	1.038935e+09	10.02	11.17	108.59	1.97	...	1.90	62.00	115.25	2170036842.0	45.46	-	-	-	-	-	2
18	2	22.09	10.01	2.01	879473	1.916784e+09	5.58	32.18	85.81	0.80	...	5.12	60.54	26.81	155574592.0	93.48	-	-	-	-	-	2
19	2	22.65	10.00	2.06	180160	3.983404e+08	10.39	7.16	338.01	3.09	...	6.21	6.59	-17.49	128259153.0	271.22	-	-	-	-	-	2

20 rows × 31 columns

　　可以使用 pandas 库保存数据,存入 csv 或者 xlsx 文件中。成功获取一页数据后,我们可以运用多页面静态爬虫学习的内容,通过循环获取更多页数据。

五、反爬虫技术

　　反爬虫技术是网站用来保护服务器资源、数据资源等的防护措施,是为了不让自家

的数据被别人随意爬走而设置的屏障。

（一）常见的反爬虫技术

1. 通过 headers 字段反爬虫

无论是浏览器还是爬虫程序，在向服务器发起网络请求的时候，都会发送一个 headers 文件。通过检测请求中的 User-Agent 标头来识别爬虫。

2. 通过登录限制反爬虫

网站或者 APP 可以展示一些基础的数据，当需要访问比较重要或者更多的数据时，则要求用户必须登录后才可以访问。

3. 通过 IP 限制反爬虫

一些网站会根据 IP 地址访问的频率和次数进行反爬。如果用单一的 IP 地址访问频率过高，短时间内会禁止这个 IP 访问。

4. 通过设置验证码反爬虫

验证码是非常常见的反爬虫方式，服务提供方在 IP 地址访问次数达到一定数量后，可以返回验证码让用户进行验证。

（二）反反爬虫技术

当网站采取了反爬虫技术来限制或阻挠爬虫的访问时，尝试使用反反爬虫技术，以绕过这些限制，继续访问并抓取网站的内容。

1. 设置 headers 字段绕过反爬虫

当面对反爬虫技术时，设置合适的 headers 是一种常见的规避手段。网站通常通过检查请求头信息来辨别是否是真实的浏览器访问，而不是爬虫。在设置请求头时，可以模拟真实浏览器的行为，使得请求看起来更像是普通用户的访问。

2. 模拟登录绕过反爬虫

模拟手动输入账号密码的过程，获得登录成功后的 Cookie，从而进入页面获取数据。

3. 绕过 IP 限制

第一，使用代理 IP，通过使用代理服务器，可以隐藏真实的 IP 地址，从而绕过网站的 IP 限制。第二，构建一个 IP 池，包含多个可用的 IP 地址，然后在爬虫程序中轮流使用这些 IP 地址，避免频繁使用同一 IP 地址被封锁。

4. 绕过验证码反爬虫

简单验证码可以使用打码平台进行破解，或者每抓取一个页面就休息随机数秒。

本章小结

1. 数据采集是财务大数据分析的第一步，其质量和准确性对后续的数据处理和分析至关重要。

2. 企业内部财务数据是指企业自身产生的财务数据，包括财务报表、资产负债表、利润表、现金流量表、预算报表和成本报表等。企业外部财务数据是指企业在外部环境中产生的与财务相关的数据。

3. 互联网数据采集是指通过网络收集和获取各种类型的数据,而网络爬虫是请求网站并提取数据的自动化程序。

4. 爬虫程序要做的就是模拟浏览器发送请求、下载网页代码、只提取有用的数据、存放于数据库或文件中。

复习思考题

1. 列举几种企业内部财务数据的例子。

2. 什么是企业外部财务数据?为什么它对数据分析很有价值?

3. 请描述单页面静态爬虫和多页面静态爬虫的区别。

4. 什么是动态网站爬虫?

5. 解释反爬虫技术是什么,以及为什么有些网站会采用这些技术?

6. 为什么在采集互联网数据时需要注意法律和道德问题?

7. 你认为未来财务大数据采集领域可能会面临哪些创新和挑战?

实践操作题

1. 访问和讯网财务数据公示页面,找到"中国平安"2023年的财务报表。采集包括资产负债表、利润表、现金流量表在内的关键数据,并将其整理保存到表格中。

2. 打开百度网站首页,输入"茅台"作为关键词进行新闻搜索,将查询到的所有页面的新闻标题采集下来保存到表格中,用于后续文本分析。

第四章 数据预处理

🎯 学习目标

1. 了解数据预处理的目的及方法。
2. 掌握 pandas 库在数据处理中的应用。
3. 熟练掌握数据筛选与合并方法。
4. 熟练掌握处理重复值、异常值和缺失值的方法。

第一节 数据预处理概述

一、数据处理的概念和流程

（一）数据处理的概念

数据处理是从海量杂乱无章、不一致、存在缺失的原始数据中抽取并推导出对解决问题有价值、有意义的数据。数据处理是数据分析中最关键的步骤，垃圾数据即使是用最好的分析方法，也只能分析出错误的结果，而且会误导数据的使用者。因此在数据分析过程中数据处理占据了很大的工作量，同时也是整个数据分析过程中最为重要的环节。数据处理主要包括数据筛选、合并、数据清洗和数据加工等处理方法。

（二）大数据处理的基本流程

大数据处理的基本流程主要包括数据收集、数据预处理、数据存储、数据分析、数据展示/数据可视化和数据应用等环节，其中数据质量贯穿整个大数据处理流程，每一个环节都会对大数据质量产生影响。通常，一个好的大数据产品要有巨大的数据规模、快速的数据处理、精确的数据分析与预测、优秀的可视化图表及简练易懂的结果解释。

二、pandas 在数据处理中的应用

（一）pandas 库的数据结构

pandas 是 Python 数据分析中非常重要的库，而 pandas 库中又有两个非常重要的对象：一个是 Series，一个是 DataFrame，两者的关系如图 4-1 所示。它们也是 pandas 库中非常常用的数据结构。

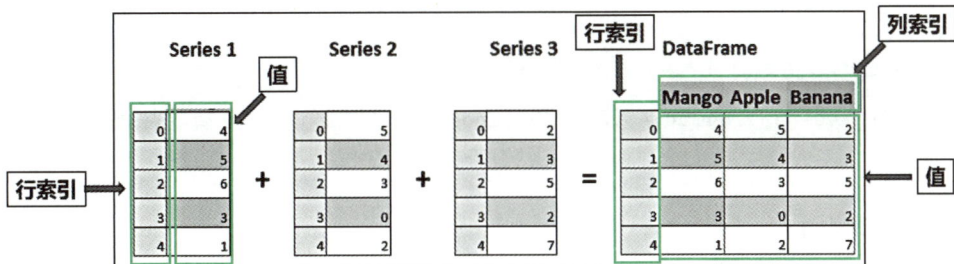

pandas 包简介

图 4-1　Series 和 DataFrame 的关系

1. Series 数据结构

Series 是一维数据结构，能够保存整数、浮点数、字符串等，相当于 Excel 表中的一行或一列，由一组数据及相关的数据索引组成。

（1）Series 的创建。

Series 的创建可以通过多种方式实现，包括从列表、数组、字典等数据结构中创建，也可以通过手动指定索引的方式创建。创建 Series 对象的格式如下：

```
s = pd.Series(data,index = index)
```

其中，data 表示数据，支持 Python 字典、多维数组、标量值。

index 表示行标签（索引），可以省略，默认从 0 开始。

返回值为 Series 对象。

当 data 参数是多维数组时，index 长度必须与 data 长度一致，如果没有指定 index 参数，则自动创建数值型索引（0～data 数据长度－1。）。

```
#引入 pandas 库
import pandas as pd
a = [1,2,3]  #创建列表 a
#将 a 转换为 Series
se = pd.Series(a)
print(se)
```

输出结果为：

0　　1

1　　2

```
2    3
dtype: int64
```

除了自动索引,Series 还可实现自定义索引。作为第二个参数,"index = "可以省略。

```
# 引入 pandas 库
import pandas as pd

# 创建 Series
s = pd.Series([337.84,54.45,283.39],index = ['资产','负债','所有者权益'])
s
```

输出结果为:

资产　　　　337.84

负债　　　　 54.45

所有者权益　 283.39

dtype: float64

(2) Series 的索引和切片。

Series 的索引定义了每个元素的唯一标识符,可以是整数、字符串或其他数据类型。

以 s＝pd.Series([337.84,54.45,283.39],index＝['资产','负债','所有者权益'])为例,创建一个 Series。Python 中常用的 Series 索引及其实例如表 4-1 所示。

表 4-1　　　　　　　　　　　　常用的 Series 索引及其实例

操作方法	描述	实例	结果
位置索引	位置索引是从 0 开始数,[0]是 Series 第一个数,[1]是 Series 第二个数,以此类推	print(s[0])	337.84
标签索引	Series 标签索引也是用[]表示,里面是索引名称,注意 index 的数据类型是字符串,如果需要获取多个标签索引值,用[[]]表示(相当于[]中包含一个列表)	print(s["资产"]) print(s[["资产","负债"]])	337.84 资产　　337.84 负债　　 54.45 dtype: float64
切片索引	用标签索引做切片,包头包尾(既包含索引开始位置的数据,也包含索引结束位置的数据)	print(s["资产":"所有者权益"]) 等同于 print(s[0:3])	资产　　　　337.84 负债　　　　 54.45 所有者权益　 283.39 dtype: float64
获取 Series 索引和值	获取 Series 索引和值主要使用 Series 的 index 和 values 方法	print(s.index) print(s.values)	Index(['资产','负债','所有者权益'],dtype=' object') [337.84 54.45 283.39]

在 Series 切片索引中使用标签索引输出区间数据时也包含末端数据,使用位置索

引时输出数据时是"前闭后开"的,不包含末端数据。

2. DateFrame 数据结构

DateFrame 也是 pandas 库中的一种数据结构,它是由多种类型的列组成的二维表数据结构。类似于 Excel、SQL 或 Series 对象构成的字典。DateFrame 是最常用的 pandas 对象,它与 Series 对象一样,支持多种类型的数据。它含有一组有序的列,每列可以是不同的值类型(数值、字符串、布尔型值)。DataFrame 既有行索引也有列索引,它可以被看作由 Series 组成的字典(共同用一个索引),如图 4-2 所示。

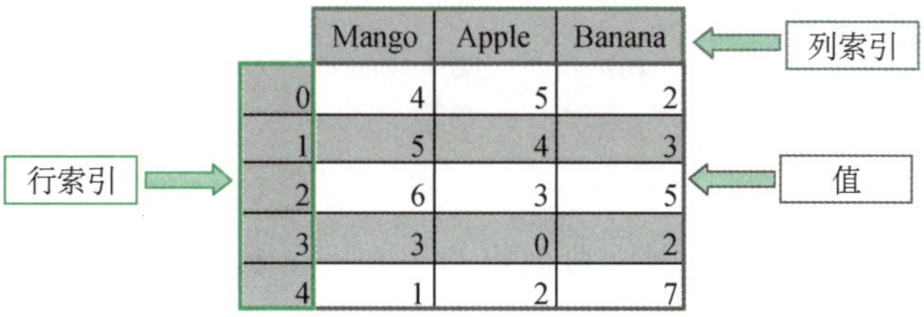

图 4-2　**DataFrame 数据结构示意图**

(1) DateFrame 的创建。格式如下:

```
s = pd.DataFrame(data,index = [序列],columns = [序列])
```

其中,data 表示数据,支持 Python 字典、多维数组、标量值,只有大小,没有方向的量,即只是一个数值。

index 表示行标签(索引),可以省略,默认从 0 开始。

columns 表示列标签(索引),可以省略,默认从 0 开始。

DataFrame 类型可以由如下类型创建:二维 ndarray 对象;由一维 ndarray、列表、字典、元组或 Series 构成的字典;Series 类型;其他的 DataFrame 类型。

【例 4-1】　根据表 4-2,通过二维表格创建 DateFrame 数据结构。

表 4-2　　　　　　　　　　　　　　　　　某商店商品月销售量

日期	家居服销售量	袜子销售量	床品销售量
2022 年 1 月	397	3 400	320
2022 年 2 月	369	2 514	261
2022 年 3 月	398	2 856	292

```
# 导入 pandas 库
import pandas as pd

# 创建二维列表
data = [['2022 年 1 月',379,3400,320],
['2022 年 2 月',369,2514,261],
['2022 年 3 月',398,2856,292]]
```

```
# 创建 DataFrame
df = pd. DataFrame(data, columns = ['日期','家居服销售量','袜子销售量',
'床品销售量'], index = range(1,4))
df
```

输出结果为：

	日期	家居服销售量	袜子销售量	床品销售量
1	2022年1月	379	3400	320
2	2022年2月	369	2514	261
3	2022年3月	398	2856	292

【例 4-2】　根据表 4-2,通过字典创建 DateFrame 数据结构。

```
# 导入 pandas 库
import pandas as pd

# 创建二维列表
data = {'日期':['2022 年 1 月','2022 年 2 月','2022 年 3 月'],
'家居服销售量':[397,369,398],
'袜子销售量':[3400,2514,2856],
'床品销售量':[320,261,292]}

# 创建 DataFrame
df = pd. DataFrame(data, index = range(1,4))
df
```

输出结果为：

	日期	家居服销售量	袜子销售量	床品销售量
1	2022年1月	379	3400	320
2	2022年2月	369	2514	261
3	2022年3月	398	2856	292

（2）DataFrame 的属性及其实例如表 4-3 所示。

表 4-3　　　　　　　　　　　　　　DataFrame 的属性及其实例

属性	说明	实例	结果
index	DataFrame 的行索引	df. index	RangeIndex(start = 1, stop = 4, step = 1)

属性	说明	实例	结果
columns	DataFrame 的列索引	df. columns	Index(['日期','家居服销售量','袜子销售量','床品销售量'],dtype='object')
values	DataFrame 的 numpy 原生二维数组数据	df. values	array([['2022 年 1 月',397,3400,320], ['2022 年 2 月',369,2514,261], ['2022 年 3 月',398,2856,292]],dtype=object)
dtypes size shape ndim	DataFrame 具有 ndarray 数组的部分属性	df. dtypes	日期　　　　　　object 家居服销售量　　int64 袜子销售量　　　int64 床品销售量　　　int64 dtype：object

（3）DataFrame 的简单运算。

【例 4-3】　在例 4-2 的基础上，增加一列计算总销售量。

```
＃计算每月所有品类销售量之和，直接对列进行计算
df['总销售量'] = df['家居服销售量'] + df['袜子销售量'] + df['床品销售量']
＃查看 df
df
```

输出结果为：

	日期	家居服销售量	袜子销售量	床品销售量	总销售量
1	2022年1月	397	3400	320	4117
2	2022年2月	369	2514	261	3144
3	2022年3月	398	2856	292	3546

（4）DataFrame 的基本函数。

① rename()函数：对行索引（index）及列索引（columns）重命名，如需修改全部行或列名称可使用 df. index、df. columns。rename()函数语法如下：

```
DataFrame. rename(index,columns,inplace)
```

其中：index 表示行索引修改对应值，一般为字典。

columns 表示列索引修改对应值，一般为字典。

inplace 表示就地修改，是否在原数据生效。

【例 4-4】　在例 4-3 的基础上，在原数据上修改列索引（JJF、WZ、CP）及行索引（A、B、C）。

```
＃①在原数据上修改列索引及行索引
df. rename(columns = {"家居服销售量":"JJF","袜子销售量":"WZ","床品销售量":
"CP"},index = {1:"A",2:"B",3:"C"},inplace = True)
df
```

输出结果为：

	日期	JJF	WZ	CP	总销售量
A	2022年1月	379	3400	320	4099
B	2022年2月	369	2514	261	3144
C	2022年3月	398	2856	292	3546

② insert()函数：将列插入到 DataFrame 中的指定位置。insert()函数语法如下：

```
DataFrame.insert(loc,column,value,allow_duplicates = False)
```

其中：loc 表示 int，插入列的位置，表示第几列，插入第一列为 loc=0。

column 表示插入列的列名。

value 表示插入的值，可选 int、Series、数组。

allow_duplicates 表示是否允许列名重复，默认 False，如果列名已经存在则报错，设置为 True 表示允许列名重复。

【例 4-5】　在例 4-4 的基础上，给表格在第一列插入序号列，列名为序号，值为 1、2、3。

```
#插入序号一列
df.insert(0,'序号',range(1,4))
df
```

输出结果为：

	日期	JJF	WZ	CP	总销售量
A	2022年1月	379	3400	320	4099
B	2022年2月	369	2514	261	3144
C	2022年3月	398	2856	292	3546

③ drop()函数：删除指定行或列。drop()函数语法如下：

```
DataFrame.drop(labels = None,axis = 0,index = None,columns = None,level =
None,inplace = False,errors ='raise')
```

其中：labels 表示单个标签或标签列表。

axis 表示{0 或'index',1 或'columns'}，是从索引还是列中删除标签；默认 0，从行索引中删除。

index 表示单个标签或标签列表，index=labels 等效于 labels，axis=0。

columns 表示单个标签或标签列表，columns=labels 等效于 labels，axis=1。

inplace 表示默认为 False，返回新的 DataFrame，True 表示直接在原数据上删除。

【例 4-6】　在例 4-5 的基础上，在原数据上删除序号列。

```
#删除序号一列
df.drop('序号',axis = 1,inplace = True)
df
```

输出结果为：

	日期	JJF	WZ	CP	总销售量
A	2022年1月	379	3400	320	4099
B	2022年2月	369	2514	261	3144
C	2022年3月	398	2856	292	3546

④ head()函数和 tail()函数：分别表示显示前 n 行和后 n 行。head()函数和 tail()函数语法如下：

```
DataFrame.head(n)
DataFrame.tail(n)
```

其中：返回 DataFrame 前/后 n 行，默认 n＝5。

【例 4-7】　在例 4-6 的基础上，查看前 2 行。

```
#查看前 2 行
df.head(2)
```

输出结果为：

	日期	JJF	WZ	CP	总销售量
A	2022年1月	379	3400	320	4099
B	2022年2月	369	2514	261	3144

3. Series 与 DataFrame 相互转换

通常情况下，可以将 DataFrame 单独取一列或一行转换成 Series，也可以将 Series 转化为 DataFrame，如表 4-4 所示。

表 4-4　　　　　　　　　　　　Series 与 DataFrame 相互转换

转换	DataFrame 转换为 Series	Series 转换为 DataFrame

代码	#从 DataFrame 中取出一列转换为 Series
	a＝df['JJF']
	
	#打印该列并查看数据类型
	print(a)
	type(a)
		#将 Series 转换为 DataFrame
		df1＝pd.DataFrame(a)
		print(df1)
		
		#查看数据类型
		type(df1)

结果	1　　397 2　　369 3　　398 Name：JJF, dtype：int64 pandas. core. series. Series	JJF 1　　397 2　　369 3　　398 pandas. core. frame. DataFrame

（二）数据读写

1. Excel 文件读取

pandas 读取 Excel 文件的函数语法：

```
pandas.read_excel(io,sheet_name = 0,header = 0,names = None,index_col = None,
usecols = None,dtype = None,engine = None,converters = None,skiprows = None,
na_values = None,thousands = None,comment = None,skipfooter = 0,convert_float =
True,** kwds)
```

参数解释及其实例如表 4-5 所示。

表 4-5 pandas 读取 Excel 文件的函数参数解释及其实例

参数	解释	实例
io	文件路径	r'D:\数据资料\data.xlsx' （r 写在字符串前面,防止字符转义）
sheet_name＝0	导入的 sheet 页	1. sheet_name＝0:默认值,即导入第一个页签,sheet 序号从 0 开始 2. sheet_name='表名':直接输入目标 sheet 的名称,中英文皆可 3. sheet_name='SheetN':代表第 N 个 sheet,S 要大写 4. sheet_name＝None:即导入所有页签,返回字典类型的数据
header＝0	用哪一行作列名	1. header＝0,默认值,表格第一行作为列名 2. header＝[0,1]表示前两行作为列名
names	自定义列名	1. names＝['销售量','销售单价','销售总额'] 2. 一般适用于 Excel 缺少列名,或者需要重新定义列名的情况,names 的长度必须和 Excel 列长度一致,否则会报错
index_col	用作索引的列	1. index_col＝None:默认数据不带行索引,自动分配从 0 开始的索引号 2. index_col＝0:以第一列作为行索引 3. index_col＝[0,1]表示将前两列作为多重索引
usecols	需要读取哪些列	1. usecols＝None:默认取所有列 2. usecols＝[0,2,3]:以列号代表要取的列 3. usecols＝['年','月']:以列名代表要取的列
converters	强制规定列的数据类型	converters＝{'时间':str,'销售单价':float}:将'时间'列数据类型强制规定为字符串类型,'销售单价'列强制规定为浮点型

（1）本地文件读取。

本书配套平台内 jupyterhub 是在云端服务器,如需读取本地的文件,则需要先上传到云服务器。点击"Upload";选中数据文件,点击打开,确认名称点击上传,如图 4-3 所示。

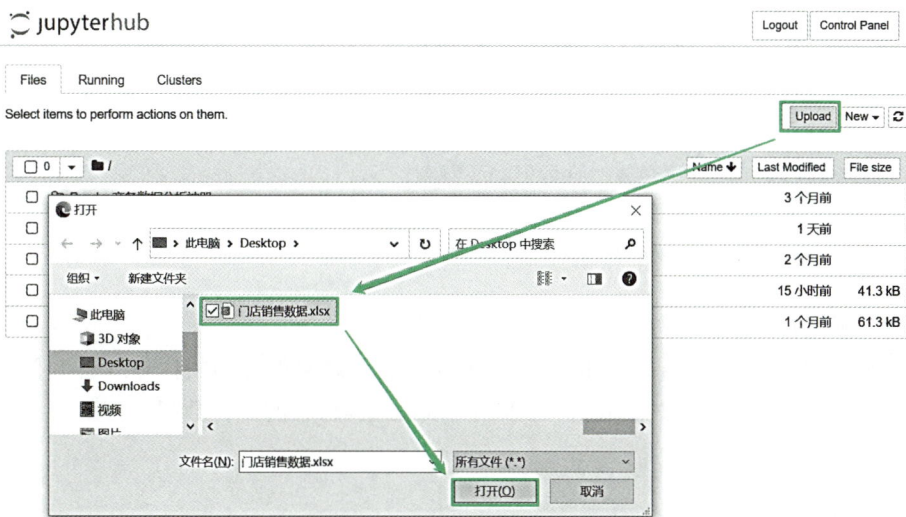

图 4-3　上传本地文件

【例 4-8】　用 pandas 来读取本地数据（表 4-6），数据读取后，可以用 head()函数，
看前 5 行数据。

表 4-6　　　　　　　　　　　　　　　　本地数据

年	月	门店	销售收入	销售成本	销售毛利
2022	Jan	门店 01	478 803.28	295 586.23	183 217.05
2022	Jan	门店 02	442 108.16	330 633.55	111 474.61
2022	Jan	门店 03	367 875.06	190 555.04	177 320.02
2022	Jan	门店 04	174 356.94	138 562.72	35 794.22
2022	Jan	门店 05	182 158.68	113 867.90	68 290.78
2022	Jan	门店 06	413 329.60	241 064.13	172 265.47
2022	Jan	门店 07	343 982.98	233 408.43	110 574.55
2022	Jan	门店 08	352 803.32	179 906.26	172 897.06
2022	Jan	门店 09	228 984.02	150 709.13	78 274.89

```
# 导入 pandas 库
import pandas as pd

# 读取 Excel 文件
df = pd.read_excel(r'门店销售数据.xlsx')

# 显示数据前 5 行
df.head()
```

输出结果为：

	年	月	门店	销售收入	销售成本	销售毛利
0	2022	Jan	门店01	478803.28	295586.23	183217.05
1	2022	Jan	门店02	442108.16	330633.55	111474.61
2	2022	Jan	门店03	367875.06	190555.04	177320.02
3	2022	Jan	门店04	174356.94	138562.72	35794.22
4	2022	Jan	门店05	182158.68	113867.90	68290.78

（2）云文件读取。

【例 4-9】　用 pandas 来读取"门店销售数据.xlsx"文件，强制将"年""月""门店"三列转换为字符串类型；数据读取后，可以用 head()函数，看前 5 行数据。

```
# 导入 pandas 库
import pandas as pd


# 读取 Excel 文件,利用 converters 参数强制设置"年""月""门店"三列转换为字符串类型。
df = pd. read_excel(r'https://oss. xinchanjiao.com/upload/default/20220914-
1bbc5a0e-9409-4ffa-adab-06f15090e2fb.xlsx', sheet_name = 0,converters = {'年
':str,'月':str,'门店':str})


# 显示数据前 5 行
df.head( )
```

输出结果为：

	年	月	门店	销售收入	销售成本	销售毛利
0	2022	Jan	门店01	478803.28	295586.23	183217.05
1	2022	Jan	门店02	442108.16	330633.55	111474.61
2	2022	Jan	门店03	367875.06	190555.04	177320.02
3	2022	Jan	门店04	174356.94	138562.72	35794.22
4	2022	Jan	门店05	182158.68	113867.90	68290.78

【例 4-10】　把"门店"列设置成索引列，调整代码。

```
# 导入 pandas 库
import pandas as pd


# 读取 Excel 文件,利用 converters 参数强制设置"年""月""门店"三列转换为字符串类型。
```

```
df = pd.read_excel(r'https://oss.xinchanjiao.com/upload/default/20220914-
1bbc5a0e-9409-4ffa-adab-06f15090e2fb.xlsx', sheet_name = 0, converters =
{'年':str,'月':str,'门店':str}, index_col = '门店')
```

```
#显示数据前5行
df.head()
```

输出结果为：

门店	年	月	销售收入	销售成本	销售毛利
门店01	2022	Jan	478803.28	295586.23	183217.05
门店02	2022	Jan	442108.16	330633.55	111474.61
门店03	2022	Jan	367875.06	190555.04	177320.02
门店04	2022	Jan	174356.94	138562.72	35794.22
门店05	2022	Jan	182158.68	113867.90	68290.78

设置'门店'列为索引列

【例 4-11】　在例 4-10 的基础上，来计算各家门店毛利率。

```
#计算毛利率
df['毛利率'] = df['销售毛利']/df['销售收入']
```

```
#显示数据前5行
df.head()
```

输出结果为：

门店	年	月	销售收入	销售成本	销售毛利	毛利率
门店01	2022	Jan	478803.28	295586.23	183217.05	0.382656
门店02	2022	Jan	442108.16	330633.55	111474.61	0.252143
门店03	2022	Jan	367875.06	190555.04	177320.02	0.482012
门店04	2022	Jan	174356.94	138562.72	35794.22	0.205293
门店05	2022	Jan	182158.68	113867.90	68290.78	0.374897

2. Excel 文件写入

pandas 写入 Excel 文件的函数语法：

```
DataFrame.to_excel(excel_writer, sheet_name = 'Sheet1', na_rep = '', float_
format = None, columns = None, header = True, index = True, index_label = None,
startrow = 0, startcol = 0, engine = None, encoding = None, verbose = True)
```

参数解释及其实例如表 4-7 所示。

表 4-7　　　　　　　　　　pandas 写入 Excel 文件的函数参数解释及其实例

参数	解释	实例
excel_write	文件路径	r'D:\数据资料\data2.xlsx' (r 写在字符串前面,防止字符转义)
sheet_name	导出 excel 表名	1. 默认 sheet 名是'Sheet1' 2. sheet_name='表名'
index	是否写入索引	index=True,写入索引 index=False,不写入索引

【例 4-12】　用 pandas 导出新 Excel 表格,名称'门店销售数据 2',表名为'毛利率'。

```
# 导出新 Excel 表格,名称'门店销售数据 2',表名为'毛利率'
df.to_excel('门店销售数据 2.xlsx',sheet_name = '毛利率')
```

输出结果为:

不输出结果

运行成功后可以在 Jupyter 当前文件夹目录中找到“门店销售数据 2.xlsx”文件,选中该文件,点击“Download”按钮可以将 Excel 文件保存到本地,如图 4-4 所示。

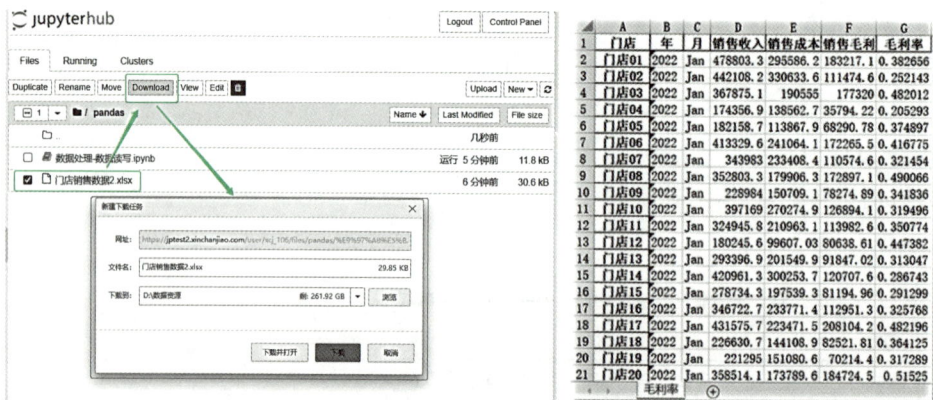

图 4-4　保存 Excel 文件至本地

若用 to_excel() 函数写到一个已经存在的 Excel,将会把原有的 Excel 表格数据全部覆盖。可以配合使用 ExcelWriter() 函数解决此问题。ExcelWriter() 函数语法如下:

```
ExcelWriter(path,engine = None,date_format = None,datetime_format = None,
mode = 'w', * * engine_kwargs)
```

参数 mode 表示写入方式,其中:mode='w'表示重写;mode='a'表示追加。

【例 4-13】　在例 4-12 的基础上,追加写入 sheet2。

```
# 同一表格追加写入 sheet2
writer = pd.ExcelWriter('门店销售数据 2.xlsx',mode = 'a')  # 打开表格,指定 mode 参数。
```

```
df.to_excel(writer, sheet_name='sheet2') #写入数据
writer.save() #保存
writer.close()#关闭
```

输出结果为：

不输出结果

我们需要四个步骤分别是打开表格、写入数据、保存、关闭。也可以使用简洁方法 pd. ExcelWriter()函数。

【例 4-14】　使用 pd. ExcelWriter()函数，追加写入 sheet。

```
#在原有的 Excel 文件追加内容
with pd.ExcelWriter('门店销售数据 2.xlsx',mode='a')as writer:
    df.to_excel(writer,sheet_name='毛利率 2')
```

输出结果为：

不输出结果

3. 其他文件读写

（1）以读取 CSV 文件为例。

pandas 读取 CSV 文件的函数语法如下：

```
pd.read_csv(filepath_or_buffer, sep=',', header='infer', names=None, index_
col=None, usecols=None, dtype=None, engine=None, converters=None,
skiprows=None, skipfooter=0, encoding=None)
```

补充知识

pandas 文件
读写函数

其中，filepath_or_buffer 表示文件路径或网址；sep 表示指定分隔符，默认','号；header 表示指定行数来作为列名，若文件中没有列名，则默认为 0；dtype 表示每列数据的数据类型；encoding 表示指定字符集类型，通常指为'utf-8'。

【例 4-15】　用 read_csv 函数读取"云南神农农业产业集团股份有限公司（605296）——主要财务指标"文件，在读取 CSV 文件编码方式时报错，将编码改为 encoding='gbk'或 encoding='utf-8'，再次运行。

原始数据

例 4-15

```
#导入 pandas 库
import pandas as pd


#读取 CSV 文件
data = pd.read_csv(r'https://oss.xinchanjiao.com/bigdata/company/2021/
csv/cwbbzy_605296.csv',encoding='utf-8')
data.head()#获取前 5 行
```

输出结果为：

	报告期	2021-12-31	2020-12-31	2019-12-31	2018-12-31	2017-12-31	2016-12-31	2015-12-31	2014-12-31	2013-12-31	Unnamed: 10
0	营业收入(万元)	277946.0	272448.0	173308	109173	104354	101401.0	80745.0	84443.0	82362.0	NaN
1	营业成本(万元)	218235.0	138557.0	111636	91966	79532	74866.0	64297.0	72133.0	69320.0	NaN
2	营业利润(万元)	27598.0	115128.0	47817	7966	15860	17019.0	8769.0	4785.0	5432.0	NaN
3	利润总额(万元)	26041.0	114331.0	47225	7663	16450	17290.0	8495.0	4588.0	5951.0	NaN
4	所得税费用(万元)	1511.0	539.0	318	591	715	407.0	-17.0	417.0	327.0	NaN

（2）以写入 CSV 文件为例。

通过 to_csv()函数，可以将 data 写入新的文件 CSV 中。在写入 CSV 文件编码方式时报错，将编码改为 encoding='gbk'或 encoding='utf-8'，再次运行，可以下载到本地查看。

```
# 写入 CSV 文件
data.to_csv('data1.csv',encoding ='gbk')
```

输出结果为：

不输出结果

（三）pandas 常用高阶函数

在 Python 中，高阶函数是指能够接受一个或多个函数作为参数，并且能够返回一个函数作为结果的函数。高阶函数是函数式编程的重要概念之一，它可以使代码更加简洁、灵活和可读性更强。

在数据处理中，经常需要对一个 DataFrame 逐行、逐列或逐元素进行操作，你可能会想到用循环来处理这类问题，但是这样做显然也失去了使用 pandas 数据结构的优势，并且也会使你程序运行性能速度大大降低。对应这些操作，pandas 中的 map()、apply()和 applymap()可以解决绝大部分这样的数据处理需求，他们同属于 pandas 中的高阶函数。

1. map()函数

map()函数是根据提供的函数对指定序列逐一做映射，可以接受一个函数或含有映射关系的字典型对象。map 函数语法如下：

```
Series.map(arg,na_action = None)
```

其中，arg 是要应用的函数，可以是一个自定义函数或者是一个 lambda 函数；na_action 参数是一个可选参数，用于指定对于缺失值的处理方式，可以是 None（默认，表示保留缺失值）、ignore（表示忽略缺失值）或 raise（表示抛出异常）。

原始数据

门店销售
数据

```
# 导入 pandas 库
import pandas as pd
# 从相对路径下获取数据表
df = pd. read_excel('https://oss.xinchanjiao.com/upload/default/20220914 -
1bbc5a0e-9409-4ffa-adab-06f15090e2fb.xlsx')
df.head() # 显示数据前 5 行
```

输出结果为：

	年	月	门店	销售收入	销售成本	销售毛利
0	2022	Jan	门店01	478803.28	295586.23	183217.05
1	2022	Jan	门店02	442108.16	330633.55	111474.61
2	2022	Jan	门店03	367875.06	190555.04	177320.02
3	2022	Jan	门店04	174356.94	138562.72	35794.22
4	2022	Jan	门店05	182158.68	113867.90	68290.78

【例 4-16】　根据读取的数据，将销售收入达到 400 000 门店评为"优秀门店"，否则标记为"非优秀门店"。

```
# 使用 map()
df['门店级别'] = df['销售收入'].map(lambda x:'优秀门店' if x> = 400000 else '非优秀门店')
df.head()
```

输出结果为：

	年	月	门店	销售收入	销售成本	销售毛利	门店级别
0	2022	Jan	门店01	478803.28	295586.23	183217.05	优秀门店
1	2022	Jan	门店02	442108.16	330633.55	111474.61	优秀门店
2	2022	Jan	门店03	367875.06	190555.04	177320.02	非优秀门店
3	2022	Jan	门店04	174356.94	138562.72	35794.22	非优秀门店
4	2022	Jan	门店05	182158.68	113867.90	68290.78	非优秀门店

map()函数可接收另一种参数形式字典，用于明确且少量分类的数据对应。

【例 4-17】　在上一个例题的基础上，将数据中刚插入的'门店级别'列中'优秀门店'替换成'A 类门店'，其他替换为'其他门店'。

```
# 将数据中刚插入的'门店级别'列中'优秀门店'替换成'A 类门店'，其他替换为'其他门店'
df['门店级别'] = df['门店级别'].map({'优秀门店':'A 类门店','非优秀门店':'其他门店'})
df.head()
```

输出结果为：

	年	月	门店	销售收入	销售成本	销售毛利	门店级别
0	2022	Jan	门店01	478803.28	295586.23	183217.05	A类门店
1	2022	Jan	门店02	442108.16	330633.55	111474.61	A类门店
2	2022	Jan	门店03	367875.06	190555.04	177320.02	其他门店
3	2022	Jan	门店04	174356.94	138562.72	35794.22	其他门店
4	2022	Jan	门店05	182158.68	113867.90	68290.78	其他门店

不论是利用字典参数还是方法参数进行映射,map()函数都是把对应的数据逐个当作参数传入字典或函数中,得到映射后的值。

补充知识

按字典映射的
map()函数
原理

2. apply()函数

apply()函数的作用原理和 map()函数类似,功能是遍历整个 Series 或 DataFrame,对每个元素运行指定的函数。apply()函数语法如下:

```
Series.apply(func,args,axis)
```

其中,func 是要应用的函数,可以是一个自定义函数或者是一个 lambda 函数;

axis 参数用于指定应用函数的轴方向,默认为 0,表示应用函数到每一列,如果设置为 1,表示应用函数到每一行;

args 参数是一个可选参数,用于传递给函数的额外的参数,应该是一个元组或列表,其中包含所需的参数。

如果是应用到 DataFrame 上,返回值是一个 DataFrame,如果是应用到 Series 上,返回值是一个 Series。

【例 4-18】　用 apply()函数将销售收入、销售成本、销售毛利三列数据修改为以万元为单位显示,保留四位小数,同时修改列名。对列进行操作,需要指定 axis=0。

```
#沿着 0 轴计算,销售收入、销售成本、销售毛利沿着数据列分别进行除以 10000,保
留四位小数
df[['销售收入','销售成本','销售毛利']] = df[['销售收入','销售成本','销售毛利']].
apply(lambda x:round(x/10000,4),axis = 0)


#修改列名
df.rename(columns = {'销售收入':'销售收入(万元)','销售成本':'销售成本(万元)','销
售毛利':'销售毛利(万元)'},inplace = True)
df.head()
```

输出结果为:

	年	月	门店	销售收入(万元)	销售成本(万元)	销售毛利(万元)	门店级别
0	2022	Jan	门店01	47.8803	29.5586	18.3217	A类门店
1	2022	Jan	门店02	44.2108	33.0634	11.1475	A类门店
2	2022	Jan	门店03	36.7875	19.0555	17.7320	其他门店
3	2022	Jan	门店04	17.4357	13.8563	3.5794	其他门店
4	2022	Jan	门店05	18.2159	11.3868	6.8291	其他门店

补充知识

按列(axis=0)
apply()函数的
实现过程

当沿着轴 0(axis=0)进行操作时,会将各列(columns)默认以 Series 的形式作为参数,传入到指定的操作方法中,操作后返回相应结果。

那如果在实际使用中需要按行进行操作(axis=1),那整个过程又是怎么实现的呢?

【例 4-19】　计算每笔数据的毛利率,并将计算结果后添加"%",并存储在销售毛利率列。

```
#按行(axis＝1)的实现计算毛利率,计算结果后添加％,并存储在【销售毛利率】列
def func_01(row):
    row['销售毛利率'] = format(row['销售毛利(万元)']/row['销售收入(万元)'],'.
2%')  #format()格式化函数
    return row
df[['销售收入(万元)','销售成本(万元)','销售毛利(万元)']].apply(func_01,axis＝1)
```

输出结果为:

	销售收入(万元)	销售成本(万元)	销售毛利(万元)	销售毛利率
0	47.8803	29.5586	18.3217	38.27%
1	44.2108	33.0634	11.1475	25.21%
2	36.7875	19.0555	17.7320	48.20%
3	17.4357	13.8563	3.5794	20.53%
4	18.2159	11.3868	6.8291	37.49%
...	...	...	...	...
475	26.0966	17.5341	8.5625	32.81%
476	18.2961	12.2197	6.0764	33.21%
477	14.8970	10.5883	4.3087	28.92%
478	26.8448	15.0128	11.8320	44.08%
479	14.9998	10.0382	4.9616	33.08%

480 rows × 4 columns

当 apply 设置了 axis＝1 对行进行操作时,会默认将每一行数据以 Series 的形式
(Series 的索引为列名)传入指定函数,返回相应的结果。

3. applymap()函数

applymap()是 pandas 库中 DataFrame 对象的函数,用于对 DataFrame 中的每个元素应用一个函数。与 map()函数不同的是,applymap()可以同时对 DataFrame 中的所有元素应用函数,而不仅仅是每个列或行上的元素。applymap()函数语法如下:

```
DataFrame.applymap(func)
```

其中,func 是要应用的函数,可以是一个自定义函数或者是一个 lambda 函数。

applymap()函数返回一个新的 DataFrame,其中每个元素都是应用函数之后的结果。需要注意的是,applymap()函数只能应用于 DataFrame 对象,不能用于 Series 对象。如果要对 Series 中的每个元素应用一个函数,应该使用 map()函数。

【例 4-20】　将原始 df 中销售收入,销售成本和销售毛利三列统一保留一位小数显示。

```
#applymap()函数
df_applymap = df[['销售收入(万元)','销售成本(万元)','销售毛利(万元)']].
applymap(lambda x:"%.1f"%x)
df_applymap.head()
```

补充知识

按行(axis＝1)
apply()函数的
实现过程

补充知识

applymap()
的实现过程

输出结果为：

	销售收入(万元)	销售成本(万元)	销售毛利(万元)
0	47.9	29.6	18.3
1	44.2	33.1	11.1
2	36.8	19.1	17.7
3	17.4	13.9	3.6
4	18.2	11.4	6.8

将 DataFrame 中的每一个元素作为 X 传入匿名函数，完成相应操作后返回结果。

第二节　数据筛选与合并

数据分析过程中，从各类数据源导入数据时 DataFrame 的数据量会有冗余，并不是所有的数据都是我们想要的，此时我们可以进行数据的筛选，保留想要的数据，删除无用的数据。

读取本节所需要的数据。

```
# 导入 pandas 库
import pandas as pd
# 从相对路径下获取数据表
df = pd. read_excel(' https://oss. xinchanjiao. com/upload/default/20220914-
1bbc5a0e-9409-4ffa-adab-06f15090e2fb.xlsx')
```

一、数据筛选

（一）直接筛选

补充知识

直接筛选

直接筛选指的是使用布尔索引来选择数据。使用 df[] 直接筛选，根据方括号内容不同可筛选以下数据：选取一列、选取多列、选取连续的行。

```
# 导入 Pandas 库,选取销售收入和销售成本列
df[['销售收入','销售成本']]
```

输出结果为：

	销售收入	销售成本
0	478803.28	295586.23
1	442108.16	330633.55
2	367875.06	190555.04
3	174356.94	138562.72

4	182158.68	113867.90
...	...	...
475	260965.90	175340.61
476	182960.79	122197.14
477	148970.11	105883.48
478	268448.01	150128.45
479	149997.86	100382.35

480 rows × 2 columns

（二）条件筛选

条件筛选,也称带条件判断的数据筛选,可以通过条件在数据中筛选出条件为 True 的数据,常见的形式有:

```
df[df['列'] = = 条件],选取某列满足一定条件的行。
df[(df['列1'] = = 条件)&(df['列2']> = 条件)],选取多列满足一定条件的行。
```

```
#通过布尔索引选取某列满足一定条件的行
df[df['门店'] = ='门店03']
```

输出结果为:

	年	月	门店	销售收入	销售成本	销售毛利
2	2022	Jan	门店03	367875.06	190555.04	177320.02
42	2022	Feb	门店03	364772.94	188543.01	176229.93
82	2022	Mar	门店03	361670.82	186530.98	175139.84
122	2022	Apr	门店03	370068.37	191176.15	178892.22
162	2022	May	门店03	366966.25	189164.12	177802.13
202	2022	Jun	门店03	363864.13	187152.09	176712.04
242	2022	Jul	门店03	372261.68	191797.26	180464.42
282	2022	Aug	门店03	369159.56	189785.23	179374.33
322	2022	Sep	门店03	366057.44	187773.20	178284.24
362	2022	Oct	门店03	374454.99	192418.37	182036.62
402	2022	Nov	门店03	371352.87	190406.34	180946.53
442	2022	Dec	门店03	368250.75	188394.31	179856.44

在条件筛选中,"&"符号代表"与";"|"符号代表"或";"~"符号代表"非"。

【例4-21】 筛选满足销售收入大于等于400 000,销售成本大于等于300 000的行数据。

通过布尔索引选取多列满足多个条件的行
df[(df['销售收入']>＝400000)&(df['销售成本']>＝300000)].head()

输出结果为：

	年	月	门店	销售收入	销售成本	销售毛利
1	2022	Jan	门店02	442108.16	330633.55	111474.61
13	2022	Jan	门店14	420961.28	300253.67	120707.61
20	2022	Jan	门店21	448175.59	305059.40	143116.19
25	2022	Jan	门店26	498854.86	319221.31	179633.55
41	2022	Feb	门店02	439006.04	328621.52	110384.52

（三）索引器筛选

通过 DataFrame 索引灵活地筛选数据，灵活性最高。根据使用原始索引或自定义索引的不同，主要分为：loc 索引和 iloc 索引。

1. loc 索引

loc 索引器默认使用自定义索引，如数据中没有自定义索引，就使用原始索引。根据 index 和 column 进行选取，先 index 后 column，中间使用"，"隔开。

（1）选取一行。

用 loc 索引器选取一行
df.loc[2]

输出结果为：

```
年            2022
月             Jan
门店          门店 03
销售收入    367875.06
销售成本    190555.04
销售毛利    177320.02
Name: 2, dtype: object
```

（2）选取行列组合。

用 loc 索引器选取行列组合
df.loc[[0,3],['门店','销售收入']]

输出结果为：

	门店	销售收入
0	门店01	478803.28
3	门店04	174356.94

原始数据

索引数据

（3）选取满足条件的行。

```
#用 loc 索引器按条件选取行
df.loc[:3,'门店':'销售毛利']
```

输出结果为：

	门店	销售收入	销售成本	销售毛利
0	门店01	478803.28	295586.23	183217.05
1	门店02	442108.16	330633.55	111474.61
2	门店03	367875.06	190555.04	177320.02
3	门店04	174356.94	138562.72	35794.22

（4）按条件选取行列组合。

```
#用 loc 索引器按条件选取行列
df.loc[(df['销售毛利']>210000),['门店','销售毛利']]
```

输出结果为：

	门店	销售毛利
256	门店17	211248.62
296	门店17	210158.53
376	门店17	212820.82
416	门店17	211730.73
456	门店17	210640.64

2. iloc 索引器

iloc 索引器与 loc 索引器的唯一不同是 iloc 索引器中只能使用原始索引，不能使用自定义索引。原始索引初值从 0 开始，切片前闭后开，而自定义索引切片为闭区间。

```
#用 iloc 索引器按条件选取行列
df.iloc[:3,1:6]
```

输出结果为：

	月	门店	销售收入	销售成本	销售毛利
0	Jan	门店01	478803.28	295586.23	183217.05
1	Jan	门店02	442108.16	330633.55	111474.61
2	Jan	门店03	367875.06	190555.04	177320.02

二、数据合并

在实际处理数据业务需求中,我们经常会遇到这样的需求:将多个表连接起来再进行数据的处理和分析,类似 SQL 中的连接查询功能。数据合并是数据处理过程中的必经环节。

(一) merge()合并函数

1. merge()函数的概念

merge()函数具有表连接功能,可以根据一个或多个键(列值)将不同 DataFrame 连接起来。merge()函数应用场景为两个 DataFrame 存在相同的键(列值),根据键(列值)整合到一张表里面。

2. merge()函数语法

```
pandas.merge(left,right,how = ' inner ',on = None,left_on = None,right_on = None,
left_index = False,right_index = False,sort = False,suffixes = ('_x','_y'))
```

merge()里并没有 axis 参数,只能进行横向连接(列连接);DataFrame 可直接调用 merge(),调用 merge 的 Dataframe 是"左表",而作为形参的是 DataFrame 是"右表"。

3. merge()函数参数

merge()函数参数及其说明,如表 4-8 所示。

表 4-8   merge()函数参数及其说明

参数	说明
left、right	两个不同的 DataFrame
how	连接方式,有 inner、outer、left、right,默认为 inner 内连接
on	用于连接的列索引名称,左右两个 DataFrame 中必须同时存在,如果没有指定且 left_index 和 right_index 为 False,则以两个 DataFrame 列名交集作为连接键
left_on	左侧 DataFrame 中用于连接键的列名,该参数在左右列名不同但代表的含义相同时非常有用
right_on	右侧 DataFrame 中用于连接键的列名,该参数在左右列名不同但代表的含义相同时非常有用
left_index	默认 False,设置为 True 代表使用左侧 DataFrame 中的行索引作为连接键
right_index	默认 False,设置为 True 代表使用右侧 DataFrame 中的行索引作为连接键
sort	默认为 False,是将合并的数据进行排序,设置为 False 可以提高性能
suffixes	字符串值组成的元组,两个表存在除主键之外的相同列名时,在列名后面附加的后缀名称用以区分数据来源于哪个表,默认为('_x','_y')

原始数据

合并数据

【例 4-22】 将"门店销售数据.xlsx"文件中 sheet1(销售收入、销售成本、销售毛利),sheet2(销售量),按照年、月和门店进行合并,以便进行后续销售业务数据分析。

```
#导入 pandas 库
import pandas as pd
```

```
# 获取 sheet1
df1 = pd.read_excel('https://oss.xinchanjiao.com/upload/default/20220914-
1bbc5a0e-9409-4ffa-adab-06f15090e2fb.xlsx')
# 获取 sheet2
df2 = pd.read_excel(r'https://oss.xinchanjiao.com/upload/default/20220914-
1bbc5a0e-9409-4ffa-adab-06f15090e2fb.xlsx', sheet_name ='sheet2')


# 以 sheet1 为主,左连接数据
# 未指定列,以两个 DataFrame 列名的交集作为连接键
df3 = pd.merge(df1,df2,how ='left')
df3.head()
```

输出结果为:

	年	月	门店	销售收入	销售成本	销售毛利	销售量
0	2022	Jan	门店01	478803.28	295586.23	183217.05	1970
1	2022	Jan	门店02	442108.16	330633.55	111474.61	2204
2	2022	Jan	门店03	367875.06	190555.04	177320.02	1270
3	2022	Jan	门店04	174356.94	138562.72	35794.22	923
4	2022	Jan	门店05	182158.68	113867.90	68290.78	759

常见的数据合并方式包括:

①左连接(left),以左表为主;②右连接(right),以右表为主;③外连接(outer),取并集;④内连接(inner),取交集。

(二) concat()合并函数

1. concat()函数的概念

concat()函数可以实现纵向合并。使用 pd.concat()方式可以连接两个或两个以上的 DataFrame 对象。

2. concat()函数语法

```
pd.concat(objs,axis = 0,join ='outer',ignore_index = False,sort = None)
```

3. concat()函数参数

concat()函数参数及其说明,如表 4-9 所示。

表 4-9　　　　　　　　　　　　　concat()函数参数及其说明

参数	说明
objs	连接对象列表
axis	轴向,0 代表纵向连接,1 代表横向连接

（续表）

参数	说明
join	连接方式,'inner'取交集,'outer'取并集
ignore_index	重建索引
sort	默认为 True,将合并的数据进行排序,设置为 False 可以提高性能

【例 4-23】 承接例 4-22,把 sheet1 与 sheet2 使用 concat()进行纵向连接,无须将合并的数据进行排序(sort＝False)。

```
#df1,df2 用 concat 进行纵向连接
df4 = pd.concat([df1,df2],sort = False)
df4
```

输出结果为:

	年	月	门店	销售收入	销售成本	销售毛利	销售量
0	2022	Jan	门店01	478803.28	295586.23	183217.05	NaN
1	2022	Jan	门店02	442108.16	330633.55	111474.61	NaN
2	2022	Jan	门店03	367875.06	190555.04	177320.02	NaN
3	2022	Jan	门店04	174356.94	138562.72	35794.22	NaN
4	2022	Jan	门店05	182158.68	113867.90	68290.78	NaN
...	...	...	...	...	...	...	...
475	2022	Dec	门店36	NaN	NaN	NaN	1169.0
476	2022	Dec	门店37	NaN	NaN	NaN	815.0
477	2022	Dec	门店38	NaN	NaN	NaN	706.0
478	2022	Dec	门店39	NaN	NaN	NaN	1001.0
479	2022	Dec	门店40	NaN	NaN	NaN	669.0

960 rows × 7 columns

【例 4-24】 承接例 4-23,把 sheet1 与 sheet2 使用 concat()进行横向列连接,无须将合并的数据进行排序(sort＝False)。

```
#df1,df2,调整 axis 参数用 concat 进行横向列连接
df4 = pd.concat([df1,df2],axis = 1,sort = False)
df4
```

输出结果为:

	年	月	门店	销售收入	销售成本	销售毛利	年	月	门店	销售量
0	2022	Jan	门店01	478803.28	295586.23	183217.05	2022	Jan	门店01	1970
1	2022	Jan	门店02	442108.16	330633.55	111474.61	2022	Jan	门店02	2204
2	2022	Jan	门店03	367875.06	190555.04	177320.02	2022	Jan	门店03	1270

3	2022	Jan	门店04	174356.94	138562.72	35794.22	2022	Jan	门店04	923
4	2022	Jan	门店05	182158.68	113867.90	68290.78	2022	Jan	门店05	759
...	...	...	...	...	...	...	...	...	...	...
475	2022	Dec	门店36	260965.90	175340.61	85625.29	2022	Dec	门店36	1169
476	2022	Dec	门店37	182960.79	122197.14	60763.65	2022	Dec	门店37	815
477	2022	Dec	门店38	148970.11	105883.48	43086.63	2022	Dec	门店38	706
478	2022	Dec	门店39	268448.01	150128.45	118319.56	2022	Dec	门店39	1001
479	2022	Dec	门店40	149997.86	100382.35	49615.51	2022	Dec	门店40	669

480 rows × 10 columns

交叉合并,需要在代码中加上 join 参数,如果值为 inner,结果是两张表的交集;如果值为 outer,结果是两张表的并集。

第三节 数 据 清 洗

一、数据清洗的概念

数据清洗是指发现并纠正数据文件中可识别错误的操作,包括检查数据一致性,处理无效值和缺失值等。数据清洗是数据分析的必要和重要步骤,只有经过数据清洗,数据才是干净的,分析才是有价值的。数据清洗主要包括:缺失数据处理、重复数据处理和其他异常数据处理。

读取本节所需要的数据

原始数据

数据清洗

```
#导入库
import pandas as pd
#读取数据
df = pd.read_excel(r'https://oss.xinchanjiao.com/upload/default/20221109-
780c231e-ec8d-4f7a-a878-15ca651452f7.xlsx')
```

二、重复值处理

(一)查找重复数据:duplicated()函数

1. duplicated()函数概念

duplicated()函数通常用于检测重复的元素。具体而言,它是指针对一个数据集或序列(包括列表、数组、DataFrame 等)中的元素,在整个数据集中是否有重复出现的项,并将其标记为 True 或 False。

2. duplicated()函数语法

```
DataFrame.duplicated(subset = None,keep ='first')
```

3. duplicated()函数参数(表 4-10)

表 4-10　　　　　　　　　　　　duplicated()函数参数

参数	说明
subset	设置想要检查的列。如果是多个列,可以使用列名的 list 作为参数
keep	确定要标记的重复项,可选'first','last',False,默认为'first'标记除第一次出现的重复项,'last'标记除最后一次出现的重复项,False 标记所有的重复项

```
# 查找重复项
df.duplicated()
```

输出结果为:

```
0    False
1    False
2    True
3    False
4    False
5    True
6    False
7    False
8    False
dtype: bool
```

(二) 删除重复数据:drop_duplicates()函数

1. drop_duplicates()函数概念

用于删除 DataFrame 或 Series 中的重复项。该函数会返回一个移除了重复行的新 DataFrame 或 Series。

2. drop_duplicates()函数语法

```
DataFrame.drop_duplicates(subset = None,keep = 'first',inplace = False,ignore_
index = True)
```

3. drop_duplicates()函数参数(表 4-11)

表 4-11　　　　　　　　　　　　drop_duplicates()函数参数

参数	说明
subset	设置想要检查的列。如果是多个列,可以使用列名的 list 作为参数

（续表）

参数	说明
keep	确定要标记的重复项，可选'first','last',False,默认为'first'标记除第一次出现的重复项,'last'标记除最后一次出现的重复项,False 标记所有的重复项
inplace	默认为 False,True 直接在原数据上删除

```
# 删除重复项
df.drop_duplicates(inplace = True)
df.head()
```

输出结果为：

	年	月	门店	销售收入	销售成本	销售毛利	门店租金
0	2022	Jan	门店01	478803.28	29 5586.23	183217.05	NaN
1	2022	Jan	门店02	442108.16	330634	111474.61	NaN
3	2022	Jan	门店03	NaN	NaN	NaN	NaN
4	2022	Jan	门店04	174356.94	138563	35794.22	NaN
6	2022	Jan	门店05	NaN	NaN	NaN	NaN

注意：如果需要重置索引，只需要添加参数 ignore_index＝True 即可。

三、缺失值处理

（一）查找缺失数据

1. isna() 函数

（1）isna() 函数概念。

用于检查数据中的缺失值。它返回一个布尔值的数据结构，表示数据中的每个元素是否为缺失值。如果元素是缺失值，则返回 True,否则返回 False。

（2）isna() 函数语法。

```
DataFrame.isna()
```

（3）isna() 函数参数，如表 4-12 所示。

表 4-12　　　　　　　　　　　　　isna() 函数参数

参数	说明
isna().any()	判断某一列是否有缺失值
isna0.sum()	统计每列缺失值数量
isna().sum().sum()	统计 DataFrame 中缺失值合计数

```
# 查看缺失值位置
df.isna()
```

输出结果为：

	年	月	门店	销售收入	销售成本	销售毛利	门店租金
0	False	False	False	False	False	False	True
1	False	False	False	False	False	False	True
3	False	False	False	True	True	True	True
4	False	False	False	False	False	False	True
6	False	False	False	True	True	True	True
7	False	False	False	False	False	False	True
8	False	False	False	False	False	False	True

```
# 查看每列缺失值数量
df.isna().sum()
```

输出结果为：

年　　　　0

月　　　　0

门店　　　0

销售收入　　2

销售成本　　2

销售毛利　　2

门店租金　　7

dtype: int64

2. notne()函数

notne()函数用于检查数据中的缺失值。它返回一个布尔值的数据结构,表示数据中的每个元素是否为缺失值。如果元素是缺失值,则返回 True,否则返回 False。

如果数据很多,我们不可能肉眼观察返回结果中的布尔值,所以需要借助 numpy 中的 any()函数或 all()函数,进一步对结果进行判断。

any()函数:如果序列中的任何一个元素为 True,则返回 True;否则,返回 False。

all()函数:只有当序列中的所有元素都为 True 时,才返回 True;否则,返回 False。

(二) 删除缺失数据

根据判断的缺失值数量和重要性决定缺失值处理的方式,如果是不重要的数据可以删除。

在缺失值样本较少,且这些缺失值对整体数据集的结构和分析结果无显著影响的情况下,删除含有缺失值的行或列可能是一个简单而有效的解决方案。然而,需要谨慎评估删除缺失值对数据集和分析的潜在影响,确保这种处理方式不会导致关键信息的丢失或结果的偏差。

本书重点讲解 dropna()函数的使用。

1. dropna()函数概念

用于从 DataFrame 对象中删除包含缺失值(NaN)的行或列。默认按行删除包含任何缺失值的行,返回一个新的 DataFrame 对象。如果指定 axis＝1 参数,它将按列删除包含缺失值的列。

2. dropna()函数语法

```
DataFrame.dropna(axis = 0, how = 'any', thresh = None, subset = None, inplace = False)
```

3. dropna()函数参数(表 4-13)

表 4-13   dropna()函数参数

参数	说明
axis	默认为 0,表示逢空值剔除整行,如果设置参数 axis＝1 表示逢空值去掉整列
how	默认为'any'如果一行(或一列)里任何一个数据有出现 NA 就去掉整行,如果设置 how＝'all'一行(或列)都是 NA 才去掉这整行
thresh	设置需要多少非空值的数据才可以保留下来的
subset	设置想要检查的列。如果是多个列,可以使用列名的 list 作为参数
inplace	如果设置 True,将计算得到的值直接覆盖之前的值并返回 None,修改的是源数据

```
# 使用 dropna()在原数据上删除全为 NaN 的列
df.dropna(axis = 1, how = 'all', inplace = True)
df
```

输出结果为:

	年	月	门店	销售收入	销售成本	销售毛利
0	2022	Jan	门店01	478803.28	29 5586.23	183217.05
1	2022	Jan	门店02	442108.16	330634	111474.61
3	2022	Jan	门店03	NaN	NaN	NaN
4	2022	Jan	门店04	174356.94	138563	35794.22
6	2022	Jan	门店05	NaN	NaN	NaN
7	2022	Jan	门店06	413329.60	241 064.13	172265.47
8	2022	Jan	门店07	343982.98	233 408.43	110574.55

(三) 填补缺失数据

在数据处理与分析中,当缺失值较多且不能删除或者缺失值对分析有影响时,需要填补缺失数据。这样做旨在用合理的值替代数据集中缺失的部分,以保持数据的完整性和准确性。填补缺失数据的方法多种多样,包括使用均值、中位数、众数等统计量进行填充。通过填补缺失数据，可以减少因数据不完整而带来的偏差和不确定性，从而提高数据分析和模型预测的准确性和可靠性。

最大值填充：使用数据集中的最大值来替换缺失值。适用于已知数据有一个上限，且缺失的数据可能接近这个上限的情况。例如，在预测最高销售额时，可以使用历史最大销售额来填充缺失值。

最小值填充：使用数据集中的最小值来替换缺失值。适用于已知数据有一个下限，且缺失的数据可能接近这个下限的情况。例如，在预测最低成本时，可以使用历史最低成本来填充缺失值。

中位数填充：使用数据集的中位数来替换缺失值。中位数对异常值不敏感，因此当数据分布相对均匀，且缺失值不是极端值时，这种方法较为合适。它适用于那些分布比较均匀的连续型数据。

平均值填充：使用整列数据的平均值来替换缺失值。这种方法简单且常用，适用于数据缺失随机发生且缺失量不大的情况。它可以保持数据的均值不变，但可能会降低数据的方差。

众数填充：对于分类数据，可以使用众数（出现次数最多的类别）来填充缺失值。这种方法适用于离散型或者分类数据，因为它不会引入不可能的类别。

本书重点讲解 fillna() 函数的使用。

1. fillna() 函数概念

fillna() 函数用于填充数据中的缺失值（NaN），该函数可以在 DataFrame 或 Series 对象中使用。

2. fillna() 函数语法

```
DataFrame.fillna(value = None,method = None,axis = None,inplace = False,limit = 1)
```

3. fillna() 函数参数（表 4-14）

表 4-14 fillna() 函数参数

参数	说明
value	固定值填充
method	默认为 None,使用指定的填充值填充 method=' ffill '或' pad ',表示用前一个非缺失值去填充该缺失值 method=' bflii '或' backfill ',表示用下一个非缺失值填充该缺失值
axis	若 axis=0,则对各行数据进行填充,若 axis=1,则对各列数据进行填充
inplace	为可选参数,默认为 False,表示不修改原对象,若指定 inplace=True,则直接修改原对象
limit	limit 参数用于指定每列或每行缺失值填充的数量

```
#以 0 填充所有缺失值
df.fillna(0)
```

输出结果为：

	年	月	门店	销售收入	销售成本	销售毛利
0	2022	Jan	门店01	478803.28	29 5586.23	183217.05
1	2022	Jan	门店02	442108.16	330634	111474.61
3	2022	Jan	门店03	0.00	0	0.00
4	2022	Jan	门店04	174356.94	138563	35794.22
6	2022	Jan	门店05	0.00	0	0.00
7	2022	Jan	门店06	413329.60	241 064.13	172265.47
8	2022	Jan	门店07	343982.98	233 408.43	110574.55

注意：以最大值填充为 df.fillna(df.max())；以最小值填充为 df.fillna(df.min())；以平均值填充为 df.fillna(df.mean())；以中位数填充为 df.fillna(df.median())。

三、异常值处理

（一）特殊字符删除

可以先将所有数据转换为字符串，然后使用 replace()函数进行替换。一般与高阶函数同时使用。

【例 4-25】 在原始数据中删除表格中单元格包含的空格符号。

```
#使用循环方式完成数据清洗
for i in range(df.shape[0]):
    for j in range(df.shape[1]):
        df.iloc[i,j] = str(df.iloc[i,j]).replace(' ','')
df
```

输出结果为：

	年	月	门店	销售收入	销售成本	销售毛利
0	2022	Jan	门店01	478803.28	295586.23	183217.05
1	2022	Jan	门店02	442108.16	330633.55	111474.61
3	2022	Jan	门店03	nan	nan	nan
4	2022	Jan	门店04	174356.94	138562.72	35794.22
6	2022	Jan	门店05	nan	nan	nan
7	2022	Jan	门店06	413329.6	241064.13	172265.47
8	2022	Jan	门店07	343982.98	233408.43	110574.55

通过案例可以看出，难度比较大。可以配合 applymap()高阶函数完成。

【例 4-26】 通过例 4-25 可以看出，实现难度比较大。配合 applymap()高阶函数，在原始数据中删除表格中单元格包含的空格符号。

```
# applymap 函数完成数据清洗
df = df.applymap(lambda x:str(x).replace('',''))
df
```

输出结果为：

	年	月	门店	销售收入	销售成本	销售毛利
0	2022	Jan	门店01	478803.28	295586.23	183217.05
1	2022	Jan	门店02	442108.16	330633.55	111474.61
3	2022	Jan	门店03	nan	nan	nan
4	2022	Jan	门店04	174356.94	138562.72	35794.22
6	2022	Jan	门店05	nan	nan	nan
7	2022	Jan	门店06	413329.6	241064.13	172265.47
8	2022	Jan	门店07	343982.98	233408.43	110574.55

（二）数据类型更改

数据类型更改是指将数据的存储类型从一种类型转换为另一种类型。在数据分析中，我们经常需要根据数据的性质和需求来更改数据类型。例如，在 pandas 库中，可以使用 astype() 方法来更改 DataFrame 或 Series 的数据类型。

```
# 将所有数字列转换为浮点数
df[['销售收入','销售成本','销售毛利']] = df[['销售收入','销售成本','销售毛利']].astype('float')
df
```

输出结果为：

	年	月	门店	销售收入	销售成本	销售毛利
0	2022	Jan	门店01	478803.28	295586.23	183217.05
1	2022	Jan	门店02	442108.16	330633.55	111474.61
3	2022	Jan	门店03	NaN	NaN	NaN
4	2022	Jan	门店04	174356.94	138562.72	35794.22
6	2022	Jan	门店05	NaN	NaN	NaN
7	2022	Jan	门店06	413329.60	241064.13	172265.47
8	2022	Jan	门店07	343982.98	233408.43	110574.55

（三）大小写转换

在 Python 的 pandas 库中，可以使用字符串的 lower() 和 upper() 方法来进行大小写转换。这些方法分别将字符串中的字符转换为小写或大写形式。

【例 4-27】 在原始数据中将"月"列使用 upper() 转换为大写。

```
# 将所有数字列转换为浮点数
df["月"] = df['月'].str.upper()
df
```

输出结果为:

	年	月	门店	销售收入	销售成本	销售毛利
0	2022	JAN	门店01	478803.28	295586.23	183217.05
1	2022	JAN	门店02	442108.16	330633.55	111474.61
3	2022	JAN	门店03	NaN	NaN	NaN
4	2022	JAN	门店04	174356.94	138562.72	35794.22
6	2022	JAN	门店05	NaN	NaN	NaN
7	2022	JAN	门店06	413329.60	241064.13	172265.47
8	2022	JAN	门店07	343982.98	233408.43	110574.55

本章小结

1. 数据预处理是财务大数据分析的关键步骤,它涉及数据的清洗和整理,以确保数据的准确性和可用性。数据预处理的过程是一个逐步迭代的过程,需要对原始数据进行逐步地筛选、合并、清洗,直到数据符合分析需求。

2. 数据筛选是指根据特定的条件,从原始数据中提取所需的子集。这一步骤对于聚焦于特定指标或时间段的分析非常重要。而数据合并则是将多个数据源中的相关信息合并成一个数据表,以便进行综合分析。

3. 数据清洗主要涉及重复值处理、缺失值处理和异常值处理。重复值是指在数据表中出现了相同的记录,我们需要去除这些重复值,以确保分析的准确性。缺失值则是指数据表中某些字段的信息缺失,我们要选择合适的方法填补这些缺失值,以保证数据的完整性。同时,我们需要合理处理异常值,避免它们对分析结果产生不良影响。

复习思考题

1. 解释财务大数据预处理在数据分析中的重要性和作用。

2. 列举常见的财务大数据预处理步骤,并详细描述每个步骤的目的。

3. 为什么在财务大数据预处理中要进行数据筛选与合并?请举例说明。

4. 说明数据异常值在财务大数据预处理中的影响,并提供处理异常值的方法。

5. 在 Python 中使用哪些库和工具可以进行财务大数据预处理?

6. 读取两个包含不同财务指标的数据，将两个数据集合并成一个新的数据集。

7. 在财务大数据预处理过程中，遇到过哪些挑战？提出至少两点建议来解决这些问题。

🔧 实践操作题

根据所学技能，自行处理相关数据，完成各题内容。

1. 从两个不同的数据集中筛选出 2023 年的财务数据，并将它们合并为一个统一的 DataFrame。

```
data1_a = {"公司":["A", "A"],"财务年度":[2022, 2023],"营业收入":[5000, 5200],"净利润":[1000, 1100]}
df1_a = pd.DataFrame(data1_a)
data1_b = {"公司":["B", "B"],"财务年度":[2022, 2023],"营业收入":[3000, 3300],"净利润":[500, 600]}
df1_b = pd.DataFrame(data1_b)
```

2. 识别并删除两个数据集中重复的行。

```
data2 = {"公司":["A", "A", "B", "B", "B"],"财务年度":[2022, 2022, 2022, 2023, 2023],"营业收入":[5000, 5000, 3000, 3300, 3300],"净利润":[1000, 1000, 500, 600, 600]}
df2 = pd.DataFrame(data2)
```

3. 识别并处理数据集中的异常值和缺失值。

```
data3 = {"公司":["A", "B", "C", "D"],"财务年度":[2022, 2022, 2022, 2022],"营业收入":[5000, 3000, 10000, 2000000],"净利润":[None, 500, 2000, 15000]}
df3 = pd.DataFrame(data3)
```

第五章　数据统计分析

🎯 学习目标

1. 了解描述性统计分析的概念和意义,对财务大数据进行基本的描述性统计分析。
2. 掌握根据特定的财务指标对数据进行分组,并计算每个分组的聚合统计量。
3. 熟练掌握 pandas 库的 groupby()函数和 agg()函数。
4. 了解数据透视表的构建原理和用途,并将财务数据按照不同的维度进行透视。

第一节　描述性统计分析

财务大数据统计分析主要包含描述性统计分析、分组与聚合、数据透视表三部分。描述性统计分析在大数据处理中扮演着至关重要的角色,它通过对数据的整理和概括,帮助人们快速理解数据的整体情况和特征。其目的在于提取数据中的关键信息,如数据的中心趋势、离散程度、分布形态等,从而对数据有一个全面的认识和把握。

描述性统计分析的作用主要体现在以下几个方面:首先,它能够为后续的数据分析提供基础,帮助研究者确定数据的基本特征和分布情况,为后续的数据挖掘、模型建立等提供有力的支持。其次,描述性统计分析能够揭示数据中的潜在规律和趋势,帮助人们发现数据中的异常值和离群点,进一步指导数据清洗和预处理工作。最后,描述性统计分析还能够作为数据展示和报告的重要手段,通过图表、表格等形式将数据可视化,便于理解和使用数据。

```
# 导入 pandas 库
import pandas as pd
# 读取数据
df = pd.read_excel(r'https://oss.xinchanjiao.com/upload/default/20220914-
1bbc5a0e-9409-4ffa-adab-06f15090e2fb.xlsx')
```

一、简单统计分析

虽然前面学习了数据的筛选合并及数据清洗,但是面对一堆数据还是会无从下手,可以先对数据进行简单的统计分析,这些简单的统计分析可以帮助我们初步了解财务数据的特征和趋势,为更深入的数据分析提供基础。

(一)均值

均值是一组数值的平均值,通过将所有数值相加,然后除以数值的个数来计算。均值可以帮助我们了解数据的中心趋势。在 Python 中,可以使用 pandas 库的 mean()函数来计算均值。

(二)中位数

中位数是将一组数值按照大小排序后位于中间的值。如果数据有奇数个,中位数就是排序后的中间值;如果有偶数个,中位数是中间两个数值的平均值。中位数可以帮助我们了解数据的中间位置,对于处理有异常值的数据比均值更稳健。在 Python 中,可以使用 pandas 库的 median()函数来计算中位数。

(三)众数

众数是一组数值中出现次数最多的值。众数可以帮助我们找到数据中的主要集中值。在 Python 中,可以使用 pandas 库的 mode()函数来计算众数。

(四)方差

方差是衡量数据分散程度的统计量。它衡量了每个数据点与均值之间的差异。方差较大表示数据的分散程度较大,方差较小表示数据较为集中。在 Python 中,可以使用 pandas 库的 var()函数来计算方差。

(五)标准差

标准差是方差的平方根。它用于衡量数据的离散程度,是数据与均值之间差异的一种更常用的度量。标准差较大表示数据的波动较大,标准差较小表示数据的波动较小。在 Python 中,可以使用 pandas 库的 std()函数来计算标准差。

pandas 库的常用统计分析函数还包括 sum()、max()、count()、min()等。

补充知识

pandas 库的常用统计分析函数

```
# 统计所有门店的销售收入
df['销售收入'].sum()
```

输出结果为:

```
143920482.12
```

```
# 每列数据的最大值
df.max()
```

输出结果为:

```
年        2022
月        Sep
```

门店　　　　门店 40
销售收入　　505435
销售成本　　332497
销售毛利　　212821
dtype：object

describe()函数可以将所有数值列进行描述性统计，返回的 describe 里计算了常见的统计指标，返回描述性统计的 DataFrame 数据，可以结合数据筛选提取出想要的指标数据。

```
# describe()函数描述性统计
df.describe()
```

输出结果为：

	年	销售收入	销售成本	销售毛利
count	480.0	480.000000	480.000000	480.000000
mean	2022.0	299834.337750	191512.750750	108321.587000
std	0.0	103919.782544	70174.602013	45404.176607
min	2022.0	100024.530000	67211.500000	32813.030000
25%	2022.0	214257.017500	140340.737500	76008.210000
50%	2022.0	286253.440000	179318.610000	100302.285000
75%	2022.0	378582.420000	235986.072500	141117.927500
max	2022.0	505434.790000	332496.880000	212820.820000

二、数据排序

数据排序是一种对数据集中的元素进行重新排列的操作。排序的作用是将数据按照特定的顺序进行排列，以便更好地理解和分析数据。pandas 提供对索引进行排序和对值进行排序两种方式。

(一) 对索引进行排序

按照指定的规则对数据集的索引进行重新排序。通过对索引进行排序，可以使数据按照特定的顺序重新排列，使得数据集更加有序和结构化。排序后的索引可以是升序（从小到大）或降序（从大到小），具体取决于排序的要求。在 Python 中，可以使用 pandas 库的 sort_index()函数来对索引进行排序。

通过 axis 参数指定对行索引排序还是对列索引排序，默认为 0，表示对行索引排序，设置为 1，表示对列索引进行排序；ascending 参数指定升序还是降序，默认为 True 表示升序，设置为 False 表示降序。

```
# 根据索引进行排序
# axis = 0 行索引
```

```
# ascending = False 代表降序排列
# inplace = True 代表直接对 df 进行修改
# 并查看前五行数据
df.sort_index(axis = 0, ascending = False, inplace = True)
df.head()
```

输出结果为：

	年	月	门店	销售收入	销售成本	销售毛利
479	2022	Dec	门店40	149997.86	100382.35	49615.51
478	2022	Dec	门店39	268448.01	150128.45	118319.56
477	2022	Dec	门店38	148970.11	105883.48	43086.63
476	2022	Dec	门店37	182960.79	122197.14	60763.65
475	2022	Dec	门店36	260965.90	175340.61	85625.29

（二）对值进行排序

对值进行排序指的是根据数据集中某个特定的数值字段（列）来对整个数据集进行重新排列，使得该数值字段按照升序（从小到大）或降序（从大到小）的顺序排列。值排序的含义在于重新组织数据集，以便更好地理解数据、分析数据和获取有用的信息。排序后的数据集并不改变原始数据的值，只是改变了数据的顺序，从而使得数据更有序、更易于处理和分析。

在 Python 中，可以使用 pandas 库的 sort_values() 函数来对索引进行排序。相比 sort_index() 函数，sort_values() 函数多了一个 by 参数，接收字符串或者列表，来指定要排序的行或者列名，其余基本一致。

【例 5-1】　根据销售收入列排序，按照销售收入列进行降序排序，筛选销售收入前 10 名的数据。

```
# 按照销售收入列进行降序排序。
# ascending = False 代表降序排列
# inplace = True 代表直接对 df 进行修改
df.sort_values('销售收入', ascending = False, inplace = True)
df.head(10)
```

输出结果为：

	年	月	门店	销售收入	销售成本	销售毛利
385	2022	Oct	门店26	505434.79	321084.64	184350.15
265	2022	Jul	门店26	503241.48	320463.53	182777.95
425	2022	Nov	门店26	502332.67	319072.61	183260.06

145	2022	Apr	门店26	501048.17	319842.42	181205.75
305	2022	Aug	门店26	500139.36	318451.50	181687.86
465	2022	Dec	门店26	499230.55	317060.58	182169.97
25	2022	Jan	门店26	498854.86	319221.31	179633.55
185	2022	May	门店26	497946.05	317830.39	180115.66
345	2022	Sep	门店26	497037.24	316439.47	180597.77
65	2022	Feb	门店26	495752.74	317209.28	178543.46

【例 5-2】　计算销售毛利前 10 的数据,如销售毛利相同,根据销售收入升序排序(根据多列进行排序:先根据销售毛利降序排序,如销售毛利相同,再根据销售收入升序排序)。

```
# 按照销售毛利降序、销售收入升序进行排序。
# ascending = False 代表降序排列
# inplace = True 代表直接对 df 进行修改
df.sort_values(['销售毛利','销售收入'],  # 排序列
               ascending = [False,True],  # 排序方式
               inplace = True)  # 直接修改
df.head(10)  # 查看前 10
```

输出结果为:

	年	月	门店	销售收入	销售成本	销售毛利
376	2022	Oct	门店17	438155.62	225334.80	212820.82
416	2022	Nov	门店17	435053.50	223322.77	211730.73
256	2022	Jul	门店17	435962.31	224713.69	211248.62
456	2022	Dec	门店17	431951.38	221310.74	210640.64
296	2022	Aug	门店17	432860.19	222701.66	210158.53
136	2022	Apr	门店17	433769.00	224092.58	209676.42
336	2022	Sep	门店17	429758.07	220689.63	209068.44
176	2022	May	门店17	430666.88	222080.55	208586.33
16	2022	Jan	门店17	431575.69	223471.47	208104.22
216	2022	Jun	门店17	427564.76	220068.52	207496.24

三、累计统计

累计统计是指在统计学和数据分析中对数据进行累加或累积的过程。它涉及计算某个变量在一系列数据中逐步增加的总和或累积值。常用的累计统计函数如表 5-1 所示。

表 5-1   常用的累计统计函数

函数	作用
cumsum()	计算前 1/2/3/…/n 个数的和
cumprod()	计算前 1/2/3/…/n 个数的积
cummax()	计算前 1/2/3/…/n 个数的最大值
cummin()	计算前 1/2/3/…/n 个数的最小值

【例 5-3】 筛选出各家门店一月份（Jan）的数据，根据销售收入降序排列；使用cumsum()计算累计销售收入，赋值给累计销售收入列。

```
# 筛选月份为一月(Jan)的数据,根据销售收入降序排列
df1 = df.loc[df['月'] = ='Jan'].sort_values('销售收入',ascending = False)
# 计算销售收入的累计和,赋值给累计销售收入列。
df1['累计销售收入'] = df1['销售收入'].cumsum()
# 查看数据前 5 行
df1.head()
```

输出结果为：

	年	月	门店	销售收入	销售成本	销售毛利	累计销售收入
25	2022	Jan	门店26	498854.86	319221.31	179633.55	498854.86
0	2022	Jan	门店01	478803.28	295586.23	183217.05	977658.14
20	2022	Jan	门店21	448175.59	305059.40	143116.19	1425833.73
1	2022	Jan	门店02	442108.16	330633.55	111474.61	1867941.89
33	2022	Jan	门店34	440549.17	299973.43	140575.74	2308491.06

第二节 数据分组与聚合

数据分析处理时，当我们收到一份成千上万行数据的源文件，一般需要对数据进行分类汇总，以更清晰地展现我们关注的数据并进行后续计算。在 pandas 库中也有"分类汇总"的功能：分组、聚合。

读取本节所需要的数据

```
# 导入 pandas 库
import pandas as pd
# 从相对路径下获取数据表
df = pd.read_excel('https://oss.xinchanjiao.com/upload/default/20220914-1bbc5a0e-9409-4ffa-adab-06f15090e2fb.xlsx',converters = {'年':str,'月':str,'门店':str})
```

一、数据分组

数据分组是将数据按照特定的属性或条件进行分类，将相似的数据项组织在一起的过程。数据分组的作用在于帮助我们更好地理解和分析数据，发现数据中的模式、规律和趋势，从而得出有意义的结论和进行决策。在 Python 中，可以使用 pandas 库的 groupby() 函数来对数据进行分组。

【例 5-4】　使用 map() 函数将英文月份对应为 01—12，然后按照月份进行分组，分析销售数据。

```
# 创建一个英文月份和数字月份对照的字典,将英文月份转换为数字字符串
monthdict = {'Jan':'01','Feb':'02','Mar':'03','Apr':'04','May':'05','Jun':'06',
             'Jul':'07','Aug':'08','Sep':'09','Oct':'10','Nov':'11','Dec':'12',}
df['月'] = df['月'].map(monthdict)
df
```

输出结果为：

	年	月	门店	销售收入	销售成本	销售毛利
0	2022	01	门店01	478803.28	295586.23	183217.05
1	2022	01	门店02	442108.16	330633.55	111474.61
2	2022	01	门店03	367875.06	190555.04	177320.02
3	2022	01	门店04	174356.94	138562.72	35794.22
4	2022	01	门店05	182158.68	113867.90	68290.78
...	...	...	...	...	...	...
475	2022	12	门店36	260965.90	175340.61	85625.29
476	2022	12	门店37	182960.79	122197.14	60763.65
477	2022	12	门店38	148970.11	105883.48	43086.63
478	2022	12	门店39	268448.01	150128.45	118319.56
479	2022	12	门店40	149997.86	100382.35	49615.51

480 rows × 6 columns

```
# 根据月列进行分组,求各月总和
df.groupby('月').sum()
```

输出结果为：

月	销售收入	销售成本	销售毛利
01	11985859.71	7703724.63	4282135.08
02	11861774.91	7623243.43	4238531.48
03	11737690.11	7542762.23	4194927.88

04	12073592.11	7728569.03	4345023.08
05	11949507.31	7648087.83	4301419.48
06	11825422.51	7567606.63	4257815.88
07	12161324.51	7753413.43	4407911.08
08	12037239.71	7672932.23	4364307.48
09	11913154.91	7592451.03	4320703.88
10	12249056.91	7778257.83	4470799.08
11	12124972.11	7697776.63	4427195.48
12	12000887.31	7617295.43	4383591.88

二、数据聚合

　　数据聚合是一种数据处理技术,它将多个数据点或数据项合并为一个更小的数据集,通常是使用某种函数来计算或汇总这些数据的值。聚合可以应用于数据分组后的子集,也可以应用于整个数据集。在 Python 中,可以使用 pandas 库的 agg()函数来对数据进行聚合,可以针对一列或多列选择相同或不同的聚合方法,如表 5-2 所示。

表 5-2　　　　　　　　　　　　　常用的聚合方法

聚合方法	描述
count	计算分组中的非 NA 值的数量
sum	计算非 NA 值的和
mean	计算非 NA 值的平均值
median	计算非 NA 值的算数中位数
std、var	计算非 NA 值的标准差和方差
min、max	获得非 NA 值的最小和最大值
prod	计算非 NA 值的积
first、last	获得第一个和最后一个非 NA 值

```
# 将根据年、月列聚合,计算销售收入总和,销售成本平均值
df.groupby(['年','月']).agg({'销售收入':' sum','销售成本':' mean'})
```

　　输出结果为:

		销售收入	销售成本
年	**月**		
2022	**01**	11985859.71	192593.11575
	02	11861774.91	190581.08575
	03	11737690.11	188569.05575
	04	12073592.11	193214.22575

05	11949507.31	191202.19575
06	11825422.51	189190.16575
07	12161324.51	193835.33575
08	12037239.71	191823.30575
09	11913154.91	189811.27575
10	12249056.91	194456.44575
11	12124972.11	192444.41575
12	12000887.31	190432.38575

小贴士

➤ groupby 分组后,直接调用 sum()函数,会对所有数值列进行求和计算。

➤ groupby 分组后,使用聚合函数 agg(),可以指定某一列或多列,选择特定的聚合方式,实现相同或不同的聚合计算。

第三节　数据透视表与轴向转换

数据透视表和轴向转换是数据聚合和可视化的常用工具,它们可以帮助我们更好地理解数据的结构和关系。

读取本节所需要的数据,使用 map()函数将英文月份对应为 01—12。

```
# 导入 pandas 库
import pandas as pd
# 从相对路径下获取数据表
df = pd.read_excel('https://oss.xinchanjiao.com/upload/default/20220914-1bbc5a0e-9409-4ffa-adab-06f15090e2fb.xlsx')
# 创建一个英文月份和数字月份对照的字典,将英文月份转换为数字字符串
monthdict = {'Jan':'01','Feb':'02','Mar':'03','Apr':'04','May':'05','Jun':'06',
             'Jul':'07','Aug':'08','Sep':'09','Oct':'10','Nov':'11','Dec':'12',}
df['月'] = df['月'].map(monthdict)
df
```

一、数据透视

(一)数据透视表的概念

数据透视表是一种以多个维度为基础对数据进行汇总和分析的表格形式。通过数据

透视表,我们可以将原始数据按照不同的维度进行分组、聚合和展示,以便更好地理解数据的总体情况和关系。数据透视表通常包含行和列两个轴,其中行轴表示一个或多个维度,列轴表示另一个或多个维度,而单元格中的值则是根据这些维度进行计算和汇总的结果。

(二) pivot_table( )函数

在 Python 中,可以使用 pandas 库的 pivot_table( )函数来对数据进行透视。

1. pivot_table( )函数语法

```
pivot_table(dataframe,index = None,columns = None,values = None,aggfunc =
'mean',fill_value = None,margins = False,dropna = True,margins_name = ' All ',
observed = False)
```

2. pivot_table( )函数参数(表 5-3)

表 5-3   pivot_table( )函数参数

参数	说明	实例
data	dataframe	数据透视源表
index	数据透视表的行	index＝['月']
columns	数据透视表的列	columns＝['年']
values	数据透视表的值,默认显示所有的值	values＝['销售收入','销售毛利']
aggfunc	值计算方式,默认是' mean'平均值	还可以是' sum',' len'
fill_value	nan 值用什么填充,默认不填充	可以 0 填充 Nan,fill_value＝0
margins	是否添加行列的总计	margins＝True 是汇总
margins_name	汇总栏命名,默认为' All '	margins_name＝' Total '

```
#行为'月',统计指标为销售收入、销售成本和销售毛利的合计数
pivot_df = pd.pivot_table(df,
                index = ['月'],
                values = ['销售收入','销售成本','销售毛利'],
                aggfunc = sum)
pivot_df
```

输出结果为:

月	销售成本	销售收入	销售毛利
01	7703724.63	11985859.71	4282135.08
02	7623243.43	11861774.91	4238531.48
03	7542762.23	11737690.11	4194927.88
04	7728569.03	12073592.11	4345023.08
05	7648087.83	11949507.31	4301419.48
06	7567606.63	11825422.51	4257815.88
07	7753413.43	12161324.51	4407911.08

08	7672932.23	12037239.71	4364307.48
09	7592451.03	11913154.91	4320703.88
10	7778257.83	12249056.91	4470799.08
11	7697776.63	12124972.11	4427195.48
12	7617295.43	12000887.31	4383591.88

二、逆透视

(一) 逆透视的概念

逆透视是指将透视表或数据框中的列转换为行,从而将数据从宽格式转换为长格式。这个操作通常用于数据重塑和重组,使得数据更易于分析和处理。

(二) melt()函数

在 Python 中,可以使用 pandas 库的 melt()函数来对数据进行透视。

1. melt()函数语法

```
pandas.melt(frame, id_vars = None, value_vars = None, var_name = None, value_
name = 'value', col_level = None)
```

2. melt()函数参数(表 5-4)

表 5-4　　　　　　　　　　　　　　　melt()函数参数

参数	说明
frame	要重塑的数据 dataframe
id_vars	保持不重塑的列,即标识符变量
value_vars	指定要进行重塑的列,即要融合到新的列中的数据列
id_vars	指定的列,其余所有列都会被重塑
var_name	重塑后的' variable '列的列名,默认为' variable '
value_name	重塑后的值数据列的列名,默认为' value '
col_level	如果列是 MultiIndex(多级索引),可以指定要重塑的级别

```
#使用 melt()函数将销售收入和销售成本字段转换成"指标"和"值"列
melt_df = pd.melt(df,
                  id_vars = ['年','月','门店'],
                  value_vars = ['销售收入','销售成本'],
                  var_name = '指标',
                  value_name = '值')
melt_df
```

输出结果为:

	年	月	门店	指标	值
0	2022	01	门店01	销售收入	478803.28
1	2022	01	门店02	销售收入	442108.16
2	2022	01	门店03	销售收入	367875.06
3	2022	01	门店04	销售收入	174356.94
4	2022	01	门店05	销售收入	182158.68
...	...	...	...	...	...
955	2022	12	门店36	销售成本	175340.61
956	2022	12	门店37	销售成本	122197.14
957	2022	12	门店38	销售成本	105883.48
958	2022	12	门店39	销售成本	150128.45
959	2022	12	门店40	销售成本	100382.35

960 rows × 5 columns

三、轴向转换

(一) 轴向转换的概念

轴向转换是指在数据透视表中对行和列进行重新排列(类似于 Excel 中的行列转置),以便更好地呈现数据的某些方面或特定关系。通过轴向转换,我们可以改变数据透视表中行和列的顺序,从而改变数据的呈现方式和聚合方式。这种转换可以帮助我们发现不同维度之间的关系、趋势和模式,以及更好地支持决策过程。

(二) stack()函数

1. stack()函数语法

```
DataFrame.stack(level = -1, dropna = True)
```

2. stack()函数参数(表 5-5)

表 5-5　　　　　　　　　　　　　　　stack()函数参数

参数	说明
level	指定要堆叠的列级别。默认值为 -1,表示堆叠所有列级别
dropna	是否删除生成的数据中的缺失值。默认为 True,表示删除缺失值

```
# 使用 stack 函数,进行轴向转换
stack_df = pivot_df.stack()
stack_df.head(15)
```

输出结果为:
```
月
01   销售成本     7703724.63
     销售收入    11985859.71
     销售毛利     4282135.08
```

02	销售成本	7623243.43
	销售收入	11861774.91
	销售毛利	4238531.48
03	销售成本	7542762.23
	销售收入	11737690.11
	销售毛利	4194927.88
04	销售成本	7728569.03
	销售收入	12073592.11
	销售毛利	4345023.08
05	销售成本	7648087.83
	销售收入	11949507.31
	销售毛利	4301419.48

dtype: float64

(三) unstack()函数

stack()和 unstack()互为反操作，unstack()是将 Dataframe 的 index 索引转换到 columns 索引。

1. unstack()函数语法

```
DataFrame.unstack(level = -1, fill_value = None)
```

2. unstack()参数(表 5-6)

表 5-6 　　　　　　　　　　　　　　unstack()函数参数

参数	说明
level	表示操作内层索引。若设为 0,表示操作层索引,默认为 -1
fill_value	若产生缺失值,可设置此参数用来替换 NaN

```
# 使用 unstack 函数,进行轴向转换
unstack_df = stack_df.unstack(0)
unstack_df
```

输出结果为:

月	01	02	03	04	05	06	07	08	09	10	11	12
销售成本	7703724.63	7623243.43	7542762.23	7728569.03	7648087.83	7567606.63	7753413.43	7672932.23	7592451.03	7778257.83	7697776.63	7617295.43
销售收入	11985859.71	11861774.91	11737690.11	12073592.11	11949507.31	11825422.51	12161324.51	12037239.71	11913154.91	12249056.91	12124972.11	12000887.31
销售毛利	4282135.08	4238531.48	4194927.88	4345023.08	4301419.48	4257815.88	4407911.08	4364307.48	4320703.88	4470799.08	4427195.48	4383591.88

本章小结

1. 财务大数据统计分析主要包含描述性统计分析、分组与聚合、数据透视表三部分。通过简单统计分析、数据排序和累计统计,可以有效地揭示数据的基本特征和趋势。这些方法将帮助我们深入了解财务数据背后的含义,从而做出更加明智的决策。

2. 数据分组的作用在于帮助我们更好地理解和分析数据,发现数据中的模式、规律

和趋势,从而得出有意义的结论和进行决策。在 Python 中,可以使用 pandas 库的 groupby()函数来对数据进行分组。

3. 通过使用 pivot_table 函数,能够将原始数据重新组织并汇总成更有意义的形式。逆透视与 melt 函数及轴向转换与 stack 函数也提供了更多数据处理的方法,让我们可以在财务数据分析中更加灵活和高效。

复习思考题

1. 什么是财务大数据描述性统计分析? 列举三种常用的描述性统计指标,并解释其意义。

2. 在财务大数据统计分析中,解释数据分组与聚合的目的和重要性。

3. 在 Python 中,使用什么函数可以对财务数据进行分组和聚合?

4. 如何对财务数据进行异常值检测? 在实际应用中,有哪些可能导致异常值的原因?

5. 什么是数据透视表? 它在财务大数据统计分析中有什么作用?

6. 如何通过数据透视表实现数据的轴向转换?

7. 你认为财务大数据统计分析在实际应用中有哪些挑战和局限性? 提出至少两点建议来克服这些问题。

实践操作题

根据所学技能,自行处理相关数据,完成各题内容。

```
# 创建一个包含 10 行数据的示例财务数据集,使用具体的营业收入和净利润数字
data = {
    "公司":["公司 A", "公司 B", "公司 C", "公司 D", "公司 E", "公司 F", "公司 G", "公司 H", "公司 I", "公司 J"],
    "行业":["科技", "零售", "医疗", "金融", "科技", "零售", "医疗", "金融", "科技", "零售"],
    "财务年度":[2021, 2021, 2021, 2021, 2022, 2022, 2022, 2022, 2023, 2023],
    "营业收入":[40784, 24851, 49949, 22051, 41811, 14289, 11184, 24975, 29744, 18188],
    "净利润":[16021, 10220, 5547, 12295, 14044, 15581, 6558, 12055, 6154, 7881]
}
# 将数据转换为 DataFrame
df = pd.DataFrame(data)
```

1. 对 df 数据集进行基本的描述性统计分析,使用 pandas 库计算营业收入和净利

润的均值、中位数、标准差、最小值和最大值。

2. 根据行业和财务年度对 df 数据集进行分组,并计算每个分组的聚合统计量。使用 pandas 库的 groupby()函数根据行业和财务年度对数据分组,使用聚合函数计算每个分组的营业收入和净利润的平均值、最大值和最小值。

3. 构建数据透视表,对 df 数据集按照不同的维度进行透视。使用 pandas 库的 pivot_table()函数构建数据透视表,选择适当的行和列索引,以及需要聚合的值。

第六章　数据可视化

🎯 **学习目标**

1. 熟练掌握 matplotlib 及 pyecharts 的导入及绘图流程。
2. 熟练掌握 matplotlib 绘制常用图形及参数设置。
3. 熟练掌握 pyecharts 绘制常用图形及参数设置。
4. 了解使用 matplotlib 及 pyecharts 绘制组合图形。

第一节　数据可视化概述

一、数据可视化的概念

数据可视化是一种将数据呈现为图形或图表的技术,可以更加直观、清晰地传递数据所要表达的信息,有助于快速发现和理解数据中的模式和趋势,是进行数据分析的必要手段。

二、数据可视化图表的组成

(1)画布:画布就是绘图的界面,需要在这上面绘制图表。

(2)坐标系:在画布上可以建立多个坐标系,坐标系又可以分为直角坐标系、球坐标系和极坐标系三种,其中最常用的坐标系是直角坐标系。

(3)坐标轴:坐标轴是坐标系中的概念。在直角坐标系中,有两个坐标轴,横轴是 x 轴,纵轴是 y 轴。

(4)坐标轴标题:坐标轴标题就是 x 轴、y 轴的名称。

(5)图表标题:图表标题用来说明整个图表的核心主题。

(6)数据标签:数据标签用于展示图表中的数值。

(7)数据表:数据表是图表下方的表,它以表格的形式将图表中的值展示出来。

(8)网格线:网格线是坐标轴的延伸,通过网格线可以更清晰地看到每一点在什么位置。

（9）图例：图例一般位于图表的下方或右方，用来说明不同的颜色或符号代表的内容与指标。

（10）误差线：误差线用来显示坐标轴上每个点的不确定程度，一般用标准差来表示，即一个点的误差为该点的实际值加减标准差。

三、常用的 Python 可视化库

（一）matplotlib

matplotlib 是第一个 Python 可视化库，也是在 Python 中最基础、使用最广泛的绘图库。matplotlib 的绘图接口与程序语言 MATLAB 十分接近，支持线条样式、字体、坐标轴及其他属性的管理和控制。matplotlib 还提供了直接生成折线图、散点图、柱状图、饼图、条形图和雷达图等图形的函数。

（二）seaborn

seaborn 是基于 matplotlib 的可视化库，使绘制图表的功能变得更简单，且图表的绘图风格和色彩搭配更具有现代美感。

（三）bokeh

bokeh 是基于 JavaScript 实现的交互式可视化库，支持使用 Web 浏览器展示，可快速将数据转换成可交互的、结构简单的图表，它可以在 Web 浏览器中实现美观的视觉效果。Bokeh 还支持流媒体和实时数据。

（四）plotly

plotly 与 bokeh 一样，强项在于制作交互式视图，它提供了一些在大多数库中没有的图表，如等高线图、树状图和 3D 图表。plotly 支持在线编辑图形，支持 Python、JavaScript、MATLAB 和 R 等多种语言的 API。

（五）pyecharts

pyecharts 可视化库生成的 ECharts 凭借良好的交互性、精巧的设计得到了众多开发者的认可。Pyecharts 是我国开发人员开发的，相比较 matplotlib、seaborn 等可视化库，pyecharts 十分符合国内用户的使用习惯。

第二节　matplotlib

一、matplotlib 的特点

matplotlib 提供了丰富的绘图功能，使用户可以创建高质量的图表、图形和可视化效果。matplotlib 的设计目标是让用户能够轻松地将数据进行可视化，并通过图形直观地展示数据的模式、趋势和关系。matplotlib 中最常用的画图接口为 pyplot，可以完成

绝大多数的画图任务。

matplotlib 的主要特点包括：

（1）支持多种图表类型：包括折线图、散点图、柱状图、饼图、等高线图、3D 图等。

（2）高度可定制性：用户可以对绘图进行高度定制，调整各种样式、颜色、标签、图例等，以满足特定的需求。

（3）兼容性：matplotlib 与 Python 的主要科学计算库（如 numpy 和 pandas）紧密集成，能够直接操作这些库的数据结构进行可视化。

（4）支持多种输出格式：matplotlib 可以将图形输出为图像文件（如 PNG、JPG、SVG）或者嵌入交互式环境中（如 Jupyter Notebook）。

（5）大型数据集的可视化：matplotlib 可以处理大型数据集，能够绘制复杂的图表和图形，适用于科学研究、数据分析、工程可视化等领域。

（6）社区支持和文档丰富：matplotlib 拥有庞大的用户社区，提供大量的示例和文档，方便用户学习和使用。

二、matplotlib 的绘图流程

（一）创建画布

1. figure()函数概念

matplotlib 在 Python 中建立画布，使用的是 figure()函数，这一函数可以确定画布的大小、背景色等。

2. figure()函数语法

```
figure(num = None,figsize = None,dpi = None,facecolor = None,edgecolor = None,
frameon = True,linewidth = 0)
```

3. figure()函数参数（表 6-1）

表 6-1   figure( )函数参数

参数	说明
num	图像编号或名称，数字为编号，字符串为名称
figsize	指定图像的宽和高，单位为英寸；元组类型；默认为(6,4)
dpi	指定绘图对象的分辨率，即每英寸多少个像素，缺省值为 80
facecolor	背景颜色
edgecolor	边框颜色
frameon	是否显示边框
linewidth	边框宽度

```
# 导入 matplotlib 库中的 pyplot 并起别名为 plt
import matplotlib.pyplot as plt
```

```
#建立宽为 10 高为 8 的画布
fig = plt.figure(figsize = (10,8))
```

输出结果为：

＜Figure size 720x576 with 0 Axes＞

引入 matplotlib 库中的 pyplot 并创建一个宽为 10 英寸、高为 8 英寸的画布，但不添加任何绘图内容，通常控制台只会输出你图形的尺寸（以像素为单位）。

（二）创建子图

子图是指将一个图形窗口分割成多个小的图像区域，每个区域可以显示不同的图形。可以使用 matplotlib 中的 subplot()函数来创建子图对象，并指定子图的行数、列数和子图的索引位置。

1. subplot()函数概念

subplot()函数可以在一个图形窗口中创建多个子图，以便在一个整体的布局中展示多个相关的图形或数据。

2. subplot()函数语法

```
subplot(rows,cols,index)
```

3. subplot()函数参数（表 6-2）

表 6-2　　　　　　　　　　　　　　　　subplot()函数参数

参数	说明	参数	说明
rows	行数	index	子图号
cols	列数	facecolor	子图背景颜色

```
#将绘图区域分成两行两列,并在左上(1)和右下(4)绘制坐标系
plt.subplot(2,2,1)
plt.subplot(2,2,4)
```

输出结果为：

<AxesSubplot: >

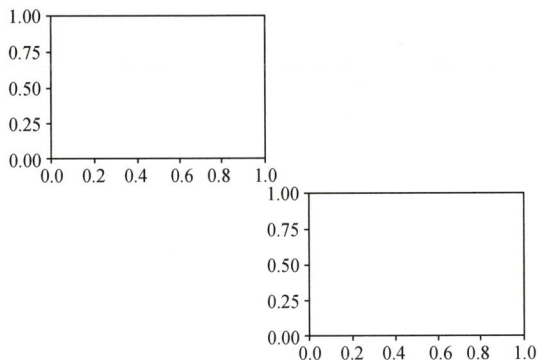

小贴士

➤ plt.subplot(221)和 plt.subplot(2,2,1)两种写法等价；

➤ index 按照从上到下，从左到右的方式依次编号，编号从 1 开始。

（三）图形绘制

使用 matplotlib 库中的 pyplot 模块绘制图形，支持折线图、柱状图、散点图、饼图、等高线图、3D 图等。此图形绘制具有高度可定制性，可以设置图形标题、坐标轴标签、刻度、显示范围、图例、文本显示、图形网格线等参数，如表 6-3 所示。

表 6-3　　　　　　　　　　　　　绘制图形可设置的参数

参数	说明	参数	说明
pyplot.title()	设置图形标题	pyplot.xlim()	设置 x 轴显示范围
pyplot.xlabel()	设置 x 轴标签	pyplot.ylim()	设置 y 轴显示范围
pyplot.ylabel()	设置 y 轴标签	pyplot.legend()	设置图例
pyplot.xticks()	设置 x 轴刻度	pyplot.text()	设置文本显示
pyplot.yticks()	设置 y 轴刻度	pyplot.grid()	设置图形网格线

```
#绘制子图(绘制1—4月份销售量(10,13,20,18)走势折线图)
x = [1,2,3,4]
y = [10,13,20,18]
plt.plot(x,y)
```

输出结果为：

[＜matplotlib.lines.line2D at 0x7f97dff05d30＞]

（四）保存和显示图形

在 Jupyter Notebook 等集成开发环境中，绘制图表后，图表通常会自动显示在输出单元格中。但在其他集成开发环境中默认不会直接显示图像，只能用 pyplot 模块中的 show()函数才能把图像显示出来。

```
#保存图片
plt.savefig("走势折线图.png")
#显示图片
plt.show()
```

输出结果为：

＜Figure size 432x288 with 0 Axes＞

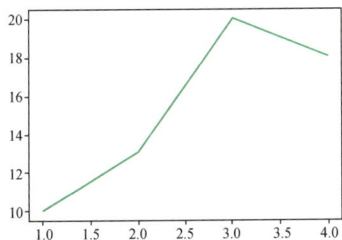

【例6-1】 绘制一家公司各类商品库存的柱状图。商品种类为['上衣','裤子','裙子','鞋帽','领带','袜子'];数量为[150,200,300,230,100,240]。

```
#1.导入matplotlib.pyplot画图
import matplotlib.pyplot as plt

#2.创建画布
plt.figure(figsize = (6,4))
#3.创建子图(如只有一个子图,可省略此步骤)
plt.subplot(1,1,1)
#4.绘制子图
x = ['上衣','裤子','裙子','鞋帽','领带','袜子']
y = [150,200,300,230,100,240]
plt.bar(x,y)
#5.添加子图标题、轴标签
plt.title('各类商品库存柱状图')
plt.xlabel('种类')
plt.ylabel('数量')
#6.保存图片
plt.savefig('库存商品数量柱状图.png')
#7.显示图片
plt.show()
```

输出结果为:

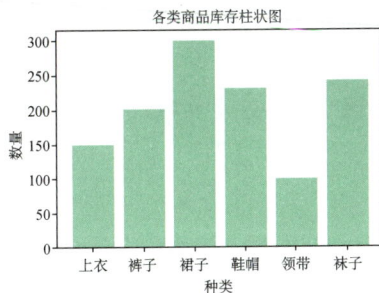

三、matplotlib 常用图形绘制

以一家电商平台店铺的销售数据为例。数据的字段包括款号、商品价格、访客数、支付买家数、加入购物车件数、销售数量和库存数量。

```
# 导入 pandas 库
import pandas as pd

# 读取并查看数据
data = pd.read_excel(r'https://oss.xinchanjiao.com/upload/default/20220804
-269363e4-d846-4457-94f7-b34dc3e10b40.xlsx')

# 查看数据
data
```

输出结果为：

	款号	商品价格	访客数	支付买家数	加入购物车件数	销售数量	库存数量
0	1	142	11000	133	666	137	200
1	2	121	97100	948	575	1020	150
2	3	163	11100	55	442	60	232
3	4	513	93100	132	160	140	226
4	5	201	10100	45	270	45	242
5	6	247	85100	810	445	817	258
6	7	243	81100	345	307	349	274
7	8	229	98100	590	414	598	290
8	9	399	74100	360	285	363	306
9	10	193	68100	745	434	756	322

（一）折线图绘制

折线图以折线的上升或下降来表示统计数量的增减变化，能够显示数据的变化趋势，反映事物的变化情况。通过 plot() 函数绘制折线图。

1. plot() 函数语法

```
pyplot.plot(x,y,linestyle,linewidth,color,marker,alpha,label)
```

2. plot() 函数参数（表 6-4）

表 6-4　　　　　　　　　　　　　　　plot() 函数主要参数

参数	说明
x	x 轴数据，默认 range(len(y))，可缺省

参数	说明
y	y轴数据
linestyle	折线线型，默认为实线；可简写为 ls
linewidth	折线宽度，默认为 2；可简写为 lw
color	折线颜色，默认为 blue
marker	数据标记点样式，默认为 None
alpha	折线透明度，取值范围 0—1，数值越小透明度越高
label	折线标签，配合 legend()进行图例显示

```
# 准备数据
# 计算支付转化率
data['支付转化率'] = data['支付买家数']/data['访客数']
# 计算加购率
data['加购率'] = data['加入购物车件数']/data['访客数']
# 计算销售额
data['销售额'] = data['商品价格'] * data['销售数量']
# 查看数据
data
```

输出结果为：

	款号	商品价格	访客数	支付买家数	加入购物车件数	销售数量	库存数量	支付转化率	加购率	销售额
0	1	142	11000	133	666	137	200	0.012091	0.060545	19454
1	2	121	97100	948	575	1020	150	0.009763	0.005922	123420
2	3	163	11100	55	442	60	232	0.004955	0.039820	9780
3	4	513	93100	132	160	140	226	0.001418	0.001719	71820
4	5	201	10100	45	270	45	242	0.004455	0.026733	9045
5	6	247	85100	810	445	817	258	0.009518	0.005229	201799
6	7	243	81100	345	307	349	274	0.004254	0.003785	84807
7	8	229	98100	590	414	598	290	0.006014	0.004220	136942
8	9	399	74100	360	285	363	306	0.004858	0.003846	144837
9	10	193	68100	745	434	756	322	0.010940	0.006373	145908

```
# 用最简单的代码绘制折线图
# 导入 matplotlib 库的 pyplot 模块
from matplotlib import pyplot as plt


# 绘制支付转化率和加购率折线图
```

```
plt.plot(data['款号'],data['支付转化率'])
plt.plot(data['款号'],data['加购率'])

# 显示图例、图形
plt.show()
```

输出结果为:

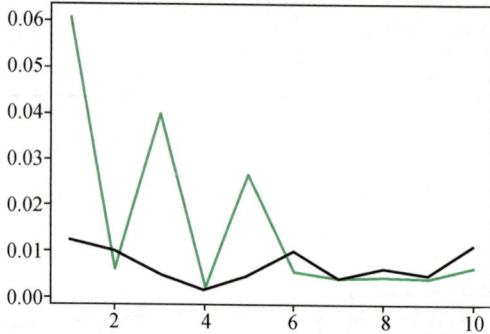

```
# 导入 matplotlib 库
from matplotlib import pyplot as plt

# 创建画布
plt.figure(figsize = (10,5))
# 绘制折线图并设置标签、标记点、线型
plt.plot(data['款号'],data['支付转化率'],label = '支付转化率',marker = 'o',ls = '- .')
plt.plot(data['款号'],data['加购率'],label = '加购率',marker = '*',ls = '.')
# 设置图形标题和轴标签
plt.title('各款号支付转化率 & 加购率折线图')
plt.xlabel('款号')
plt.ylabel('比率')

# 显示图例、图形
plt.legend()
plt.show()
```

输出结果为:

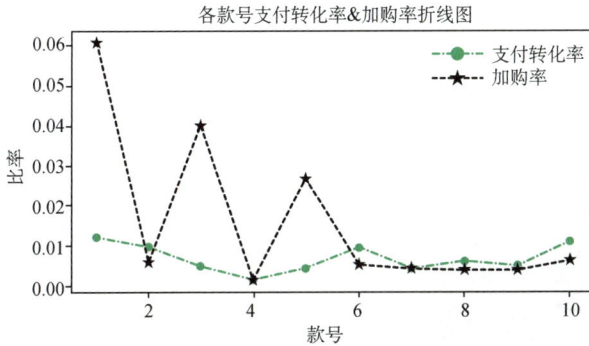

各款号支付转化率&加购率折线图

（二）柱状图绘制

可以将排列在工作表的列或行中的数据绘制到柱状图中,方便比较数据之间的差别。通过 pyplot 模块中的 bar()函数绘制折线图。

1. bar()函数语法

```
pyplot.bar(x,height,width,bottom,color,edgecolor,alpha,label)
```

2. bar()函数相关参数(表 6-5)

表 6-5   bar()函数参数

参数	说明
x	x 轴数据
height	高度,y 轴数值,可为数组、元组、列表、Series 等类型
width	柱状图宽度,默认值 0.8
bottom	底部起始值,默认值 None
color	柱填充颜色
edgecolor	柱边缘颜色,简称 ec
alpha	透明度,取值范围 0—1,数值越小透明度越高
label	标签,配合 legend()进行图例显示

```
# 用最简单的代码绘制柱状图
# 导入 matplotlib 库的 pyplot 模块
from matplotlib import pyplot as plt

# 绘制销售数量柱状图
plt.bar(data['款号'],data['销售数量'])
# 在销售数量数据之上画库存数量柱状图
plt.bar(data['款号'],data['库存数量'],bottom = data['销售数量'])

# 显示图形
plt.show()
```

输出结果为：

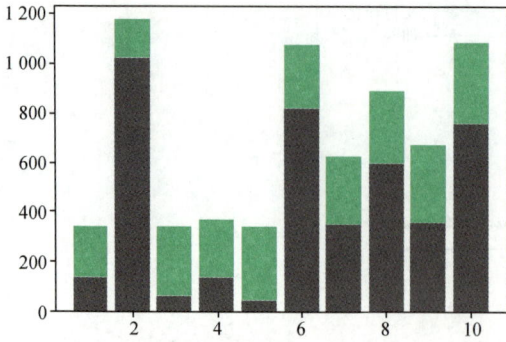

```
# 导入 matplotlib 库的 pyplot 模块
from matplotlib import pyplot as plt

# 创建画布
plt.figure(figsize = (10,7))
# 绘制销售数量柱状图
plt.bar(data['款号'],data['销售数量'],label = '销售数量')
# 在销售数量数据之上画库存数量柱状图
plt.bar(data['款号'],data['库存数量'],bottom = data['销售数量'],label = '库存数量')
# 设置图形标题和轴标签等
plt.title('各款号销售数量 & 库存数量堆叠柱状图')
plt.xlabel('款号')
plt.ylabel('数量')

# 显示图例、图形
plt.legend()
plt.show()
```

输出结果为：

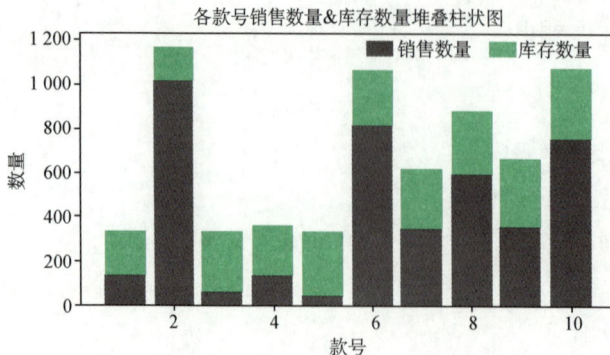

(三)饼图绘制

饼图用于表示不同分类数据的占比情况,通过弧度大小来对比各种分类。通过 pyplot()模块中的 pie()函数绘制折线图。

1. pie()函数语法

```
pyplot.pie(x,explode,labels,colors,autopct,pctdistance,shadow,labeldistance,
startangle,radius,wedgeprops,textprops,center)
```

2. pie()函数参数(表 6-6)

表 6-6   pie()函数参数

参数	说明
x	饼图数据,可为数组、元组、列表、Series 等类型
explode	饼图中每一块离圆心的距离,列表类型
labels	饼图中每一块标签,元组、列表、Series 等类型
colors	饼图中每一块颜色,元组、列表、Series 等类型
autopct	饼图中数值的百分比格式,如两位小数 autopct='%.2f%%'
pctdistance	饼图中百分比数值距离中心的距离
shadow	饼图是否有阴影
labeldistance	标签距离饼图的距离,默认值为 1.1
startangle	饼图的初始角度
radius	饼图的半径
wedgeprops	饼图内外边界属性,控制数值可绘制环形图
textprops	饼图中文本相关属性

```
#用最简单的代码绘制饼图
#导入 matplotlib 库的 pyplot 模块
from matplotlib import pyplot as plt

#绘制访客数饼图
plt.pie(data['访客数'],autopct='%.2f%%')

#显示图形
plt.show()
```

输出结果为:

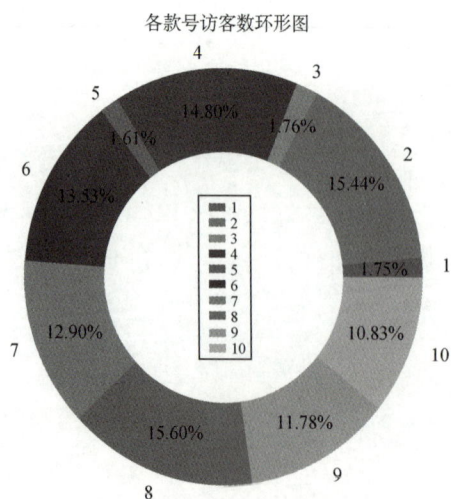

```
#创建画布
plt.figure(figsize=(10,10))

#绘制访客数饼图
plt.pie(data['访客数'],labels=data['款号'],autopct='% .2f % %',
        pctdistance=0.8,wedgeprops=dict(width=0.4),
        textprops=dict(size=20))

#设置图形标题、坐标轴标签等
plt.title('各款号访客数环形图',fontdict=dict(fontsize=25))

#显示图例、图形
plt.legend(loc='center')
plt.show()
```

输出结果为：

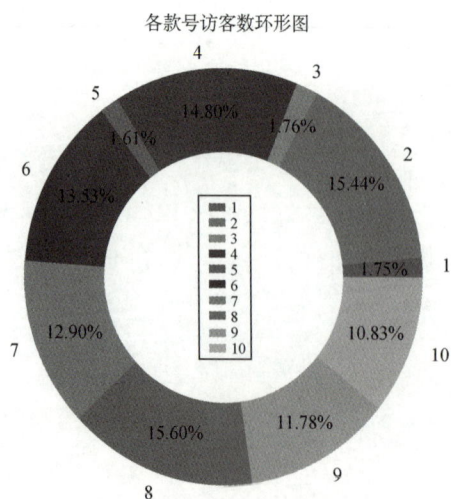

(四) 组合图绘制

组合图是一种将多个类型图表结合在一起以展示不同数据关系和趋势的方法。

```python
# 创建画布
plt.figure(figsize = (18,10))


# 第一步-在(2,2,1)位置上绘制图
plt.subplot(221)
# 绘制销售数量折线图
plt.plot(data['款号'],data['支付转化率'],label = '支付转化率',marker = 'o',ls = '-.')
plt.plot(data['款号'],data['加购率'],label = '加购率',marker = '*',ls = ':')
# 设置图形标题、轴标签、图例
plt.title('各款号支付转化率 & 加购率折线图')
plt.xlabel('款号')
plt.ylabel('比率')
plt.legend()


# 第二步-在(2,2,3)位置上绘制图
plt.subplot(223)
# 绘制销售数量柱状图
plt.bar(data['款号'],data['销售数量'],label = '销售数量')
# 在销售数量数据之上画库存数量柱状图
plt.bar(data['款号'],data['库存数量'],bottom = data['销售数量'],label = '库存数量')
# 设置图形标题、轴标签、图例
plt.title('各款号销售数量 & 库存数量堆叠柱状图')
plt.xlabel('款号')
plt.ylabel('数量')
plt.legend()


# 第三步-在(1,2,2)位置上绘制图
plt.subplot(122)
# 绘制访客数饼图
plt.pie(data['访客数'],labels = data['款号'],autopct = '%.2f % %',
        pctdistance = 0.8,wedgeprops = dict(width = 0.4),
        textprops = dict(size = 20))
# 设置图形标题、轴标签、图例
plt.title('各款号访客数环形图',fontdict = dict(fontsize = 25))
```

```
plt.legend(loc ='center')
```

显示图形
```
plt.show()
```

输出结果为：

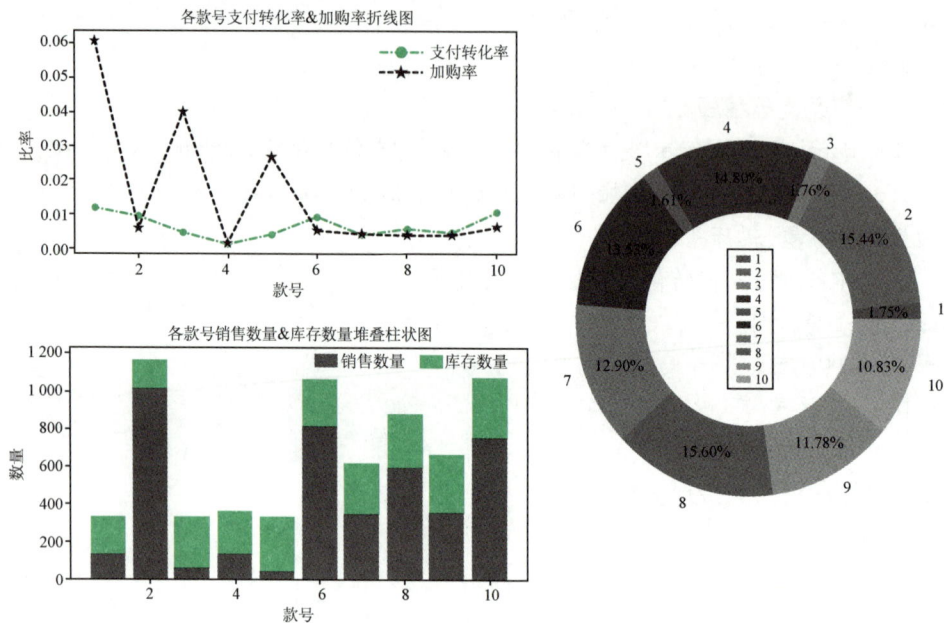

四、pandas 库的 plot( )函数绘图

pandas 提供了 plot( )函数可以快速方便地将 Series 和 DataFrame 中的数据可视化，是 matplotlib.axes.Axes.plot 的封装。

plot( )函数参数如表 6-7 所示。

表 6-7   plot( )函数参数

参数	说明
x 和 y	表示标签或者位置，用来指定显示的索引，默认为 None
kind	表示绘图的类型 line：折线图（默认） bar/barh：柱状图/条形图 pie：饼图 hist：直方图 box：箱型图 kde：密度图 area：区域图（面积图） scatter：散点图 hexbin：蜂巢图

（续表）

参数	说明
ax	子图；如：ax＝ax[0]，编号从 0 开始；默认为 None
title	图形的标题
grid	图形是否有网格，默认 None
xticks	设置 x 轴刻度值，序列形式
yticks	设置 y 轴刻度值，序列形式
xlim	设置坐标轴的范围。数值，列表或元组（区间范围）
ylim	设置坐标轴的范围。数值，列表或元组（区间范围）
rot	轴标签（轴刻度）的显示旋转度数，默认 None
fontsize	设置轴刻度的字体大小
colormap	设置图的区域颜色

【例 6-2】　根据"店铺销售数据"使用 DateFrame. plot()函数绘制支付转化率、加购率折线图，并将加购率值显示在右侧 y 轴。

```
#筛选支付转化率、加购率两列直接调用 plot()函数绘制图像
data[['支付转化率','加购率']].plot(title ='支付转化率 & 加购率折线图',
                        secondary_y ='加购率',figsize = (12,5),
                        grid = True,xticks = range(10))
plt.show()
```

输出结果为：

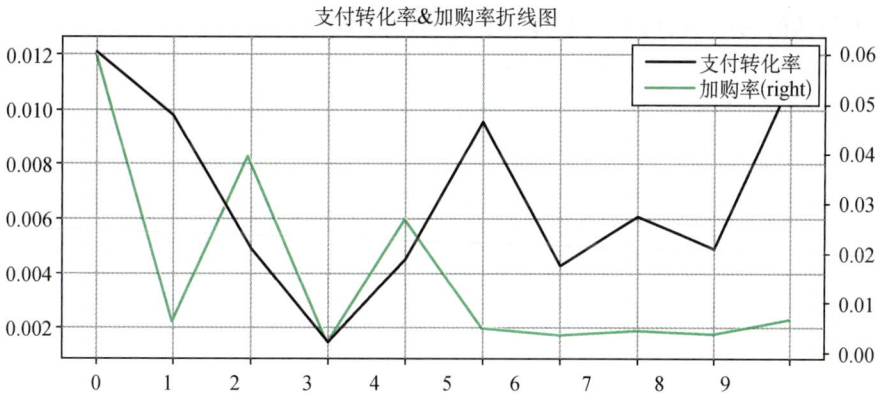

支付转化率&加购率折线图

【例 6-3】　根据"店铺销售数据"使用 DateFrame. plot()函数绘制商品价格、销售数量散点图，将商品价格设置为 x 轴，销售数量设置为 y 轴。

```
# 调用 plot() 函数绘制散点图
data.plot('商品价格','销售数量',kind = 'scatter',figsize = (12,5),grid = True,s
 = 40,
         title = '商品价格 & 销售数量散点图')
plt.show()
```

输出结果为：

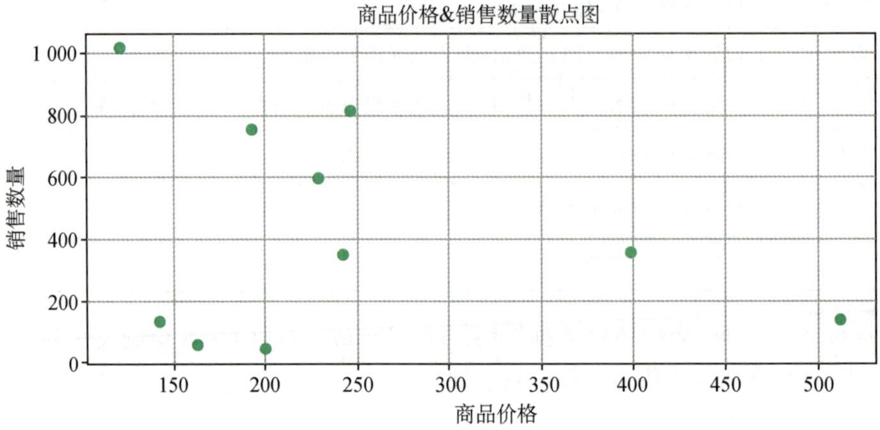

商品价格&销售数量散点图

第三节　pyecharts

一、pyecharts 的特点

pyecharts 具有以下特点：

（1）简洁的 API 设计，使用如丝滑般流畅，支持链式调用。

（2）囊括了 30 多种常见图表，如图 6-1 所示。

（3）高度灵活的配置项，可轻松搭配出精美的图表详细的文档和示例，帮助使用者轻松使用。

（4）内置 400 多种地图文件及原生的百度地图，为地理数据可视化提供强有力的支持。

二、pyecharts 的绘图流程

pyecharts 绘图流程如下：

（1）初始化图标类型（可设置图表大小、主题等）。

（2）通过 add()方法添加数据。

（3）通过 set()方法设置各类配置项，调整图表展示内容，包括标题、图例、颜色、动画效果等。其中，sct_global_opts()为全局配置项，共 22 项；set_series_opts()为系列配

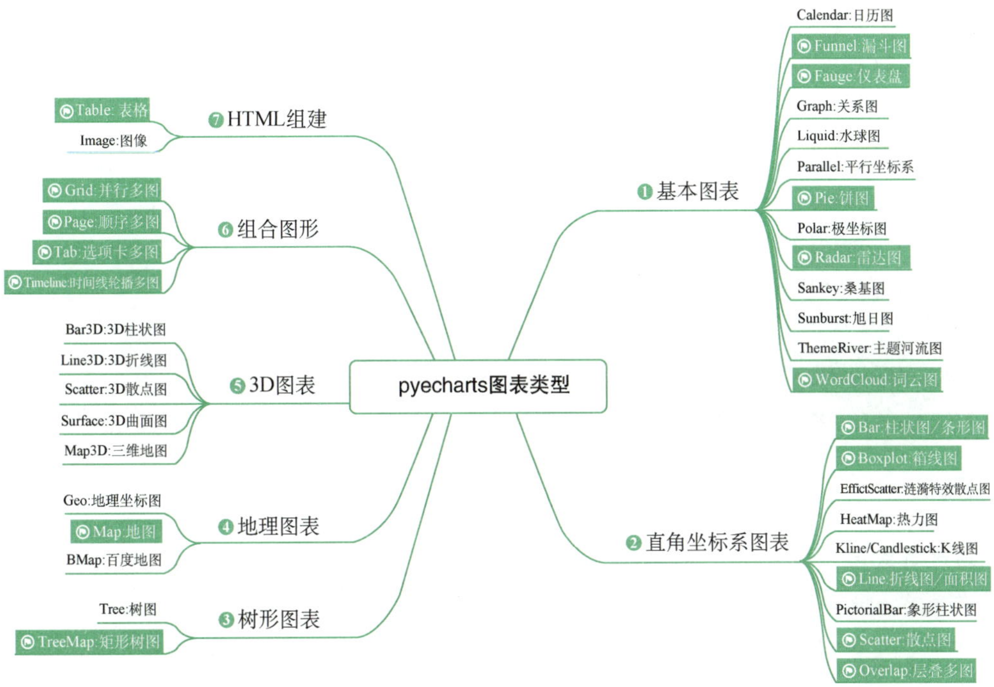

图 6-1 pyecharts 图表类型

置项,共 17 项。

（4）保存或显示图标。其中,通过 render()方法保存 html 格式的可交互图表;通过 render_notebook()方法在 Jupyter Notebook 中显示可交互图表。

导入 pyecharts 图表类型和配置项。

```
#导入图表类型
from pyecharts.charts import Line,Bar,Map,Timeline
#导入全局配置项、系列配置项
from pyecharts.options import global_options,series_options
```

三、pyecharts 图形绘制

（一）pyecharts 绘制简单图形

pyecharts 绘制简单图形,包括初始化图表类型、通过 add()方法添加数据、通过 render_notebook()方法在 Jupyter Notebook 中显示可交互图表。

【例 6-4】 A 公司 1—4 月线上销售量分别为 13 000 件、12 000 件、15 000 件、14 500 件;线下销售量分别为 8 000 件、7 600 件、7 500 件、8 200 件。使用 pyecharts 绘制 1—4 月份线上线下销售量柱状图(用列表数据画图)。

原始数据

线上线下
销售数据

```
#引入 pyecharts 中的柱状图
from pyecharts.charts import Bar
```

```
# 初始化柱状图
bar = Bar()

# 直接添加 x 轴及 y 轴数据
bar.add_xaxis(['1 月','2 月','3 月','4 月'])
bar.add_yaxis('线上',[13000,12000,15000,14500])
bar.add_yaxis('线下',[8000,7600,7500,8200])

# 显示柱状图
bar.render_notebook()
```

小贴士

通过链式调用添加数据
导入 pyecharts 中的柱状图
```
from pyecharts.charts import Bar

# 链式调用
bar = (Bar()
    .add_xaxis(['1 月','2 月','3 月','4 月'])
    .add_yaxis('线上',[13000,12000,15000,14500])
    .add_yaxis('线下',[8000,7600,7500,8200])
      )

# 显示柱状图
bar.render_notebook()
```

输出结果为：

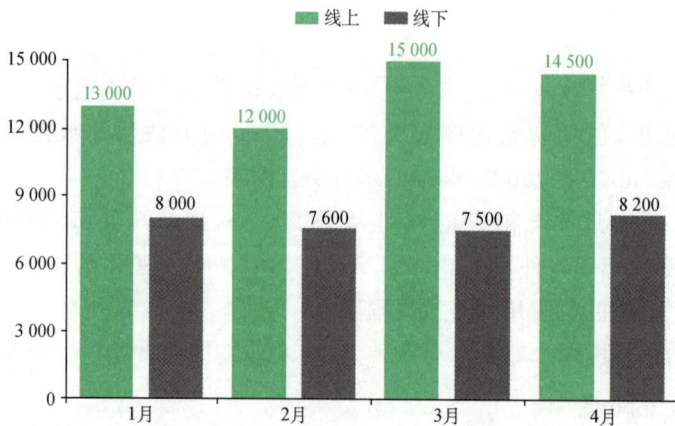

【例 6-5】　读取 A 公司 1—4 月份线上线下销售量数据,使用 pyecharts 绘制柱状图。

```
# 导入 pandas、pyecharts 的柱状图
import pandas as pd
from pyecharts.charts import Bar

# 读取数据
data = pd.read_excel(r'https://oss.xinchanjiao.com/upload/default/20230414
-88618c3d-90e9-4555-bb8b-786448103b9d.xlsx')

# 初始化柱状图
bar = Bar()
# 添加 x 轴及 y 轴数据
bar.add_xaxis(list(data["月份"]))
bar.add_yaxis('线上',list(data["线上"]))
bar.add_yaxis('线下',list(data["线下"]))

# 显示柱状图
bar.render_notebook()
```

输出结果为:

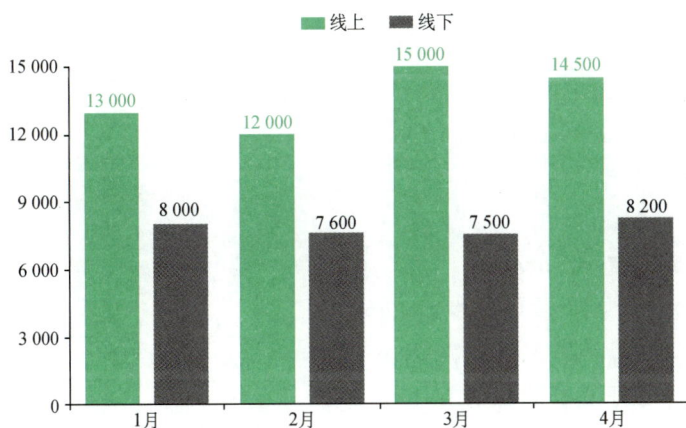

pyecharts 支持地图绘制,包含世界地图、中国地图、省级地图、市级地图,需要的数据类型为包含(坐标点名称,坐标点值)的列表,即多个(省市,数量)组成的列表。

(二) pyecharts 的配置项

pyecharts 的配置项包括初始配置项、全局配置项、系列配置项,可以对图表中的展示内容进行自定义。

可配置画布长宽,图表主题、图表背景颜色和动画配置等。

全局配置项:set_global_opts(),可配置标题、图例、坐标轴和工具箱等。

系列配置项：set_series_opts()，可配置文字样式、标签样式和点线样式等。

1. 初始配置项

初始配置项：init_opts 可以设置画布长宽、图表 ID、图表主题、图表背景颜色、动画效果等。设置方法如下：

```
bar = Bar(init_opts = opts.InitOpts(width, height, chart_id, page_title,
theme, bg_color, animation_opts))
```

初始配置项参数如表 6-8 所示。

表 6-8　　　　　　　　　　　　　　初始配置项参数

参数	说明
width	图表画布宽度，默认为"900px"
height	图表画布高度，默认为"500px"
chart_id	图表唯一标识，用于多图表时的区分
page_title	网页标题，生成 html 网页时的标题
theme	图表主题，white、dark、light、roma、romantic 等
bg_color	图表背景颜色

【例 6-6】　A 公司 1—4 月线上销售量分别为 13 000 件、12 000 件、15 000 件、14 500 件；线下销售量分别为 8 000 件、7 600 件、7 500 件、8 200 件。使用 pyecharts 绘制 1—4 月份线上线下销售量柱状图（设置初始配置项）。

```
# 导入柱状图及配置项
from pyecharts import options as opts
from pyecharts.charts import Bar
from pyecharts.options import global_options,series_options


# 初始化柱状图
bar = Bar(init_opts = opts.InitOpts(
        width ='1000px',    # 宽度设置为 1000px
        height ='600px',    # 高度设置为 600px
        chart_id ='线上线下销售额柱状图',    # 图表 ID
        page_title ='线上线下销售额柱状图.html',    # 网页标题
        bg_color ='white',    # 背景设置为白色
        theme ='light',    # 主题设置为光亮,对应柱状颜色也会调整
        animation_opts = opts.AnimationOpts(animation_duration = 1200,    # 初始动画的时长
        animation_easing ='elasticOut')))    # 初始动画的缓动效果设置为
        elasticOut,弹性弹出
# 添加 x 轴及 y 轴数据
```

```
bar.add_xaxis(['1月','2月','3月','4月'])
bar.add_yaxis('线上',[13000,12000,15000,14500])
bar.add_yaxis('线下',[8000,7600,7500,8200])
```

#显示柱状图
```
bar.render_notebook()
```

输出结果为：

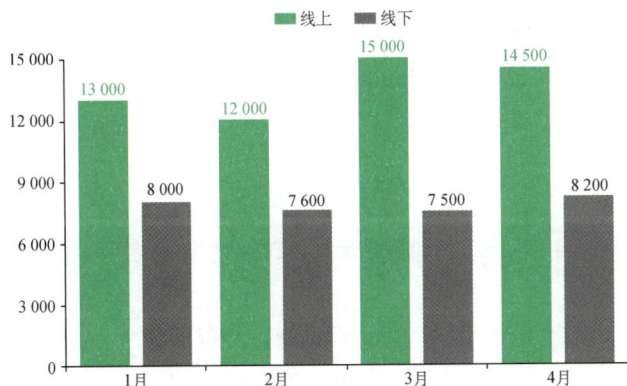

2. 全局配置项

全局配置项 set_global_opts() 可以设置标题配置项、图例配置项、工具箱配置项、坐标轴配置项、视觉映射配置项等。

（1）标题配置项 TitleOpts()。

主要用于图表的主副标题、标题位置等内容的设置。设置方法如下：

```
bar.set_global_opts(title_opts = opts.TitleOpts(title,subtitle,pos_left,
pos_right,pos_top,pos_bottom, item_gap,title_textstyle_opts,subtitle_
textstyle_opts))
```

标题配置项参数如表 6-9 所示。

补充知识

全局配置项

表 6-9　　　　　　　　　　　　　　　　　**标题配置项参数**

参数	说明
title	主标题名称
subtitle	副标题名称
pos_left	title 组件离容器左侧的距离；可以是 20 这样的具体像素值或 20% 这样相对于容器高宽的百分比，也可以是 left、center、right
pos_right	title 组件离容器右侧的距离；参数值同 pos_left
pos_top	title 组件离容器上侧的距离；可以是 20 这样的具体像素值或 20% 这样相对于容器高宽的百分比，也可以是 top、middle、bottom
pos_bottom	title 组件离容器下侧的距离；参数值同 pos_top
item_gap	主副标题之间的间距；像素值

```
#导入柱状图及配置项
from pyecharts import options as opts
from pyecharts.charts import Bar
from pyecharts.options import global_options,series_options


#初始化柱状图,设置宽度、高度、主题
bar = Bar(init_opts = opts.InitOpts(width ='1000px',height ='600px',theme ='light'))
#添加 x 轴及 y 轴数据
bar.add_xaxis(['1 月','2 月','3 月','4 月'])
bar.add_yaxis('线上',[13000,12000,15000,14500])
bar.add_yaxis('线下',[8000,7600,7500,8200])


#设置全局配置项
bar.set_global_opts(title_opts = opts.TitleOpts(title ='主标题名-线上线下销
售量柱状图',

                                        subtitle ='副标题名-4 个月份',
                                        pos_top ='top',
                                        item_gap = 15)) #标题配置项


#显示柱状图
bar.render_notebook()
```

输出结果为:

主标题名-线上线下销售量柱状图   ■线上 ■线下
副标题名-4个月份

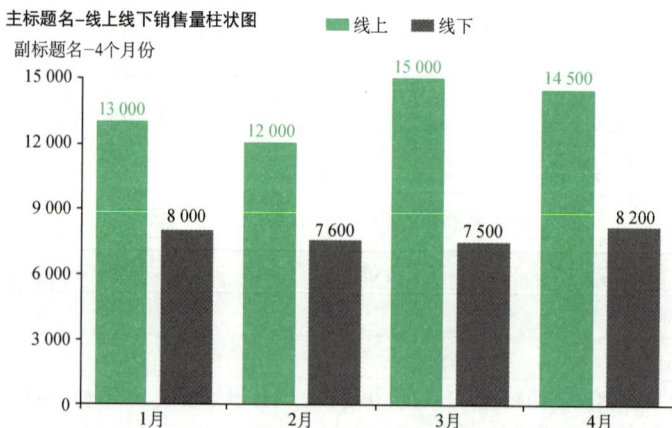

（2）图例配置项 LegendOpts() 主要用于图表的图例的名称、位置、间隔等内容的设置。设置方法如下:

```
bar.set_global_opts(legend_opts = opts.LegendOpts (is_show, pos_left, pos_
right, pos_top, pos_bottom, orient, item_gap, textstyle_opts))
```

图例配置项参数如表 6-10 所示。

表 6-10　　　　　　　　　　　　　　　　图例配置项参数

参数	说明
is_show	是否显示
pos_left	图例组件离容器左侧的距离；可以是 20 这样的具体像素值或 20％这样相对于容器高宽的百分比，也可以是 left、center、right
pos_right	图例组件离容器右侧的距离；参数值同 pos_left
pos_top	图例组件离容器上侧的距离；可以是 20 这样的具体像素值或 20％这样相对于容器高宽的百分比，也可以是 top、middle、bottom
pos_bottom	图例组件离容器下侧的距离；参数值同 pos_top
orient	图例列表的布局朝向，可以是 horizontal、vertical
item_gap	图例每项之间的间隔

```
#设置全局配置项
bar.set_global_opts(title_opts = opts.TitleOpts(title ='主标题名-线上线下销
售量柱状图',
                                    pos_left ='center',
                                    item_gap = 10),  #标题配置项
                legend_opts = opts.LegendOpts(pos_top = 10,
                                        orient ='vertical',
                                        pos_left = 60))  #图例配置项


#显示柱状图
bar.render_notebook()
```

输出结果为：

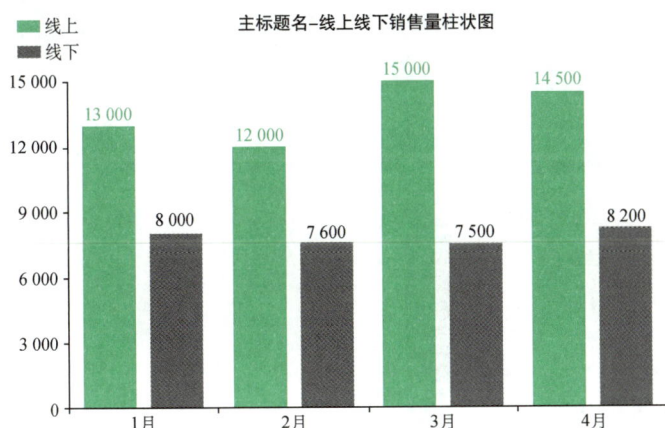

（3）工具箱配置项 ToolboxOpts()主要用于图表工具箱的朝向、位置等内容的设置。设置方法如下：

```
bar.set_global_opts(toolbox_opts = opts.ToolboxOpts(is_show,orient, item_
size, item_gap, pos_left, pos_right,pos_top, pos_bottom))
```

工具箱配置项参数如表 6-11 所示。

表 6-11　　　　　　　　　　　　　　　工具箱配置项参数

参数	说明
is_show	是否显示工具栏组件,默认 False,若需显示设置为 True
orient	工具栏图表的布局朝向,可以是 horizontal、vertical
pos_left	组件离容器左侧的距离;可以是 20 这样的具体像素值或 20% 这样相对于容器高宽的百分比,也可以是 left、center、right
pos_right	组件离容器右侧的距离;参数值同 pos_left
pos_top	组件离容器上侧的距离;可以是 20 这样的具体像素值或 20% 这样相对于容器高宽的百分比,也可以是 top、middle、bottom
pos_bottom	组件离容器下侧的距离;参数值同 pos_top

```
#设置全局配置项
bar.set_global_opts(title_opts = opts.TitleOpts(title ='主标题名-线上线下销
售量柱状图',
                                              pos_left ='center',
                                              item_gap = 10),   #标题配置项
                   legend_opts = opts.LegendOpts(pos_top = 10,
                                              orient ='vertical',
                                              pos_left = 60),#图例配置项
                   toolbox_opts = opts.ToolboxOpts(is_show = True,
                                              pos_left ='85%'))   #
                                              工具箱配置项
#显示柱状图
bar.render_notebook()
```

输出结果为:

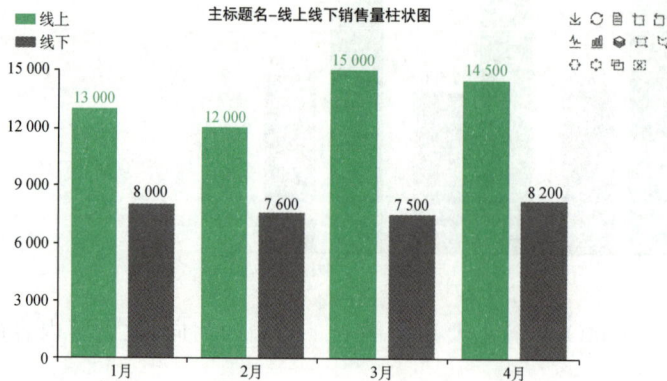

（4）坐标轴配置项 AxisOpts()主要用于图表坐标轴的名称、位置、距离、旋转角度等内容的设置。设置方法如下：

```
bar.set_global_opts((x/y)axis_opts = opts.AxisOpts(name, is_show, name_
location, name_gap, name_rotate, name_textstyle_opts, axisline_opts,
axistick_opts, axispointer_opts))
```

坐标轴配置项参数如表 6-12 所示。

表 6-12 坐标轴配置项参数

参数	说明
name	坐标轴名称
is_show	是否显示轴
name_location	坐标轴名称显示位置；可以是 start、middle、center、end
name_gap	坐标轴名称与轴线之间的距离
name_rotate	坐标轴名字旋转，角度值

```
#设置全局配置项
bar.set_global_opts(title_opts = opts.TitleOpts(title ='主标题名-线上线下销
售量柱状图',
                                   pos_left ='center',
                                   item_gap = 10),    #标题配置项
               legend_opts = opts.LegendOpts(pos_top = 10,
                                   orient ='vertical',
                                   pos_left = 60),#图例配置项
               toolbox_opts = opts.ToolboxOpts(is_show = True,
                                   pos_left ='85%'),    #
                                   工具箱配置项
               xaxis_opts = opts.AxisOpts(name ='月份'),
               yaxis_opts = opts.AxisOpts(name ='数量(件)'))    #坐标
               轴配置项

#显示柱状图
bar.render_notebook()
```

输出结果为：

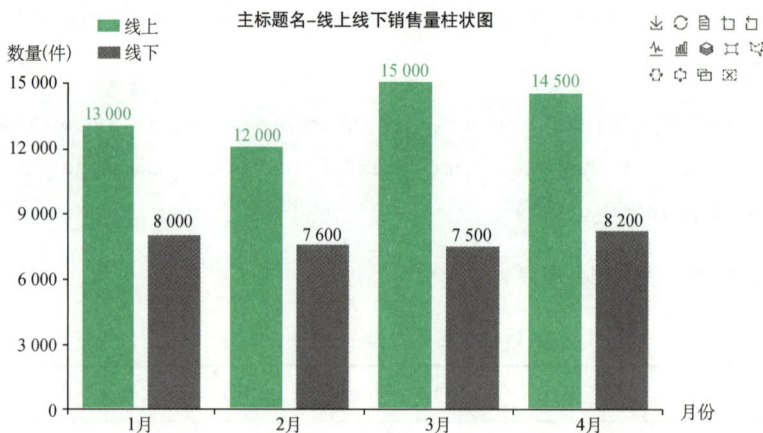

（5）视觉映射配置项 VisualMapOpts()主要用于图表视觉映射的组件的最大最小值、分段等内容的设置。设置方法如下：

```
bar.set_global_opts(visualmap_opts = opts.VisualMapOpts(is_show, min_,max_,
pos_left, pos_right,pos_top,pos_bottom, is_piecewise,textstyle_opts))
```

视觉映射配置项参数如表 6-13 所示。

表 6-13　　　　　　　　　　　　　视觉映射配置项参数

参数	说明
is_show	是否显示视觉映射配置
min_	指定 visualMapPiecewise 组件的最小值
max_	指定 visualMapPiecewise 组件的最大值
pos_left	组件离容器左侧的距离；可以是 20 这样的具体像素值或 20％这样相对于容器高宽的百分比，也可以是 left、center、right
pos_right	组件离容器右侧的距离；参数值同 pos_left
pos_top	组件离容器上侧的距离；可以是 20 这样的具体像素值或 20％这样相对于容器高宽的百分比，也可以是 top、middle、bottom
pos_bottom	组件离容器下侧的距离；参数值同 pos_top
is_piecewise	是否为分段型；默认分为 5 段

补充知识

组合图形

四、pyecharts 组合图形

组合图形是 pyecharts 中的一个功能，它允许将多种类型的图形组合在同一张图表上展示，从而更全面地呈现数据和信息。pyecharts 组合图形功能的特点如下：

（1）多维度展示：组合图形能够同时呈现不同维度的数据，使得观察者可以更直观地对比数据，发现不同维度之间的联系和趋势。

（2）数据关联：当数据之间存在关联时，组合图形可以帮助快速地理解数据之间的相互作用,帮助用户做出更明智的决策。

(3)数据分析:组合图形提供了更丰富的数据展示方式,有助于更深入地分析数据,发现隐藏在数据背后的规律和洞察。

(4)信息传递:通过组合图形,可以将大量的信息以直观、易懂的方式传递给受众,提高数据传播和沟通的效率。

以一家电商平台店铺的销售数据为例,数据的字段包括款号、商品价格、访客数、支付买家数、加入购物车件数、销售数量和库存数量。

```
# 导入 pandas 库
import pandas as pd


# 读取数据
data = pd.read_excel(r'https://oss.xinchanjiao.com/upload/default/20220804
-269363e4-d846-4457-94f7-b34dc3e10b40.xlsx')


# 查看数据
data
```

输出结果为:

	款号	商品价格	访客数	支付买家数	加入购物车件数	销售数量	库存数量
0	1	142	11000	133	666	137	200
1	2	121	97100	948	575	1020	150
2	3	163	11100	55	442	60	232
3	4	513	93100	132	160	140	226
4	5	201	10100	45	270	45	242
5	6	247	85100	810	445	817	258
6	7	243	81100	345	307	349	274
7	8	229	98100	590	414	598	290
8	9	399	74100	360	285	363	306
9	10	193	68100	745	434	756	322

其中,数据传入 pyecharts 的时候,需要将数据格式转换成 Python 原生的数据格式,转换方法为 Series.to_list()。例如,将"款号"列作为柱状图 x 轴数据,转换语句为:data['款号'].tolist()或者 x=list(data['款号'])。

(一) Overlap 层叠图

Overlap 层叠图将多个不同类型的图表叠加在同一张画布上,以便在一个图形中同时展示多组数据,以及它们之间的关系和趋势,通常需要设置不同的 y 轴,以便更直观地显示信息。

【例6-7】　绘制各款号加购件数和销售数量柱状图,以及访客数折线图,折线图用右侧 y 轴,与柱状图层叠显示。

```
# 导入所需库
from pyecharts import options as opts
from pyecharts.charts import Bar, Line

# 准备数据
x = data['款号'].tolist()
y1 = data['加入购物车件数'].tolist()
y2 = data['销售数量'].tolist()
y3 = data['访客数'].tolist()

# 绘制柱状图
# 通过链式调用的方式增加数据和配置项
bar = (
    Bar(init_opts = opts.InitOpts(theme ='light'))
    .add_xaxis(x)
    .add_yaxis("加购件数",y1)
    .add_yaxis("销售数量",y2)
    .extend_axis(yaxis = opts.AxisOpts(name ='人数',
                 axislabel_opts = opts.LabelOpts(interval = 5))) # 增加第二个 y 轴
    .set_global_opts(
        title_opts = opts.TitleOpts(title = "层叠图-加购件数 & 销售量 & 访客数"),
        yaxis_opts = opts.AxisOpts(name ='数量'),
        xaxis_opts = opts.AxisOpts(name ='款号'))
    .set_series_opts(label_opts = opts.LabelOpts(is_show = False)))

# 绘制折线图
line = (Line(init_opts = opts.InitOpts(theme ='light'))
    .add_xaxis(x)
    .add_yaxis("访客数",y3,
               yaxis_index = 1, # 多轴情况下,索引初始值都为 0,按顺序排序
               linestyle_opts = opts.LineStyleOpts(width = 5,
                                                   color ='red',
                                                   type_ ='dashed',
                                                   opacity = 0.3))
    .set_series_opts(label_opts = opts.LabelOpts(is_show = False)))
```

```
# 柱状图层叠折线图
bar.overlap(line)
# 显示图形
bar.render_notebook()
```

输出结果为：

层叠图-加购件数&销售量&访客数

(二) Grid 并行多图

Grid 并行多图将多个图表以网格状排列并行显示,可以同时比较和分析多个数据集或变量。这种可视化方法可以更有效地传递复杂的信息,并帮助观察者快速捕捉数据之间的关系和趋势。

Grid 常用配置项包括直角坐标系网格配置项:grid_opts=opts.GridOpts()。具体参数如表 6-14 所示。

表 6-14　　　　　　　　　　Grid 直角坐标系网络配置项参数

参数	说明
is_show	是否显示直角坐标系网格,默认 False
pos_left	Grid 组件离容器左侧的距离
pos_right	Grid 组件离容器右侧的距离
pos_top	Grid 组件离容器上方的距离
pos_bottom	Grid 组件离容器下方的距离

【例 6-8】　绘制各款号加购件数、销售数量柱状图以及访客数折线图,使用 Grid 并行多图纵向显示。

```
# 导入所需库
from pyecharts import options as opts
```

```
from pyecharts.charts import Bar,Line,Grid   # 可一次性导入多个图表

# 准备数据
x = data['款号'].tolist()
y1 = data['加入购物车件数'].tolist()
y2 = data['销售数量'].tolist()
y3 = data['访客数'].tolist()

# 绘制柱状图
# 通过链式调用的方式增加数据和配置项
bar = (Bar()
        .add_xaxis(x)
        .add_yaxis("加购件数",y1)
        .add_yaxis("销售数量",y2)
        .set_global_opts(title_opts = opts.TitleOpts(
                                title = "加购件数 & 销售量柱状图"),
                            yaxis_opts = opts.AxisOpts(name = '数量'),
                            xaxis_opts = opts.AxisOpts(name = '款号')))

# 绘制折线图
line = (Line().add_xaxis(x).add_yaxis("访客数",y3,
        linestyle_opts = opts.LineStyleOpts(
            width = 3, color = 'red', type_ = 'dashed')).set_global_opts(
                title_opts = opts.TitleOpts(title = "访客数折线图", pos_top = "48%"),
                legend_opts = opts.LegendOpts(pos_top = "48%"),
                yaxis_opts = opts.AxisOpts(name = '人数'),
                xaxis_opts = opts.AxisOpts(name = '款号')))

# 创建并行多图
grid = Grid()

# 将柱状图放在上方
grid.add(bar, grid_opts = opts.GridOpts(pos_bottom = "60%"))
# 将折线图放在下方
grid.add(line, grid_opts = opts.GridOpts(pos_top = "60%"))
```

```
# 显示图形
grid.render_notebook()
```

输出结果为：

加购件数&销售量柱状图

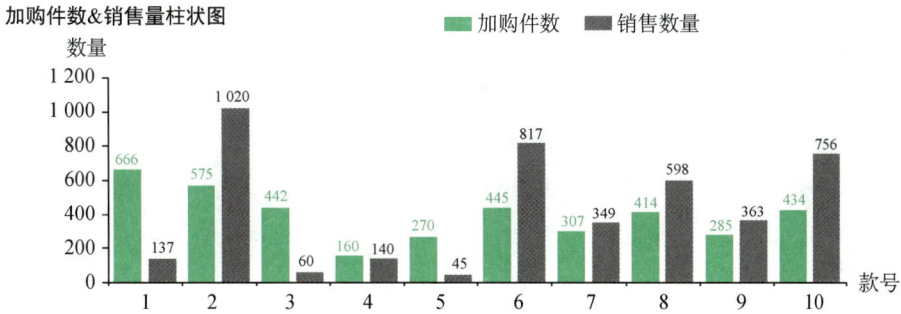

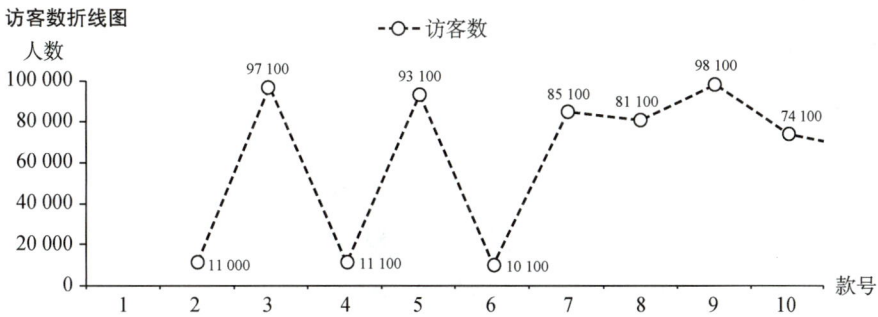

(三) Page 顺序多图

Page 顺序多图通过在不同页面上展示一系列相关的图表来呈现数据。这种展示方式的主要特点是将相关的数据图表组织在一个序列中,每个图表在不同的页面上呈现,用户可以通过页面切换来查看不同的图表。

【例6-9】　绘制库存数量柱状图及销售数量饼图后,与例6-8的并行多图组成顺序多图。

1. 绘制库存数量柱状图

```
# 绘制库存数量柱状图
# 导入所需库
from pyecharts import options as opts
from pyecharts.charts import Bar

# 准备数据
x = data['款号'].tolist()
y1 = data['库存数量'].tolist()
```

```
#绘制柱状图
bar1 = (
    Bar(init_opts = opts.InitOpts(theme ='roma'))
    .add_xaxis(x)
    .add_yaxis("库存数量",y1)
    .set_global_opts(
        title_opts = opts.TitleOpts(title = "库存数量柱状图"),
        yaxis_opts = opts.AxisOpts(name ='数量'),
        xaxis_opts = opts.AxisOpts(name ='款号')))

#显示图形
bar1.render_notebook()
```

输出结果为：

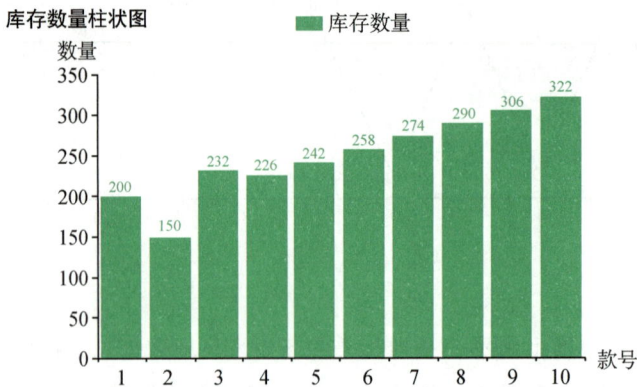

2. 绘制各款号销售数量分布饼图

```
#绘制各款号销售数量分布饼图
#导入所需库
from pyecharts import options as opts
from pyecharts.charts import Pie
#准备数据
style = data['款号'].tolist()
sale = data['销售数量'].tolist()
#通过zip函数,将数据转变为饼图需要的格式[(key1, value1), (key2, value2)]
pie_data = [z for z in zip([f'款号{i}'for i in style],sale)]

#绘制饼图
pie = (Pie().add('',pie_data)
```

```
         .set_global_opts(title_opts = opts.TitleOpts(title ='各款号销售数量分
布饼图',
                                            pos_left ='center'),
                          legend_opts = opts.LegendOpts(orient ='vertical',
                                            pos_left ='10%',
                                            pos_top ='middle'))
         .set_series_opts(label_opts = opts.LabelOpts(formatter ='{b}\n{d}%')))
# 显示饼图
pie.render_notebook()
```

输出结果为：

各款号销售数量分布饼图

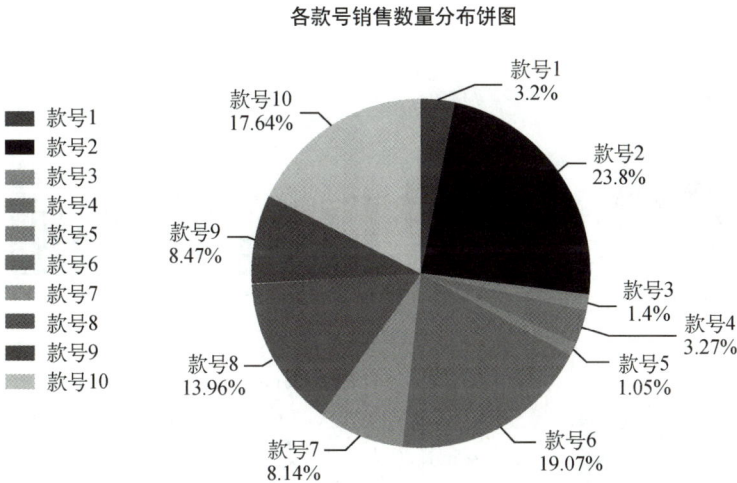

3. 绘制 Page 顺序多图

```
# 导入 Page 库
from pyecharts.charts import Page

# 初始化 Page 顺序多图，并使用可拖拽布局方式
page = Page(layout = Page.DraggablePageLayout)

# 将库存数量柱状图 bar1、销售数量饼图 pie，并行多图 grid 增加到 Page 中
page.add(pie,bar1,grid)

# 保存 Page，命名为门店经营情况.html
page.render("门店经营情况.html")
```

输出结果为：

文件:门店经营情况.html

将"门店经营情况.html"下载至本地,根据可视化需求调整各图形的位置(可任意缩放大小),调节好后点击左上角"Save Config"按钮保存为"chart_config.json"文件。

将该文件上传至 jupyter 文件夹后,按以下代码操作:

```
#生成调整后的html文件
Page.save_resize_html('门店经营情况.html', cfg_file = './chart_config.json',
                dest = '门店经营情况-调整布局后.html')
```

输出结果为:

文件:门店经营情况-调整布局后.html

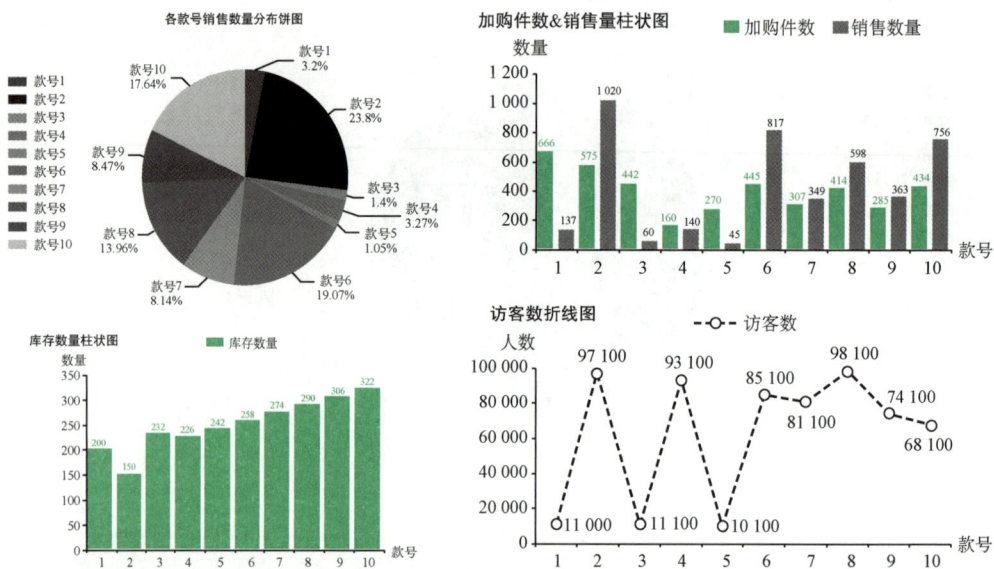

(1) 在渲染配置 json 数据中,chart_id 是一个图形的唯一标识符的,若复用需要在第一次渲染的时候指定图形的 chart_id。

(2) chart_id 不可与 render_notebook() 同时使用。

(四) Tab 选项卡多图

Tab 选项卡多图通常用于呈现多个相关数据图表,每个图表都与一个选项卡相关联。用户可以通过点击不同的选项卡来切换并查看不同的图表,从而进行比较和分析。

【例 6-10】 绘制库存数量柱状图及销售数量饼图后,与例 6-8 并行多图 grid 组成Tab 选项卡多图。

```
# 导入 Tab
from pyecharts.charts import Tab
# 初始化 Tab 选项卡多图
tab = Tab()

# 将销售数量饼图 pie 增加到 Tab 中
tab.add(pie,'销售数量饼图')
# 将库存数量柱状图 bar1 增加到 Tab 中
tab.add(bar1,'库存数量柱状图')
# 将并行多图 grid 增加到 Tab 中
tab.add(grid,'加购数量销售数量访客数顺序多图')

# 显示 Tab
tab.render_notebook()
```

输出结果为:

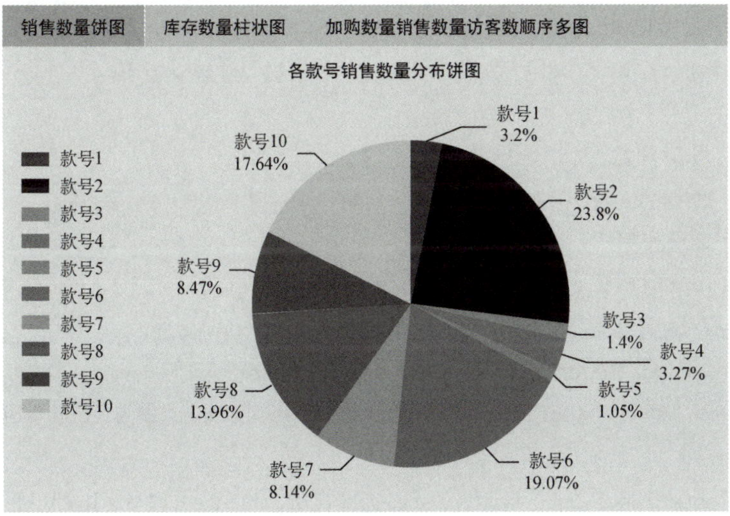

(五) Timeline 时间线轮播多图

Timeline 时间线轮播多图是一种在同一页面上通过时间轴方式展示多个相关数据视图的可视化呈现方式。它允许用户按照时间的顺序查看不同数据随时间变化的趋势和演变。通常,时间线轮播多图由一个时间轴或时间线条组成,用户可以通过拖动、点击或自动播放的方式切换不同时间点的数据图表。

【例 6-11】　读取 2022 年 1,2 月的销售数据,并绘制时间线轮播多图。

```
# 导入 pandas 库
import pandas as pd
```

```
# 读取并查看数据
data1 = pd. read _ excel ( r ' https://oss. xinchanjiao. com/upload/default/
20220804－269363e4－d846－4457－94f7－b34dc3e10b40. xlsx ', sheet _ name = 1,
converters = {'款号':str})
data1. head(10)


# 导入所需库
from pyecharts import options as opts
from pyecharts. charts import Pie,Timeline


# 准备数据,将 Series 转换为 Pyecharts 需要的格式
style = data['款号']. tolist()
sale_202201 = data1['销售数量_202201']. tolist()
sale_202202 = data1['销售数量_202202']. tolist()


# 通过 zip 函数,将数据转变为 Pie 图形需要的格式[(key1, value1)]
data_202201 = [z1 for z1 in zip([f'款号{i}'for i in style],sale_202201)]
data_202202 = [z2 for z2 in zip([f'款号{i}'for i in style],sale_202202)]


# 绘制 202201 各款号销售数量分布饼图
pie_202201 = (Pie()
      . add('',data_202201)
      . set_global_opts(title_opts = opts. TitleOpts(
          title ='各款号销售数量分布饼图',pos_left ='center'),
                    legend_opts = opts. LegendOpts(
                         orient ='vertical',pos_left ='10％',pos_top ='
middle'))
      . set_series_opts(label_opts = opts. LabelOpts(formatter ='{b}\n{d}％')))
# 绘制 202202 各款号销售数量分布饼图
pie_202202 = (Pie()
      . add('',data_202202)
      . set_global_opts(title_opts = opts. TitleOpts(
          title ='各款号销售数量分布饼图',pos_left ='center'),
                    legend_opts = opts. LegendOpts(
                         orient ='vertical',pos_left ='10％',pos_top ='
middle'))
      . set_series_opts(label_opts = opts. LabelOpts(formatter ='{b}\n{d}％')))
```

```
#初始化 Timeline 选项卡多图
tl = Timeline()

#将 202201 各款号销售数量分布饼图加到 Timeline 中
tl.add(pie_202201,'202201')
#将 202202 各款号销售数量分布饼图加到 Timeline 中
tl.add(pie_202202,'202202')

#显示 Timeline 选项卡多图
tl.render_notebook()
```

输出结果为：

	款号	销售数量_202201	销售数量_202202
0	1	137	229
1	2	1020	1556
2	3	60	70
3	4	140	167
4	5	45	76
5	6	817	761
6	7	349	621
7	8	598	679
8	9	363	454
9	10	756	843

各款号销售数量分布饼图

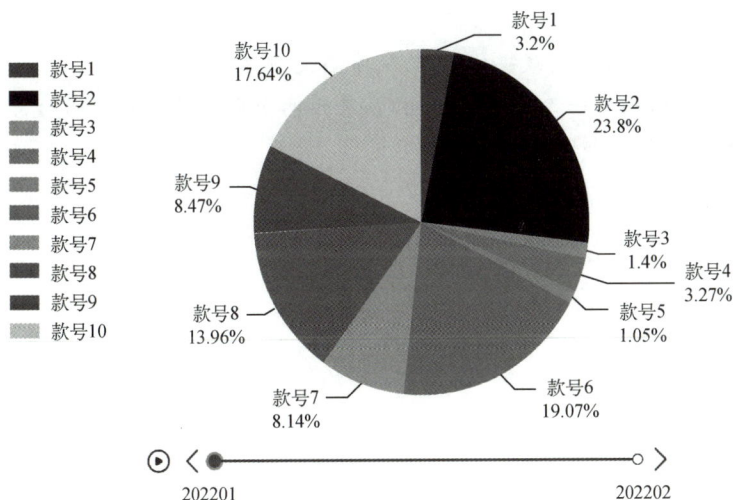

![本章小结图标] **本章小结**

1. Python 的扩展库 matplotlib 是在 Python 中常用的强大可视化工具。该库内含 pyplot 等绘图模块，以及字体、颜色等图形元素管理和控制模块。

2. 使用 pyplot 模块，绘制折线图、柱状图和饼图等多样化的图表。一般流程为：导入所需数据；根据需求创建折线图、柱状图等；设置坐标轴、添加标题及调整图表属性；显示或保存绘制好的图表。

3. Python 的扩展库 pyecharts 是基于百度开源的 echarts 开发的，用于绘制图表，它具有良好的交互性，精巧的图表设计，显示效果明显好于 matplotlib。

4. pyecharts 绘图的一般流程为：初始化图表；添加数据；设置各类配置项（标题、图例、颜色、动画效果等）；保存或显示图表。

![复习思考题图标] **复习思考题**

1. 什么是数据可视化？为什么在数据分析中如此重要？
2. 列举几种常见的数据可视化图表类型及其适用的场景和用途。
3. 如何使用 matplotlib 绘制散点图？
4. pyecharts 与其他数据可视化库相比，有哪些优势和特点？
5. 如何使用 pyecharts 绘制堆叠条形图，来展示两个或更多变量之间的关系？
6. 如何在 pyecharts 中创建一个带有动画效果的折线图？

![实践操作题图标] **实践操作题**

根据所学技能，自行设计对应实践操作数据，完成各题内容。

1. 通过使用 pyecharts 绘制一个堆叠条形图，来展示两个或更多变量之间的关系。
2. 使用 matplotlib 绘制散点图。

第七章　文本分析

🎯 学习目标

1. 了解文本分析的概念和意义，掌握财务文本分析的方法。
2. 掌握 Python 中 jieba 库切分中文文本技术。
3. 掌握 Python 中 jieba 库 posseg 子库分词词性分析。
4. 了解财务文本情感分析及财务文本主题分析的流程和方法。

第一节　文本分析概述

一、文本分析的相关概念

（一）文本分析的概念

文本分析又称文本挖掘，是从非结构化的文本信息中抽取潜在的、用户感兴趣的重要模式或知识的过程，可以被看作数据挖掘或数据库中知识发现的延伸。文本分析主要是以数理统计学和计算语言学为理论基础，让计算机发现某些文字出现的规律、文字与语义以及语法间的联系。文本分析涉及多个学科领域，如文本分类、信息检索、文本信息抽取等。

（二）财务文本分析的概念

财务文本分析是一门重要且日益受到关注的领域，它涉及对财务报告、公告、新闻及其他与财务相关的文本信息进行解析和理解。通过对这些文本进行分析，我们可以获取有关公司财务状况、业务趋势和市场前景等方面的有价值的信息。

在财务文本分析中，Python 等分析工具具有广泛的应用。通过使用 Python 编程语言，我们可以利用各种开源库和工具来处理和分析财务文本数据。随着自然语言处理技术的快速发展，财务文本分析将越来越重要，我们可以使用自然语言处理技术进行文本的预处理，包括分词、去除停用词和标点符号等。此外，我们还能够对财务文本进行

补充知识

自然语言
处理技术
简介

词云图可视化、情感分析和主题分析，为用户提供更全面的财务信息和洞察力，从而辅助他们做出明智的财务决策。

二、自然语言处理的概念与发展

（一）自然语言处理的概念

自然语言处理（natural language processing，NLP），是指用计算机对自然语言的形、音、义等信息进行处理，即对字、词、句、篇章的输入、输出、识别、分析、理解和生成等的操作和加工。实现人机间的信息交流，是人工智能、计算机科学和语言学所共同关注的重要问题。自然语言处理的具体表现形式包括机器翻译、文本摘要、文本分类、文本校对、信息抽取、语音合成和语音识别等。自然语言处理机制涉及两个流程，包括自然语言理解和自然语言生成。自然语言理解是指计算机能够理解自然语言文本的意义，自然语言生成则是指能以自然语言文本来表达给定的意图。

（二）自然语言处理的研究进展

补充知识

自然语言
处理技术
发展

近年自然语言处理在词向量（word embedding）表示、文本的编码（encoder）和解码（decoder）技术，以及预训练语言表示模型（pre-trained language representation model）等方面进展迅速。

预训练语言表示模型首先在大规模无监督的语料上进行长时间的无监督或者是自监督的预先训练（pre-training），获得通用的语言建模和表示能力；之后在应用到实际任务上时对模型不需要做大的改动，只需要在原有语言表示模型上增加针对特定任务获得输出结果的输出层，并使用任务语料对模型进行少许训练即可，这一步骤被称作微调（fine tuning）。

自 ELMo、GPT、BERT 等一系列预训练语言表示模型出现以来，预训练语言表示模型在绝大多数自然语言处理任务上都展现出了远远超过传统模型的效果，受到越来越多的关注，是 NLP 领域近年来最大的突破和最重要的进展之一。

BERT（bidirectional encoder representation from transformer）是 Google AI 于 NAACL2019 提出的一个预训练语言表示模型。BERT 的创新点是提出了有效的无监督预训练任务，从而使得模型能够从无标注语料中获得通用的语言建模能力。BERT 之后涌现了许多对其进行扩展的模型，包括：跨语言预训练的 XLM 和 UDify，跨模态预训练的模型，融合知识图谱的 ERNIE，将 seq2seq 等语言生成任务整合入 BERT 类模型的 MASS、UniLM，等等。

ChatGPT（chat generative pre-trained transformer）是由 OpenAI 团队研发创造的，属于 AIGC 应用的一部分，本质上是一种依靠大数据、大算力、强算法共同驱动的自然语言处理大模型。ChatGPT 所实现的人类意图来自基于模板和规划的前深度学习（deep learning）、根据一定范围的数据进行参数分析的机器学习（machine learning）、开始模仿人类进行大量数据标记和训练的神经网络（neural network）及对人脑学习进行重点关注的多层变换器（transformer）等多种技术的发展与积累。其中，Transformer 是 ChatGPT 的底层技术，它完全基于注意力机制，摆脱了人工标注数据集的缺陷，模型在质量上更优,更易于并行化,所需训练时间也明显减少。作为一种新型主流模型架构基础,transformer 的出现迅速取代了循环神经网络(RNN)系列变种,标志着基础通用模型时代的到来。

第二节　财务文本词云图可视化

一、财务文本的中文文本切分

(一) jieba 库的分词模式

由于中文文本之间每个汉字都是连续书写的,我们需要通过特定的手段来获得其中的每个词组,这种手段叫作分词,jieba 库是 Python 中的中文分词第三方库,利用一个中文词库,确定汉字之间的关联概率,将汉字间概率大的组成词组,形成分词结果,jieba 分词后还可以对每个词的词性进行判定。Python 默认环境中没有 jieba 库,需要额外安装。jieba 库提供三种分词模式,三种模式均返回列表数据类型。

1. 精确模式

精确模式 jieba.lcut(text)是指把文本精确的切分开,不存在冗余单词。例如,"自然语言"会被当作一个词语输出,不会被进一步拆分。

```
import jieba  # 引入 jieba 库
text = '财务文本分析需要依托自然语言处理技术来实现'  # 需要切分的中文文本
print(jieba.lcut(text))  # 使用精确模式对文本进行切分并打印分词结果
```

输出结果为:

['财务','文本','分析','需要','依托','自然语言','处理','技术','来','实现']

2. 全模式

全模式 jieba.lcut(text,cut_all = True)是指把文本中所有可能的词语都扫描出来,只要在中文中出现过的词语都会被输出,有冗余。例如,"自然语言"除了被整体当作一个词语输出,还会被进一步拆分为"自然"和"语言"两个词语,而"本分"一词,和原文本语义没有直接关系,也会被单独输出出来。

```
import jieba # 引入 jieba 库
text = '财务文本分析需要依托自然语言处理技术来实现'  # 需要切分的中文文本
print(jieba.lcut(text,cut_all = True))  # 使用全模式对文本进行切分并打印分
词结果
```

输出结果为:

['财务','文本','本分','分析','需要','依托','自然','自然语言','语言','处理','技术','来','实现']

3. 搜索引擎模式

搜索引擎模式 jieba.lcut_for_search(text)是在精确模式的基础上进一步拆分,没有全模式中和原文本语义不相关的词语输出,是中文分词中最常用的一种模式。

```
import jieba　#引入 jieba 库
text ='财务文本分析需要依托自然语言处理技术来实现'  #需要切分的中文文本
print(jieba.lcut_for_search(text))  #使用搜索引擎模式对文本进行切分并打印
分词结果
```

输出结果为:

['财务','文本','分析','需要','依托','自然','语言','自然语言','处理','技术','来','实现']

(二) jieba 库中 posseg 子库的分词和词性标注

posseg 是 jieba 中的子库,主要功能如下:

(1) 分词:将中文文本按照词语进行分割,得到一个词语列表。

(2) 词性标注:为每个词语添加对应的词性标签,帮助识别其在句子中的语法角色和含义。

(3) 关键词提取:基于词性标注结果,提取文本中的关键词或短语。

(4) 信息提取:根据词性标注和词语之间的关系,提取文本中的实体、动作等重要信息。

jieba.posseg 的词性标签共有 37 种,常用的包括:名词(n)、时间词(t)、处所词(s)、方位词(f)、动词(v)、形容词(a)、区别词(b)、习用语(l)、代词(r)、数词(m)、量词(q)、副词(d)、介词(p)、成语(i)、人名(nr)。

【例 7-1】　对"财务文本分析需要依托自然语言处理技术来实现"这段文本进行分词和词性标注。

```
import jieba.posseg as pseg　 #导入 posseg 子库,并命名为 pseg
text ='财务文本分析需要依托自然语言处理技术来实现'　 #需要切分的中文文本
seg_list = pseg.cut(text) #使用 pseg 切分文本
for word,flag in seg_list: #对切分结果中每个词及词性,进行循环打印
  print(word +''+ flag) #打印词和词性
```

输出结果为:

财务 n

文本 n

分析 vn

需要 v

依托 v

自然语言 l

处理 v

技术 n

来 v

实现 v

二、jieba 库的财务词云图可视化分析

（一）词云图的概念

词云图是一种可视化工具，用于展示文本数据中单词的频率或重要性。它通过将单词按照其出现频率或其他度量值进行排列，并根据其重要性确定字体大小或颜色形成一个图像，反映了文本数据中单词的相对重要程度。词云图可以帮助我们从整体上把握文本数据的关键词和重点内容，可以用于文本摘要、主题提取和情感分析等任务。它提供了一种直观而又美观的方式来展示文本数据，使得用户能够迅速了解文本的关键特征和趋势。

（二）词云图的创建步骤

（1）读取文本数据：获取包含文本数据的源文件或从数据库中提取文本数据。

（2）文本预处理：对文本进行清洗和预处理，如去除停用词（如"的""和"等常见无实际含义的词语）、标点符号和特殊字符，进行分词等。

（3）统计词频：对处理后的文本数据进行词频统计，记录每个单词的出现次数。

（4）绘制词云图：根据词频信息，按照一定规则确定单词的大小或颜色，并将其在画布上进行展示。常见的规则有根据词频大小进行字体大小的调整、根据词频大小进行颜色的渐变等。

（三）案例：信托行业报告词云图可视化分析

1. 读取文本数据

【例 7-2】　使用 Python 中自带的 open 函数打开"信托行业报告.txt"文件，并赋值给变量 report。

```
import requests

# 下载文件到本地
url = 'https://oss.xinchanjiao.com/upload/default/20230810-a3532444-c051-4435-baba-7d6f7c8f8287.txt'
response = requests.get(url)
with open("信托行业报告.txt", "wb")as f:
    f.write(response.content)


# 打开并读取文件
```

```
with open("信托行业报告.txt", 'r', encoding='gb18030')as file:
    report = file.read()
    print(f'信托行业报告文件中的字符数为:{len(report)}')  #报告的字数统计

print('*'*60)
print(report[:100])  #打印报告的前100个字符
```

输出结果为:

信托行业报告文件中的字符数为:211476

****

2017年信托业面临着较为复杂的外部环境。一方面,全球经济逐步复苏,中国经济持续向好,实体经济结构调整,新兴产业发展迅猛,居民财富不断增长,这些均为信托业的发展带来新的业务机会;另一方面,社会资金供给

2. 文本预处理

【例7-3】　使用 posseg 对读取到的文本数据进行分词,并进行词语长度筛选、词性筛选、去除停用词等预处理操作。

```
import jieba.posseg as pseg  #导入 posseg 字库,并命名为 pseg
words = pseg.cut(report)  #使用 pseg 进行对文本切分

report_words = []  #新建列表 report_words,以保存切分后符合条件的词语
for word,flag in words:  #使用 for 循环遍历切分后词语
    if len(word)>=3 and 'n' in flag:  #词语长度大于等于3并且是词性是名词
        report_words.append(word)  #将符合条件的词语加入到列表中

print(report_words[:10])  #查看列表中前10个词语
```

输出结果为:

['信托业','外部环境','新兴产业','信托业','信托业','信托公司','管理工作','管理体系','竞争力','长期性']

3. 统计词频

导入 Python 自带的 collections 库的 Counter 函数,这个函数可以对列表中元素进行计数,将出现频次前100的词语保存到 result 变量中,以备绘制词云图。

【例7-4】　对词语列表中的词进行词频统计,输出词频排在前100的词语和出现次数。

```
#导入 Python 自带的 collections 的 Counter 函数
from collections import Counter
```

```
#对列表元素计数后,将出现频次前100的词语保存到result变量中,以备绘制词
云图
result = Counter(report_words).most_common(100)
print(result[:10]) #查看词频统计列表中出现次数前10的词语与出现次数
```

输出结果为:

[('信托公司',1391),('证券化',239),('信托业',232),('金融机构',148),('投资者',137),('ABS',130),('投资信托',108),('互联网',98),('基础产业',91),('PPP',91)]

从结果来看,"信托公司"出现了1 391次,为出现次数最多的词语。

4. 绘制词云图

pyecharts中的WordCloud可以根据文本数据的词频信息创建词云图,直观地呈现文本数据中出现频率最高的单词,并通过字体大小或颜色的调整来反映词频,最后将词频统计的结果result作为data_pair的实参。

绘制词云图时,可以运用word_size_range调整最大最小字体,还可以通过mask_image来设置词云图的样式,使词云图更加美观。

【例7-5】　用WordCloud绘制"信托行业报告"词云图。

```
#导入WordCloud
from pyecharts.charts import WordCloud

#初始化WordCloud实例并通过add函数将result传入绘图函数中
WordCloud().add('信托行业报告',data_pair = result,word_size_range = (10,
50)).render_notebook()
```

输出结果为:

【例7-6】　例7-5中词语"信托公司"的出现次数和其他词语的差距较大,使得其他

词语之间没有明显区别,可去掉词语"信托公司"再看一下效果。

```
＃导入 WordCloud
from pyecharts.charts import WordCloud

＃初始化 WordCloud 实例并通过 add 函数将 result 传入绘图函数中
WordCloud().add('信托行业报告',data_pair = result[1:],word_size_range = (10,
50)).render_notebook()
```

输出结果为:

从结果中可以看出"证券化""信托业""金融机构""投资者"等词语出现次数明显多于其他词语,可重点关注。

第三节　财务文本情感分析

一、财务文本情感分析的目标

　　财务文本情感分析可以通过评估和理解市场和客户对特定产品、服务或品牌的情感反应,以获得有关其满意度、偏好和需求的深入洞察。这种情感分析的意义在于帮助企业做出明智的战略决策,提高竞争力和盈利能力。财务文本情感分析可以帮助企业实现如下目标:

　　(1)了解客户情感反应:情感分析可以帮助企业了解客户对产品、服务或品牌的情感倾向,包括他们的满意度、喜好和不满意之处。

　　(2)捕捉市场趋势:通过分析市场中的财经文本,企业可以抓住市场趋势和舆论动向,及时调整策略以适应变化。

(3)优化产品和服务:通过情感分析,企业可以获得关于产品和服务的实时反馈,从而及时做出调整和改进,以满足客户需求并避免不良口碑的影响。

(4)提升客户满意度和忠诚度:通过针对客户的情感需求做出改进,企业可以提高客户的满意度和忠诚度,促进重复购买和口碑传播。

二、财务文本情感分析的应用场景

(一)股市预测情感分析

财经新闻报道中经常涉及股市预测与分析,企业可以利用情感分析来洞察市场情绪。通过收集社交媒体、新闻评论和投资者的言论,进行情感分析,企业可以了解市场参与者对某只股票的态度是乐观、悲观还是中立。例如,一家投资公司可以用情感分析来监测股民对特定公司最近发布的财报的情绪反应,以判断市场可能的涨跌趋势,从而更好地决策买卖股票,降低风险。

(二)产品发布情感分析

当企业发布新产品或服务时,关注公众对其反应是至关重要的。通过对用户评论、社交媒体和新闻报道进行情感分析,企业可以快速了解用户对新产品的看法。如果情感分析显示用户普遍对新产品持积极态度,企业可以针对这些积极评价进行宣传,进一步推动产品的销售。相反,如果用户情感较为负面,企业可以及时调整产品或服务,以满足客户需求,避免不良口碑影响销售。

(三)金融服务客户满意度调查

银行或金融机构可以利用情感分析来评估客户满意度。通过收集客户反馈、投诉和评价,进行情感分析,企业可以快速了解客户对服务的感受。例如,一家银行可以通过情感分析发现,客户对新推出的手机银行应用有正面评价,但对服务响应速度不满意。基于这些数据,银行可以优化手机应用体验,并加强客户服务团队,提升客户满意度,增加客户忠诚度。

三、财务文本情感分析的步骤

在数智化财务分析过程中,用户评论的情感分析对于企业财务预测与决策有着极为重要的意义,本小节使用联想小新笔记本电脑产品线上销售的用户评论数据进行情感分析。具体而言,通过搭建模型对评论进行自动预测,将用户评论确定为好评、中评和差评,另外使用自然语言处理库(SnowNLP)进行评论文本的情感打分,从而可以在用户评价和评分中获取顾客的情感及对产品属性的偏好。在此基础上,就可以进一步利用智能推荐系统向用户推荐更多他们可能喜欢的产品,以增加顾客的黏性,挖掘潜在利润。

(一)数据准备

1. 数据读取

【例 7-7】　使用 pandas 中的 read_excel()函数读取文件,并保存到 df 变量中,查看

原始数据

用户评论
数据

df 中前 10 行数据。

```
# 导入 pandas 库
import pandas as pd
# 读取并查看数据
df = pd.read_excel('https://oss.xinchanjiao.com/upload/default/20230811-
f4dac6b9-9939-4697-a84f-885e81aed05a.xlsx')
print(f'数据的行列数分别为:{df.shape}')
df.head(10)
```

输出结果为:

数据的行列数分别为:(5818,4)

	会员	内容	评论类型	评价
0	j***l	运行速度::买来没多久,所以很流畅,屏幕效果:特别清晰,不是吹的,外形外观:银灰色,不太耐脏...	好评	1
1	赵***1	送货快,价格便宜,外观简单大气上档次,最新11代处理器,16G大内存,512纯固态硬盘,搭...	好评	1
2	wenzhuang0	运行速度:快速,屏幕效果:正常,散热性能:一般,外形外观:中规中矩	好评	1
3	H***n	给表弟买的,到货速度很快,先让他用用看	好评	1
4	j***6	一直用的都联想的本子 这个外观好看 也很轻薄 速度快	好评	1
5	老***味	外观漂亮,性能也不错,再有有线网络接口,U口再多2个就更好了	好评	1
6	jd_8903032	非常好,相信京东品质,一直用	好评	1
7	j***a	用了一天,目前没啥问题	好评	1
8	小马哥136	不错 不错 性价比超高	好评	1
9	温、柔范	用过一段时间了,各方面都挺好的,**游戏基本通吃。	好评	1

2. 查看数据的基本信息

【例 7-8】 查看数据的基本信息,并通过绘制饼图了解各类评论的数量和占比情况。

```
# 导入 pyplot
import matplotlib.pyplot as plt
# 打印出各类评论的数量
print(df['评论类型'].value_counts())


# 使用评论数量绘制饼图
df['评论类型'].value_counts().plot(kind = 'pie',
                    autopct = '%.2f%%',# 显示占比情况,保留两位小数
                    figsize = (6,6),# 将画布大小设置为 6 * 6
                    title = '评论类型饼图',# 设置图形主题
                    ylabel = '',# 将图形的 y 轴标签设置为空
                    fontsize = 15,# 将图形的文字大小设置为 15
                    cmap = plt.get_cmap('Set2')) # 图形的颜色设置
                    为 Set2 颜色系列

plt.show()
```

输出结果为：

好评　　4896

差评　　560

中评　　362

Name：评论类型，dtype：int64

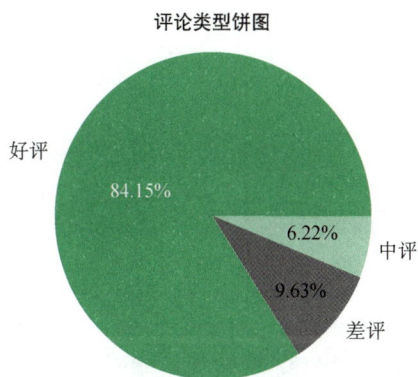

评论类型饼图

（二）文本情感评分

SnowNLP 中的 sentiments 方法可以实现对某一词语、句子、文章积极情绪与消极情绪的概率，首先对每一条用户评论进行评分，再通过加权平均的方式计算用户对某产品的总体评价。

【例 7-9】　使用 sentiments 对"使用体验一般情况，手感还可以吧"进行情感评分。

```
# 导入 SnowNLP
from snownlp import SnowNLP

text = '使用体验一般情况，手感还可以吧'
s = SnowNLP(text)
sentiments = s.sentiments
print(sentiments)
```

输出结果为：

0.7626968497228513

这里数值表示这段话是积极情绪的概率约为 76%。一般我们以 50% 为界区分积极和消极，根据数值大小区分积极与消极的程度。

【例 7-10】　定义情感分值的判定函数，对文件中每一条评论进行情感打分，并将结果赋值到"评论情感分值"列中。

```
# 定义情感分值的判定函数
def sentiments(text):
```

```
    s = SnowNLP(text)
    return s.sentiments # 返回一条评论的情感分值
# 使用 map 函数，对文件中每一条评论进行情感打分，并将结果赋值到"评论情感分值"列中
df['评论情感分值'] = df['内容'].map(sentiments)
# 查看数据前 10 行
df.head(10)
```

输出结果为：

	会员	内容	评论类型	评价	评论情感分值
0	j***l	运行速度：：买来没多久，所以很流畅，屏幕效果：特别清晰，不是吹的，外形外观：银灰色，不太耐脏...	好评	1	1.000000
1	赵***1	送货快，价格便宜，外观简单大气上档次，最新11代处理器，16G大内存，512纯固态硬盘，搭...	好评	1	1.000000
2	wenzhuang0	运行速度：快速，屏幕效果：正常，散热性能：一般，外形外观：中规中矩	好评	1	0.999999
3	H***n	给表弟买的，到货速度很快，先让他用用看	好评	1	0.820332
4	j***6	一直用的都 联想的本子 这个外观好看 也很轻薄 速度快	好评	1	0.999461
5	老***味	外观漂亮，性能也不错，再有有线网络接口，U口多多2个就更好了	好评	1	0.986299
6	jd_8903032	非常好，相信京东品质，一直用	好评	1	0.679037
7	j***a	用了一天，目前没啥问题	好评	1	0.233001
8	小马哥136	不错 不错 性价比超高	好评	1	0.999904
9	温、柔范	用过一段时间了，各方面都挺好的，**游戏基本通吃。	好评	1	0.930370

从结果中可以看出"非常好，相信京东品质，一直用"这一评论的情感分值仅为 0.679，说明直接使用 SnowNLP 进行情感判断还是有偏差的。

【例 7-11】　通过加权平均法对用户评论进行综合评分。根据"评论类型"列分组，得到各分组的评论数量和平均分数，最后计算商品评论的综合评分。

```
# 根据评论类型分组计算情感分值
df1 = df.groupby('评论类型').agg({'评论类型':'count','评论情感分值':'mean'})
df1
```

输出结果为：

评论类型	评论类型	评论情感分值
中评	362	0.266083
好评	4896	0.888012
差评	560	0.092713

【例 7-12】　计算商品的综合情感分值，公式如下：

综合情感分值＝[（评论类型 1 数量×评论情感分值 1）＋（评论类型 2 数量×评论情感分值 2）＋（评论类型 3 数量×评论情感分值 3）]/评论总条数

```
senti_xiaoxin = (df1['评论类型'] * df1['评论情感分值']).sum()/5818
print(f'本商品的综合情感分值为{senti_xiaoxin:.4f},值得推荐！')
```

输出结果为：

本商品的综合情感分值为 0.7728,值得推荐！

(三) 文本情感分析预训练

文本情感分析除了可以评分,还可以使用机器学习模型对已有评论数据进行训练,进而预测评论所属的分类。

1. 筛选数据

【例 7-13】　查看当前数据,从数据中筛选评论类型为"好评"和"差评"的评论,分别对应数值类型标签 1 和 0。

```
# 筛选出非"中评"的评论
df_predict = df[df['评论类型']！='中评'][['内容','评论类型']]
# 将"好评"和"差评"分别映射为 1、0
df_predict['评论类型_0_1'] = df_predict['评论类型'].map({'好评':1,'差评':0})
print('评论条数为：',df.shape[0])
print(f"好评、差评数量分别为：{df_predict['评论类型_0_1'].value_counts()
[1]}、{df_predict['评论类型_0_1'].value_counts()[0]}")
df_predict.head()
```

输出结果为：

评论条数为：5818

好评、差评数量分别为：4896、560

	内容	评论类型	评论类型_0_1
0	运行速度：：买来没多久，所以很流畅，屏幕效果：特别清晰，不是吹的，外形外观：银灰色，不太耐脏...	好评	1
1	送货快，价格便宜，外观简单大气上档次，最新11代处理器，16G大内存，512纯固态硬盘，搭...	好评	1
2	运行速度：快速，屏幕效果：正常，散热性能：一般，外形外观：中规中矩	好评	1
3	给表弟买的，到货速度很快，先让他用用看	好评	1
4	一直用的都 联想的本子 这个外观好看 也很轻薄 速度快	好评	1

从结果中可以看到好评占比较高,共 4 896 条,占比 84.15%。

2. 中文分词

文本情感分析时,我们需要预测评论是积极的(1)还是消极的(0),以便更好地理解用户的反馈,但文本数据本身并不能直接用于模型训练,需要将文本分词,构建词频矩阵,再用来拟合模型。

【例 7-14】　利用 jieba 库的 lcut 函数进行中文分词,以对第一条评论进行分词为例。

```
#引入 jieba 库
import jieba
#使用 lcut 函数进行分词
word = jieba.lcut(df.iloc[0]['内容'])
print(word)
```

输出结果为：

['运行','速度',':',':',':','买来','没多久',',',',','所以','很','流畅',',',',','屏幕','效果',':','特别','清晰',',',',','不是','吹','的',',',',','外形','外观',':','银灰色',',',',','不太','耐脏',',',',','轻薄','程度',':','还','算','轻薄','了',',',',','15.6','寸','相比','14','寸','还是','会重','一点','的',',',',','散热','性能',':',':','目前','散热','没','大','问题',',',',','偶尔','会','有','一点','声音',',',',','其他','特色',':','还是','很','喜欢','Office',',',',','必须','赞','一个','! ','开机','之前','记得','联系','客服',',',',','自己','操作','有些','福利','会','错过',',',',','吸取教训']

【例 7-15】　配合 map 函数，使用 jieba.lcut 函数逐行对评论文本进行分词操作。

```
#对数据进行分词,使用","连接在一起
words = df_predict.iloc[:,0].map(lambda x:','.join(jieba.lcut(x)))
words
```

输出结果为：

0	运行,速度,:,:,:,买来,没多久,,,,所以,很,流畅,,,,屏幕,效果,:,特别,清晰,,,,不...
1	送货,快,,,,价格便宜,,,,外观,简单,大气,上档次,,,,最新,11,代,处理器,,,,16G...
2	运行,速度,:,快速,,,,屏幕,效果,:,:,正常,,,,散热,性能,:,:,一般,,,,外形,外观,:...
3	给,表弟,买,的,,,,到货,速度,很快,,,,先,让,他,用,用,看
4	一直,用,的,都,,联想,的,本子,,,,,,这个,外观,好看,,,,也,很,轻薄...
	...
5812	京东,绝对,是,正面,买大,电子产品,的,首选,,,,品质,和,售后,都,非常,放心,,,,非常...
5813	此款,笔记本电脑,不错,,,,各种,跑,分,很,好
5814	电脑,不卡,,,,运行,很,流畅,,,,就是,风扇,的,声音,有点,大,,,
5816	买,了,没,几天,就,出现,了,突然,没,声音,,,,刚,开始,没,在意,,,,以为,软件,故障...
5817	唯一,的,感受,就是,垃圾,垃圾,垃圾,,,,买,了,才,两天,几天,卡,然后,

就,白屏,要,...
Name:内容,Length:5456,dtype:object

3. 构造特征变量和目标变量

(1)特征变量提取。

【例 7-16】 使用 CountVectorizer()函数对分词结果进行文本向量化处理。

```
#从 sklearn 库中引入 CountVectorizer 模块
from sklearn.feature_extraction.text import CountVectorizer
test = ['运行,速度,快速','物流,速度,不快']
vect = CountVectorizer()
X = vect.fit_transform(test).toarray() #使用 fit_transform()函数进行文本向
量化的转换
print(X)
print(vect.vocabulary_)
```

输出结果为:

[[0 1 0 1 1]
[1 0 1 0 1]]
{'运行':3,'速度':4,'快速':1,'物流':2,'不快':0}

从结果中可以看到,此时 2 条评论已经变成了由数字 0 和 1 组成的 2 个一维数组,每个数组中各有 5 个元素。

CountVectorizer()函数会先根据","来识别每一个评论中的词语。例如,它可以从第一条评论中识别"运行""速度""快速"这 3 个词,从第二条评论中识别"物流""速度""不快"这 3 个词,这 2 条评论一共能识别出"运行""速度""快速""物流""不快"这 5 个不同的词。这 5 个词便构成了这 2 条评论的词袋。CountVectorizer()函数会自动对词袋中的词进行编号,通过 vocabulary_属性就可以看到词袋的内容及相应的编号。其中,词袋是一个字典,有了词袋,就可以构建 X 这样的词频矩阵,X 中的数值即为两条评论中每个特征词出现的频次。

【例 7-17】 对所有评论提取特征变量,构建词频矩阵,用于模型的训练。

```
from sklearn.feature_extraction.text import CountVectorizer
vect = CountVectorizer()
X = vect.fit_transform(words).toarray()
print(X)
```

输出结果为:

[[0 0 0 ... 0 0 0]
[0 0 0 ... 0 0 0]
[0 0 0 ... 0 0 0]

```
...
[0 0 0 ... 0 0 0]
[0 0 0 ... 0 0 0]
[0 0 0 ... 0 0 0]]
```

因为评论文本较多,分词后得到的不同词语很多,所以 X 中很多地方都是 0,我们可以通过如下代码查看文本向量化后的词袋,其内容是去重后的分词结果及其编号。

【例 7-18】　查看文本向量化后的词袋。

```
words_bag = vect.vocabulary_
print(words_bag)
```

输出结果为:

```
{'运行': 6140, '速度': 6328, '买来': 1005, '没多久': 4468, '所以': 3468, '流畅': 4535, '屏幕': 2915, '效果': 3825, '特别': 4738, '清
晰': 4578, '不是': 774, '外形': 2354, '外观': 2366, '银灰色': 6439, '不太': 725, '耐脏': 5515, '轻薄': 6078, '程度': 5174, '15': 32,
'相比': 4994, '14': 27, '还是': 6164, '会重': 1217, '一点': 509, '散热': 3834, '性能': 3325, '目前': 4966, '问题': 6485, '偶尔': 1349,
'声音': 2331, '其他': 1476, '特色': 4751, '喜欢': 2194, 'office': 288, '必须': 3283, '一个': 408, '开机': 3111, '之前': 959, '记得': 58
13, '联系': 5531, '客服': 2754, '自己': 5579, '操作': 3781, '有些': 4106, '福利': 5152, '错过': 6453, '吸取教训': 2118, '送货': 6277,
'价格便宜': 1178, '简单': 5267, '大气': 2445, '上档次': 634, '最新': 4083, '11': 11, '处理器': 2336, '16g': 37, '内存': 1496, '512': 12
6, '固态': 2246, '硬盘': 5121, '搭配': 3763, '450': 108, '高性能': 6703, '显卡': 4016, '玩游戏': 4780, '办公': 1718, '可none': 2002, '本
色域': 6720, '视觉效果': 5764, '牌子': 4718, '值得': 1317, '购买': 5947, '快速': 3303, '正常': 4353, '一般': 537, '中规中矩': 921, '表
弟': 5703, '到货': 1683, '很快': 3215, '一直': 518, '联想': 5528, '本子': 4181, '这个': 6185, '好看': 2618, '漂亮': 4626, '不错': 831,
'再有': 1518, '有故': 4143, '网络接口': 5443, '更好': 4052, '非常': 6572, '相信': 4984, '京东': 1073, '品质': 2143, '一天': 460, '性价
比': 3322, '超高': 6022, '用过': 4851, '一段时间': 504, '方面': 3914, '游戏': 4598, '基本': 2304, '通吃': 6318, '内置': 1505, '敌不过': '
3828, '小键盘': 2870, '真的': 5072, '实用': 2743, '键盘': 6458, '触感': 6402, '超棒': 4730, '超好': 6002, '早上': 3966, '下单': 653,
'下午': 652, '收到': 3793, '除了': 6516, '寸大点': 2790, '一次': 498, '购物': 5951, '体验': 1244, '简洁': 5269, '视屏': 5760, '看网': 5
```

(2) 目标变量提取。

与特征变量的提取相比,目标变量的提取则容易得多,只需要将最开始读取的表格中的"评论类型_0_1"列提取出来即可,代码为 y＝df_predict['评论类型_0_1'],至此完成特征变量和目标变量的提取工作。

(四) 神经网络模型搭建和训练

1. 划分训练集和测试集

【例 7-19】　为了训练模型和测试训练效果,使用 train_test_split()函数将数据分为训练集和测试集。

```
#从 sklearn 库中引入 train_test_split()函数
from sklearn.model_selection import train_test_split
#设置测试集数据占总数据量的 10%
X_train,X_test,y_train,y_test = train_test_split(X,y,test_size = 0.1,random
_state = 42)
X_train.shape,y_train.shape
```

输出结果为:

((4910,7399),(4910,))

从结果中可知,训练集的特征数据为 4 910 行,7 399 列;目标数据为 4 910 个。其中,random_state 参数设置为 42(此数字无特殊含义,可以换成其他数字)可以保证每次

运行代码划分的结果保持一致。

2. 构建神经网络模型

【例 7-20】 用 MLPClassifier 构建简单的神经网络模型并进行训练。

```
#从 sklearn 库中引入 MLP 神经网络模型 MLPClassifier
from sklearn.neural_network import MLPClassifier
mlp = MLPClassifier()
mlp.fit(X_train,y_train)   #用 fit()函数进行模型训练
```

输出结果为：

```
MLPClassifier()
```

3. 用训练好的模型进行预测

【例 7-21】 用训练好的神经网络模型对测试集数据进行预测。

```
y_pred = mlp.predict(X_test)
print(y_pred)
```

输出结果为：

```
[1 1 1 1 0 1 1 1 1 1 0 1 1 1 1 1 1 1 1 1 1 1 1 0 1 1 1 1 1 1 1 1 1 1 1
 1 1 1 1 0 1 1 1 1 1 1 1 1 0 1 1 1 1 1 1 1 0 0 1 1 1 1 1 0 1 1 1 1 1
 1 1 1 1 1 1 1 1 1 0 1 1 1 1 1 1 1 0 1 0 1 1 1 1 1 1 1 1 1 1 1 1
 0 1 1 1 1 1 1 1 1 1 1 1 1 1 1 0 1 1 1 1 1 1 1 1 0 1 1 1 1 1 1
 1 1 1 1 1 1 1 1 1 1 1 1 1 1 1 1 1 1 1 1 0 1 1 1 1 1 1 1 1
 1 0 1 1 1 1 1 1 1 1 1 1 0 1 1 1 1 1 1 0 1 1 1 0 1 1 1 1 1 1
 1 1 1 1 1 1 1 1 1 0 0 1 1 1 0 1 1 1 1 1 1 1 1 1 1 1 1 1 0 1 1
 0 1 1 1 1 1 1 1 1 1 1 1 1 1 1 0 0 1 0 1 1 1 0 1 1 1 1 1 1
 1 1 1 1 1 1 1 0 1 1 0 1 0 1 1 1 1 1 1 1 1 1 1 1 1 1 1 0 1
 1 0 1 1 1 1 1 1 1 1 1 1 1 1 1 1 1 1 1 1 1 1 1 1 1 1 1 1 1 1 1
 1 1 1 1 1 1 1 0 1 1 1 1 1 1 0 1 1 1 1 1 1 1 1 1 1 1 0 1 1 0 1
 1 1 1 1 1 1 1 1 1 1 1 1 0 1 1 1 1 1 1 1 1 1 1 1 1 1 1 0 1 1 1
 1 1 0 0 1 0 1 1 1 1 1 1 0 1 1 0 1 1 1 1 1 1 1 1 1 0 1 1 1 1
 1 0 0 1 1 1 1 1 1 1 0 1 1 1 0 1 1 1 1 1 1 1 1 0 1 1]
```

【例 7-22】 使用 score()函数计算预测准确度。

```
mlp.score(X_test,y_test)
```

输出结果为：

```
0.9542124542124543
```

从结果中可知，该模型的预测准确度达到了 95.42%，预测效果较好。

当然也可以对神经网络模型的架构和参数进行调整，或通过更深入的特征构建，进一步尝试提高预测的准确度。

第四节 财务文本主题分析

一、财务文本主题分析的目标

财务文本主题分析是一种技术，用于从大量的财务文本数据中发现隐藏的主题和关键词。在这个过程中，文本数据被转化为数学模型，以揭示其中蕴含的语义结构和关联。通过主题分析，我们可以揭示出文本数据中的关键主题、趋势和信息，帮助我们了解在不同时间段或不同情境下人们对财务问题的关注点和舆论，从而更好地理解市场动态、投资机会以及经济变化。

二、财务文本主题分析的主题建模

在财务文本主题分析中，常用的方法是主题建模。主题建模是一种通过数学和统计技术，将文本数据分解为多个主题和关联的词语集合。其中，最著名的方法之一是LDA模型。

LDA模型将文本数据中的每个文档看作是多个主题的混合，而每个主题又包含多个词语。通过运用LDA模型，我们可以识别出在财务文本数据中存在的不同主题，从而更好地理解其中的信息。

三、财务文本主题分析的步骤

在数智化环境下，线上用户的产品评论数据对于企业产品策略选择、销售政策制定、销售成本预算等相关业财场景的预测与决策有着极为重要的意义，因此本小节使用LDA文本模型对联想小新笔记本电脑产品线上销售用户评论数据进行分析，揭示评论数据中的潜在主题，进而从中获取有价值信息，有助于提升决策制定和信息理解的能力。

（一）数据准备

1. 读取数据

使用pandas中的read_excel()函数读取文件，并保存到df变量中，查看df中前10行数据。

```
# 导入 pandas 库
import pandas as pd
# 读取并查看数据
df = pd. read_excel('https://oss.xinchanjiao.com/upload/default/20230811-
f4dac6b9-9939-4697-a84f-885e81aed05a.xlsx')
print(f'数据的行列数分别为:{df.shape}')
df.head(10)
```

输出结果为：

数据的行列数分别为：(5818,4)

	会员		内容	评论类型	评价
0	j***i	运行速度：：买来没多久，所以很流畅，屏幕效果：特别清晰，不是吹的，外形外观：银灰色，不太耐脏…		好评	1
1	赵***1	送货快，价格便宜，外观简单大气上档次，最新11代处理器，16G大内存，512纯固态硬盘，搭…		好评	1
2	wenzhuang0	运行速度：快速，屏幕效果：正常，散热性能：一般，外形外观：中规中矩		好评	1
3	H***n	给表弟买的，到货速度很快，先让他用用看		好评	1
4	j***6	一直用的都 联想的本子 这个外观好看 也很轻薄 速度快		好评	1
5	老***味	外观漂亮，性能也不错，再有有线网络接口，U口再多2个就更好了		好评	1
6	jd_8903032	非常好，相信京东品质，一直用		好评	1
7	j***a	用了一天，目前没啥问题		好评	1
8	小马哥136	不错 不错 性价比超高		好评	1
9	温、柔范	用过一段时间了，各方面都挺好的，**游戏基本通吃。		好评	1

2. 筛选好评、差评数据

```
#筛选出评论类型为"好评"的评论将"内容"列进行汇总
text_pos = df[df['评论类型'] = ='好评']['内容'].sum()
print('好评的评论总字数为：',len(text_pos))


#筛选出评论类型为"差评"的评论将"内容"列进行汇总
text_neg = df[df['评论类型'] = ='差评']['内容'].sum()
print('差评的评论总字数为：',len(text_neg))
```

输出结果为：

好评的评论总字数为：242075

差评的评论总字数为：31286

3. 使用 jieba 库对评论文本进行分词

```
#导入 jieba 库
import jieba


#对好评数据进行分词
pos_words = jieba.lcut(text_pos)
print('好评的评论分词后词语数量为：',len(pos_words))


#对差评数据进行分词
neg_words = jieba.lcut(text_neg)
print('差评的评论分词后词语数量为：',len(neg_words))
```

输出结果为：

好评的评论分词后词语数量为：153499

差评的评论分词后词语数量为：20111

（二）使用 LDA 模型提取潜在主题

1. 定义 LDA 模型函数

自定义函数 run_lda，接受两个参数：corpus 是文本语料的列表，每个元素表示一个文档；k 是希望得到的主题数量。函数内部首先使用 CountVectorizer 将文本转换为词频矩阵，然后使用 LatentDirichletAllocation 创建并训练 LDA 模型，最终返回词频向量化器、词频矩阵、文档-主题分布及训练好的 LDA 模型。

```
# 导入相应库
from sklearn.feature_extraction.text import CountVectorizer
from sklearn.decomposition import LatentDirichletAllocation
import numpy as np


# 自定义函数 run_lda
def run_lda(corpus, k):
    cntvec = CountVectorizer(min_df = 2, token_pattern = '\w +')
    cnttf = cntvec.fit_transform(corpus)
    lda = LatentDirichletAllocation(n_components = k)
    docres = lda.fit_transform(cnttf)
    return cntvec, cnttf, docres, lda
```

输出结果为：

无输出结果

2. 分析好评数据

```
# 调用定义好的 run_lda 函数
cntvec, cnttf, docres, lda = run_lda(pos_words, k = 4)    # k = 4 表示分为 4 个
主题
# 使用函数获取词汇表中的单词列表
words = cntvec.get_feature_names_out()
# 主题的归一化词汇分布 = 权重矩阵/每个主题的总词数
topics = lda.components_/(lda.components_.sum(axis = 1).reshape( - 1,1))
# 遍历主题列表,获取索引和主题内容
for (i, topic) in enumerate(topics):
    sorted_arr = np.argsort(-topic)[:5]    # 逆序排,取 topK
    print(f"主题{i}:{[(words[j], topic[j].round(2)) for j in sorted_arr]}")
```

输出结果为：

主题 0：[('的',0.16),('运行',0.05),('用',0.04),('是',0.03),('性能',0.03)]

主题 1：[('好',0.09),('了',0.09),('也',0.07),('外观',0.05),('屏幕',0.05)]

主题 2：[('很',0.16),('速度',0.07),('效果',0.04),('喜欢',0.03),('就',0.02)]

主题 3：[('不错',0.07),('电脑',0.06),('非常',0.06),('快',0.04),('还',0.04)]

通过好评数据提取主题及相应的关键词，可以进一步具象化。例如，主题 0 涉及"性能"和"运行"，这个主题可能在讨论产品、设备或系统的运行表现、效率和速度等与性能相关的话题；主题 1 涉及"外观"和"屏幕"，这个主题可能在讨论产品的外观设计、外观感受及屏幕质量等；主题 2 涉及"速度"和"效果"，这个主题可能与产品的响应速度、执行效果及用户体验相关；主题 3 涉及"电脑"和"快"，这个主题可能在讨论计算机、设备或系统的性能、速度、评价等方面。基于这些主题的分析，可以针对不同的主题优化产品的不同方面，从而提升用户的购买意愿和满意度。同时，收集用户反馈并持续改进产品，以适应市场需求的变化。

3. 分析差评数据

```
# 调用定义好的 run_lda 函数
cntvec, cnttf, docres, lda = run_lda(neg_words,k = 4)
# 使用函数获取词汇表中的单词列表
words = cntvec.get_feature_names_out()
# 主题的归一化词汇分布 = 权重矩阵/每个主题的总词数
topics = lda.components_/(lda.components_.sum(axis = 1).reshape( - 1,1))
# 遍历主题列表，获取索引和主题内容
for (i, topic) in enumerate(topics):
    sorted_arr = np.argsort(-topic)[:5] # 逆序排,取 topK
    print(f"主题{i}:{[(words[j], topic[j].round(2)) for j in sorted_arr]}")
```

输出结果为：

主题 0：[('了',0.15),('就',0.08),('电脑',0.07),('还',0.03),('垃圾',0.02)]

主题 1：[('我',0.08),('是',0.07),('问题',0.05),('开机',0.02),('激活',0.02)]

主题 2：[('的',0.14),('不',0.05),('也',0.03),('客服',0.03),('说',0.03)]

主题 3：[('买',0.07),('都',0.05),('用',0.04),('有',0.03),('没有',0.03)]

通过差评数据提取主题及相应的关键词，可以进一步具象化。例如：

主题 0 涉及一些消极的词汇，如"垃圾"和"不好"，同时提到了"电脑"。这可能意味着一些用户在评论中表达了对电脑产品的不满意或负面情感。经营者应该关注这些消极评论，分析具体的问题所在，可能是产品质量、性能、服务等方面。针对这些问题，可以改进产品质量，提供更好的售后服务，甚至考虑针对性的促销活动来转变消极印象。

主题 1 涉及用户的个人体验，如"我"和"开机"，以及"问题"和"激活"。这可能代表用户在使用过程中遇到了一些问题，可能是开机困难、激活流程复杂等。经营者可以根据这些关键词改进产品的易用性,提供更清晰的说明文档或视频教程,解决用户常见问题,以提升用户满意度和使用体验。

主题 2 涉及一些中性的词汇,如"客服"和"说",可能涉及用户在购买过程中与客服的互动。经营者可以加强客服团队的培训,确保他们能够及时、准确地回答用户的问题,解决用户的疑虑。同时,可以在购买页面明确标注售后服务政策,让用户感受到购买后的支持。

主题 3 涉及购买和使用,如"买"和"用",同时提到了"没有"。这可能指向一些用户在购买后没有得到预期的体验,可能是产品功能不够满足需求,或者用户期望与实际表现不符。经营者可以在产品页面详细介绍产品功能,提供用户评价和体验分享,帮助用户更好地了解产品,减少因期望不符而导致的不满。

根据这些主题分析,经营者可以优化产品质量、改进用户体验、提供更好的售后支持、加强客户沟通等方面采取行动。综合考虑这些反馈,不仅可以改进当前的产品和服务,还能增加用户满意度,提升品牌形象,从而促进业务增长和客户忠诚度。需要根据具体情况进行调整和实施。

本章小结

1. 自然语言处理技术是财务文本分析的基础。自然语言处理涵盖了一系列技术,能够使计算机理解和处理人类语言。自然语言处理的背后理论包括词法分析、语法分析、语义分析等,这些理论为后续的财务文本分析提供了基础。

2. 词云图是一种直观且有效的方式来呈现文本数据的关键词。Python 中 jieba 库是一款常用的中文分词库,能够将文本数据分解为有意义的词语。通过 jieba 分词库,能够创建财经词云图,从而更好地理解文本数据的特点和趋势。

3. 使用自然语言处理技术来评估文本中的情感倾向,能够帮助企业了解顾客对产品和服务的感受,从而做出更加精准的决策。

4. 财务文本主题分析是一种深入挖掘文本数据内涵的方法。运用主题建模技术可以理解大量文本数据中的主要议题和话题。

复习思考题

1. 什么是自然语言处理技术?它在财务文本分析中有什么作用?

2. 如何通过词云图分析财务数据?

3. 如何利用情感分析技术从文本数据中挖掘用户的情感倾向?

4. 为什么财务文本情感分析在实际应用中很重要?举例说明。

5. 举例说明财务文本分析在投资决策中的潜在应用。

6. 如何根据情感分析结果改进投资策略或业务决策?

7. 解释主题建模方法在财务文本分析中的应用原理。

实践操作题

1. 财务报告关键词识别：阅读一份公司年报，列出与公司财务状况和业绩相关的关键词，并解释它们在财务分析中的意义。

2. 财务报告情感分析：使用文本分析工具，对不同公司的财务报告进行情感分析。确定哪些词汇或短语与正面或负面情感相关联，并讨论这些情感如何影响投资者的决策。

3. 财务报告摘要生成：编写一个程序，自动从长篇财务报告中提取关键信息，生成一份简洁的摘要。这个摘要应包括收入、支出、利润和任何重大的财务变动。

4. 趋势分析和预测：选择一家公司，分析其过去几年的财务报告文本。识别和讨论任何明显的趋势，并尝试预测该公司未来的财务表现。

第八章　特征工程

1. 了解特征工程的概念及作用。
2. 掌握特征转换中的特征编码、特征分箱和特征转化的应用。
3. 了解特征选择常用的方法。

第一节　特征工程概述

一、特征工程的相关概念

(一) 特征和标记的概念

在智能财务分析中,我们经常处理的是类似表 8-1 的表格型数据(tabular data)。其中,总资产净利润率、资产负债率、股权制衡度、产权性质、管理层讨论与分析语调、审计意见都是特征,反映企业在各个维度上的表现情况。特征(feature)是机器学习中的专业术语。特征是对研究对象某一维度的表示。特征这个术语还有很多其他称谓,如属性、字段、变量等。经营困境是标记(label)或标签。标记是反映样本的分类结果或预测结果的信息。有了特征和标记的数据,我们就可以展开监督学习模型的训练。

表 8-1　　　　　　　　　　　　　　　企业经营数据

总资产净利润率	资产负债率	股权制衡度	产权性质	管理层讨论与分析语调	审计意见	经营困境
0.050	0.494	0.540	0	0.029	无保留意见加事项段	0
0.059	0.425	0.528	0	0.033	保留意见	0
−0.157	0.459	0.492	0	0.023	保留意见	0
0.068	0.528	0.882	1	0.043	标准无保留意见	0

（续表）

总资产净利润率	资产负债率	股权制衡度	产权性质	管理层讨论与分析语调	审计意见	经营困境
0.054	0.545	0.898	1	0.034	标准无保留意见	0
0.058	0.492	0.923	1	0.041	标准无保留意见	0
−0.360	0.643	0.837	0	0.025	无保留意见加事项段	0
0.003	0.585	0.627	0	0.043	标准无保留意见	1
−0.015	0.792	0.536	1	0.038	标准无保留意见	1
−0.024	0.670	0.287	0	0.004	保留意见	1
−0.025	0.419	1.497	0	0.007	无保留意见加事项段	1
0.006	0.633	0.394	0	0.025	标准无保留意见	1
0.005	0.280	0.373	0	0.025	无保留意见加事项段	1
−0.480	0.700	1.576	1	0.017	保留意见	1

为了解决公司财务实际问题，学者和数据科学家需要收集大量的数据，这些数据来自不同的地方，如财务报告、审计报告、其他公告和监管信息。这些数据既有结构化的，也有非结构化的，非常杂乱。这些特征是现实世界的事物、现象和行为在数字空间的映射和表示。一些原始的映射和表示影响我们认识和把握现实世界的运行规律，在很多时候我们需要重塑这些特征对现实的映射和表示，以便我们更好地认识和把握特征背后蕴含的规律。

（二）特征工程的概念

特征工程（feature engineering）是一个实践的概念，覆盖范围广泛，涉及主题多，很难有统一的界定。特征工程属于原始数据和模型之间的数据实践活动，包括特征的理解、构建、变换、选择等。特征工程是数据处理的过程和技术，即将原始数据提取和加工成能更好表示问题的特征，以提升机器学习模型效果。特征工程既是理论方法，更是数据处理实践的艺术，充满了灵活性。特征的质量对机器学习模型的泛化性能有着至关重要的影响。"数据和特征决定了机器学习的上限，而模型和算法只是逼近这个上限而已"得到机器学习用户的广泛认同。特征工程可以帮助我们从多源异构的原始数据中提取和构建好的特征，加速研究进程，提升研究效果。在机器学习应用过程中，我们要重视特征工程。

目前特征工程既有"手动挡"也有"自动挡"。"手动挡"是用户自己设计和实现特征。在用机器学习研究公司财务问题时，描述样本的特征需要研究者自己处理，需要学者和数据科学家具备良好的领域知识。"自动挡"是利用特征自动化技术进行加工处理特征，即自动化特征工程（automated feature engineering）。自动化特征工程的目标是减少甚至是无须领域知识及人工参与的情况下，就能自动生成高质量的特征来提高机器学习模型的性能。自动化特征工程可实现机器学习任务流程的部分自动化，极大提升模型构建与部署的速度。目前已经有一些自动化特征工程框架，Featuretools 是其中比较典型的实践框架。与经典机器学习算法不同，深度学习具有"特征学习"（feature learning）的功能，使特征工程的自动化程度大幅提升。虽然自动化特征工程在工程性能、特征解释性、模型泛化性能等方面具有很大的挑战，但是我们仍然可以乐观预期，自动化特征工程将会持续发展并广泛应用于数据科学实践。

二、特征工程的工作内容

特征工程的内容涉及十分广泛，每一个数据科学和机器学习项目都可能应用到个性化的实践处理。特征工程的技术同样十分广泛，新概念新思路新框架层出不穷、持续演进。结合当前特征工程技术和教程，特征工程主要有特征理解、特征提取、特征变换（清洗和变换）、特征降维和特征选择等工作内容。

（一）特征理解

特征理解主要是感知、理解和把握研究问题所需要的原始数据。在研究项目启动时要对研究问题做较为系统的论证和设计，知晓研究所需的数据源和采集方式。完成原始数据采集之后，需要采用探索性分析等方法对数据展开初步查看和分析，为后续特征工程奠定基础，做到后续工作"心中有数"。使用 pandas-profiling、matplotlib 和 seaborn 等库有助于完成数据感知、理解和把握。

（二）特征提取

特征提取主要是从原始数据中提取特征，以及在现有特征基础上构建新特征。当我们需要构建管理层讨论与分析的情绪特征，首先获取原始文本，然后进行预处理、文档表示、文档特征抽取等工作，最后得到文本情绪特征。当我们需要构建总资产净利润率，直接在总资产和净利润两个特征基础上按公式计算得到总资产净利润率。随着信息技术发展，现在我们还可以较为便捷地从图像、音频、视频中提取特征，如业绩说明会上高管的表情、语调、动作，ESG 报告的图文结构、图像、报告语调等。

（三）特征转换

特征转换主要是对原始特征进行转换处理增强机器学习模型效果，如缺失值处理、对数变换、归一化、数据编码、特征交互。我们在合并多个数据源的时候会遇到缺失值的问题，需要考虑采取删除、填补等策略。我们处理一些计数型数据时会采用对数变换处理，如企业发明专利数量、企业年龄、高管任职年限。归一化主要对连续型数据进行缩放处理。数据编码主要是对类别特征、连续变量进行编码，如对企业的产权性质、审计意见类型等分类特征进行编码，对企业规模进行分组编码。

（四）特征降维

特征降维主要是缩减特征数量。特征维度过大会引发模型训练时间长、模型过拟合等问题。我们一般采用主成分分析（principal components analysis，PCA）和线性判别分析（linear discriminant analysis，LDA）来进行特征降维。目前还没有比较好的降维效果指标，通常是采取间接评估的方法。如果特征降维后，模型的性能有所提升，那么大致可以认为降维发挥了作用。

（五）特征选择

特征选择主要是精减模型特征,降低模型复杂性,提升模型性能,减少模型训练和预测时间。特征选择和特征降维有一定的共同点,即都在尝试解决特征维度过多的问题。根据技术基础,特征选择可以分为基于统计和基于模型的特征选择。根据算法分类,特征选择可以分为过滤器法、封装器法、嵌入法。基于统计的特征选择主要是采用相关性分析、假设检验等统计测试来选择特征。基于模型的特征选择主要是训练一个辅助的机器学习模型,并利用其预测能力来选择特征。

特征工程的内容非常广泛,结合智能财务分析的需要,本章将重点介绍特征转换和特征选择两大知识点。

第二节　特 征 转 换

在机器学习和数据分析的实践中,特征转换是特征工程的关键环节。它通过对原始特征数据进行数学或统计变换,将数据转化为更适合机器学习模型处理的形式。特征转换不仅能够改善模型性能,还能降低过拟合风险,并提高模型的可解释性。在进行特征转换时,通常会结合特征编码、特征分箱和特征选择等技术,以进一步优化特征集,使模型表现得更好。

一、特征编码

当处理序数特征时,一种常见的方法是使用顺序编码(ordinal encoding)。顺序编码旨在将具有明确顺序或等级关系的类别特征转换为数字形式,以便机器学习模型能够理解和处理。但是在智能财务分析过程中,最好是我们手动指定编码顺序,降低编码顺序风险。

在类别特征编码时,我们经常会使用单一变量的编码和多变量的编码来处理不同情况下的特征信息。这两种编码方式有不同的应用场景和目的。

【例 8-1】　假设我们有一个高管信息的数据集,其中包含高管的学历和职称信息。我们希望对学历和职称进行编码,以便在后续分析中使用。

```
from sklearn.preprocessing import OrdinalEncoder
import numpy as np
import pandas as pd
# 设置随机种子以保证结果的一致性
np.random.seed(0)
```

```
# 创建包含随机数据的 DataFrame
df = pd.DataFrame({
    'id':range(100),
    'degree': np.random.choice(['本科','硕士','博士','本科以下'],100),
    'background': np.random.choice(['初级会计师','中级会计师','高级会计师'],
100)})
df.head()
```

输出结果为：

	id	degree	background
0	0	本科	中级会计师
1	1	本科以下	高级会计师
2	2	硕士	初级会计师
3	3	本科	初级会计师
4	4	本科以下	高级会计师

随机种子是在随机数生成器中用于初始化的值，通过设置相同的随机种子，可以确保每次运行代码时生成的随机数是一样的，从而使得结果可重复。

（一）单一变量的编码

单一变量的编码适用于只有一个类别特征需要被转换的情况。例如，在一个数据集中，我们有一个代表不同国家的列，我们可以使用单一变量的编码方法将每个国家映射为一个唯一的整数值。这种情况下，我们只需对单个特征进行编码，无须考虑多个特征之间的关联。

【例 8-2】　使用 OrdinalEncoder 函数对学历列表['本科以下','本科','硕士','博士']进行单一变量的编码。

```
# 定义要编码的类别列表
degree_categories = ['本科以下','本科','硕士','博士']

# 初始化 OrdinalEncoder
degree_categories = OrdinalEncoder(categories = [degree_categories]) # 注意
需放入一个列表中

# 使用 OrdinalEncoder 进行顺序编码
encoded_education = degree_categories.fit_transform(df[['degree']])

# 打印编码后的结果
```

```
print("原始学历数据:",df['degree'].values)
print("顺序编码后:",encoded_education.reshape(1,-1))
```

输出结果为:

```
原始学历数据: ['本科' '本科以下' '硕士' '本科' '本科以下' '本科以下' '本科以下' '本科以下' '硕士' '本科以下' '硕士' '博士'
 '本科' '本科以下' '本科' '博士' '本科' '硕士' '博士' '硕士' '本科' '本科'
 '硕士' '硕士' '硕士' '硕士' '本科' '硕士' '本科' '本科以下' '本科' '本科以下' '硕士' '博士' '本科以下'
 '本科以下' '本科' '博士' '本科以下' '本科' '硕士' '本科以下' '博士' '本科以下' '本科以下' '博士' '本科以下'
 '本科' '硕士' '硕士' '硕士' '本科以下' '本科' '本科以下' '博士' '本科' '本科以下' '本科以下' '本科以下' '博士'
 '本科以下' '博士' '本科以下' '本科' '博士' '本科以下' '本科' '本科' '硕士' '博士' '本科' '硕士'
 '本科以下' '本科' '硕士' '博士' '博士' '本科以下' '本科' '硕士' '硕士' '本科以下' '硕士' '硕士' '本科以下'
 '博士' '本科以下' '本科以下' '博士' '博士' '本科以下' '本科' '博士' '本科以下' '硕士' '本科']
顺序编码后: [[1. 0. 2. 1. 0. 0. 0. 0. 2. 0. 2. 3. 1. 0. 3. 1. 1. 3. 2. 3. 0. 0. 3.
  1. 2. 2. 2. 2. 1. 2. 1. 0. 1. 0. 3. 1. 0. 3. 0. 3. 0. 1. 3. 1. 1. 1. 2. 2.
  3. 0. 1. 2. 0. 3. 0. 3. 0. 1. 3. 1. 1. 1. 2. 2.
  3. 1. 1. 2. 0. 1. 2. 3. 3. 0. 1. 2. 2. 0. 2. 2. 0. 3. 0. 0. 3. 3. 0. 1.
  3. 0. 2. 1.]]
```

(二)多个变量的编码

多个变量的编码适用于需要同时处理多个相关类别特征的情况。例如,在一个数据集中,我们可能有多个与用户相关的特征,如用户的国家、性别和年龄段。这时,我们可以使用多个变量的编码方法,将这些特征一起转换为编码值,以便在后续分析中使用。多个变量的编码有助于保留特征之间的关联关系,同时对这些特征进行一致的编码转换。

【例8-3】 使用 OrdinalEncoder 函数对学历列表['本科以下','本科','硕士','博士']、职称列表['初级会计师','中级会计师','高级会计师']进行多个变量的编码。

```
#定义要编码的类别列表
degree_categories = ['本科以下','本科','硕士','博士']
background_categories = ['初级会计师','中级会计师','高级会计师']

#初始化 OrdinalEncoder
encoder = OrdinalEncoder(categories=[degree_categories, background_categories])

#使用 OrdinalEncoder 进行学历和职称的编码
encoded_df = encoder.fit_transform(df[['degree','background']])

#将编码结果添加回 DataFrame
df['encoded_degree'] = encoded_df[:,0]
df['encoded_background'] = encoded_df[:,1]

#打印编码后的结果
df.head()
```

输出结果为：

	id	degree	background	encoded_degree	encoded_background
0	0	本科	中级会计师	1.0	1.0
1	1	本科以下	高级会计师	0.0	2.0
2	2	硕士	初级会计师	2.0	0.0
3	3	本科	初级会计师	1.0	0.0
4	4	本科以下	高级会计师	0.0	2.0

将 degree 和 background 两列的分类数据转换为整数编码，以便后续的数据分析和建模过程能够更好地处理这些分类变量。但需要注意，这种编码方式可能会引入一种假象，即不同类别之间存在大小关系。为了处理类别特征，通常的做法是将其转换成虚拟变量。在很多情况下，序数特征也被编码成虚拟变量，这种方法在机器学习领域称作独热编码（one-hot encoding）。

使用 pandas 库的 get_dummies 方法可以将指定的分类特征转换为虚拟变量。这种转换能够更准确地表示不同类别之间的关系，避免引入不正确的大小排序。

【例 8-4】　假设我们有一个股票信息的数据集，其中包含股票代码、行业，以及是否特殊处理。我们希望对行业和是否特殊处理两列进行独热编码，同时去除第一个类别的编码列，以便在后续分析中使用。

```python
import pandas as pd
import numpy as np

# 设置随机种子,以确保结果可重复
np.random.seed(0)

# 创建包含随机数据的 DataFrame
df = pd.DataFrame({
    "股票代码": range(100),    # 股票代码,从 0 到 99
    "行业类别": np.random.choice(list("ABCDE"),100),    # 随机选择行业类别
    "A"到"E"
    "是否特殊处理": np.random.choice(["否","是"],100),    # 随机选择是否特
    殊处理否或是
})

# 使用 pandas 的 get_dummies 方法进行独热编码
# 对'ind'和'st'列进行独热编码,同时去除第一个类别的编码列
df_encoded = pd.get_dummies(df,columns = ["行业类别","是否特殊处理"],drop_
first = True)
```

```
#打印编码后的结果
df_encoded
```

输出结果为：

	股票代码	行业类别_B	行业类别_C	行业类别_D	行业类别_E	是否特殊处理_是
0	0	0	0	0	1	0
1	1	0	0	0	0	1
2	2	0	0	1	0	1
3	3	0	0	1	0	1
4	4	0	0	1	0	0
...	...	...	...	...	...	...
95	95	1	0	0	0	0
96	96	0	0	0	0	1
97	97	0	1	0	0	1
98	98	0	1	0	0	1
99	99	0	0	1	0	0

在智能财务分析过程中,我们会遇到一些变量的类别较多的情形,如果此时我们还继续严格采用独热编码的方法会导致维度过多的问题。有时候,会采用有监督编码的方式将类别变量转为连续数值变量。这种方法会存在一定的数据泄露问题。此外,还可以通过对类别的分布情况和重要性情况进行识别,将重要的类别和分布较多的类别进行标记,其他类别则归为一类进行简化标记。类别特征编码方法众多,但是并未有技压群雄的方法,在实际应用中,需要我们根据所面临的情境,慎重选定最为合适的方法。

二、特征分箱

(一) 特征分箱的概念

特征分箱(feature binning)是一种数据预处理技术,它将连续型特征的值范围划分为一组离散的区间,从而将连续数据转换为离散数据。每个区间被称为一个"箱子"(bin),每个箱子代表一定范围的特征值。特征分箱的作用是通过将连续数据离散化,降低模型的复杂性,减小了异常值的影响,同时可以提高模型的鲁棒性和泛化能力。

为什么需要进行特征分箱呢？在数据分析和建模过程中,连续型特征可能会存在以下问题：

(1) 非线性关系:数据中可能存在非线性的关系,而模型往往更容易捕捉离散化后的特征。

(2) 离群值:离群值可能会对模型产生不良影响,特征分箱可以将离群值限制在某个区间内,减小其影响。

(3) 数据分布不均匀:若特征的数据分布不均匀,分箱可以帮助均衡各个区间内的数据分布。

(4) 模型的鲁棒性:分箱可以增加模型的鲁棒性,降低模型对数据细微变化的敏感度。

(5) 可解释性:在某些情况下,模型的可解释性非常重要,而分箱可以将连续特征的影响呈现为离散的"箱子"。

（二）连续特征离散化

连续特征离散化可以分为有监督离散化和无监督离散化。无监督离散化主要有等频离散化、等宽离散化、聚类离散化等。智能财务分析中比较常用的是无监督离散化。

1. KBinsDiscretizer 方法

sklearn 提供了 KBinsDiscretizer 方法，可以快速实现连续特征离散化。KBinsDiscretizer 具有多个参数可以设置：n_bins 是特征分割区间的数量；encode 是特征离散后的保存方式；onehot-dense 表示离散化后返回独热编码数组；strategy 是离散化的策略，其中 quantile 表示各个分区的样本数量相等，即等频离散化；uniform 是等宽离散化；kmeans 表示聚类离散化，采用 KMeans 聚类生成区间。

我们首先导入 KBinsDiscretizer，然后设置参数并将 KBinsDiscretizer 类实例化，然后应用 fit 方法进行拟合，利用 transform 转换数据。我们可以利用 strategy 参数选用等频离散化、等宽离散化、聚类离散化策略。

【例 8-5】　读取"经营困境"数据集，选择经营困境表中前两列。

```
import pandas as pd
from sklearn.preprocessing import KBinsDiscretizer


bds = pd.read_excel("https://oss.xinchanjiao.com/upload/default/20230821-
e57894da-9605-4f4f-a126-85659ecd542d.xlsx")
bds2 = bds.iloc[:,0:2]    #选择经营困境表中前两列
bds2.head()
```

输出结果为：

	总资产	资产收益率
0	3.418592e+12	0.007260
1	3.939070e+12	0.007158
2	4.468514e+12	0.006474
3	1.528579e+12	0.032234
4	1.729929e+12	0.031869

2. 等频离散化

【例 8-6】　quantile 等频离散化，将特征 1 划分为 3 个区间，特征 2 划分为 2 个区间，使用独热编码。

```
#quantile 等频离散化
kbs_quantile = KBinsDiscretizer(n_bins = [3,2], encode = "onehot-dense",
strategy = "quantile").fit(bds2)
kbs_quantile.transform(bds2)
```

输出结果为：

```
array([[0.,0.,1.,1.,0.],
       [0.,0.,1.,1.,0.],
       [0.,0.,1.,1.,0.],
       ...,
       [0.,0.,1.,0.,1.],
       [0.,0.,1.,1.,0.],
       [0.,1.,0.,1.,0.]])
```

3. 等宽离散化

【例8-7】 uniform 等宽离散化，将特征 1 划分为 3 个区间，特征 2 划分为 2 个区间，使用独热编码。

```
#uniform 等宽离散化
kbs_uniform = KBinsDiscretizer(n_bins = [3,2], encode = "onehot-dense",
strategy = "uniform").fit(bds2)
kbs_uniform.transform(bds2)
```

输出结果为：

```
array([[1.,0.,0.,0.,1.],
       [1.,0.,0.,0.,1.],
       [1.,0.,0.,0.,1.],
       ...,
       [1.,0.,0.,0.,1.],
       [1.,0.,0.,0.,1.],
       [1.,0.,0.,0.,1.]])
```

4. 聚类离散化

【例8-8】 kmeans 聚类离散化，将特征 1 划分为 3 个区间，特征 2 划分为 2 个区间，使用独热编码。

```
#kmeans 聚类离散化
kbs_kmeans = KBinsDiscretizer(n_bins = [3,2],encode = "onehot-dense",strategy
= "kmeans").fit(bds2)
kbs_kmeans.transform(bds2)
```

输出结果为：

```
array([[1.,0.,0.,0.,1.],
       [0.,1.,0.,0.,1.],

       [0.,1.,0.,0.,1.],
```

```
...,
[1.,0.,0.,0.,1.],
[1.,0.,0.,0.,1.],
[1.,0.,0.,0.,1.]])
```

（三）特征二值化

特征二值化（feature binarization）是一种特殊的特征离散化，即将特征转为布尔值。特征二值化不仅可以用于连续特征也可以用于序数特征和分类特征。比如，按照资产分组为大企业与小企业，按照高管学历分组为研究生学历与非研究生学历，按照企业审计报告意见分为标准审计意见与非标审计意见。特征二值化可以直接使用 pandas 中的函数来完成，也可以使用 sklearn 中的 Binarizer 来完成。

【例 8-9】 根据"经营困境"数据集，添加新的列："资产较大"；"是否为标准无保留意见"，表示总资产是否大于 10 亿；审计意见"是否为标准无保留意见"。直接使用 pandas 中的函数来完成。

原始数据

经营困境

```
import pandas as pd

#添加新的列"资产较大",表示总资产是否大于 10 亿
bds["资产较大"] = (bds["总资产"]>1000000000).astype(int)
#添加新的列"是否为标准无保留意见",表示审计意见是否为"标准无保留意见"
bds["是否为标准无保留意见"] = (bds["审计意见类型"] = = "标准无保留意见").
astype(int)
bds
```

输出结果为：

	总资产	资产收益率	资产负债率	正面词汇数	情感语调1	审计意见类型	经营困境	资产较大	是否为标准无保留意见
0	3.418592e+12	0.007260	0.929783	1752.0	0.0336	标准无保留意见	0	1	1
1	3.939070e+12	0.007158	0.920544	2121.0	0.0407	标准无保留意见	0	1	1
2	4.468514e+12	0.006474	0.918512	2343.0	0.0363	标准无保留意见	0	1	1
3	1.528579e+12	0.032234	0.845856	664.0	0.0214	标准无保留意见	0	1	1
4	1.729929e+12	0.031869	0.843590	536.0	0.0181	标准无保留意见	0	1	1
...	...	...	...	...	...	...	...	...	...
10677	8.219217e+09	0.052283	0.509062	556.0	0.0484	标准无保留意见	0	0	1
10678	3.116324e+09	0.056383	0.087435	415.0	0.0260	标准无保留意见	0	0	1
10679	1.964312e+10	0.118059	0.637123	330.0	0.0121	标准无保留意见	0	1	1
10680	2.046017e+11	0.019654	0.307748	346.0	-0.0071	标准无保留意见	0	1	1
10681	6.557638e+09	0.011204	0.436264	427.0	0.0023	标准无保留意见	0	0	1

10682 rows × 9 columns

【例 8-10】 根据"经营困境"数据集，添加新的列："资产较大"；"是否为标准无保留意见"，表示总资产是否大于 10 亿；审计意见"是否为标准无保留意见"。直接使用

Binarizer 进行阈值二值化。

```
from sklearn.preprocessing import Binarizer
import pandas as pd

# 使用 Binarizer 进行阈值二值化
b1 = Binarizer(threshold = 10000000000)   # threshold 表示阈值
bds["资产较大 2"] = b1.fit_transform(bds[['总资产']])
bds
```

输出结果为:

	总资产	资产收益率	资产负债率	正面词汇数	情感语调1	审计意见类型	经营困境	资产较大	是否为标准无保留意见	资产较大2
0	3.418592e+12	0.007260	0.929783	1752.0	0.0336	标准无保留意见	0	1	1	1.0
1	3.939070e+12	0.007158	0.920544	2121.0	0.0407	标准无保留意见	0	1	1	1.0
2	4.468514e+12	0.006474	0.918512	2343.0	0.0363	标准无保留意见	0	1	1	1.0
3	1.528579e+12	0.032234	0.845856	664.0	0.0214	标准无保留意见	0	1	1	1.0
4	1.729929e+12	0.031869	0.843590	536.0	0.0181	标准无保留意见	0	1	1	1.0
...	...	...	...	...	...	...	...	...	...	...
10677	8.219217e+09	0.052283	0.509062	556.0	0.0484	标准无保留意见	0	0	1	0.0
10678	3.116324e+09	0.056383	0.087435	415.0	0.0260	标准无保留意见	0	0	1	0.0
10679	1.964312e+10	0.118059	0.637123	330.0	0.0121	标准无保留意见	0	1	1	1.0
10680	2.046017e+11	0.019654	0.307748	346.0	-0.0071	标准无保留意见	0	1	1	1.0
10681	6.557638e+09	0.011204	0.436264	427.0	0.0023	标准无保留意见	0	0	1	0.0

三、特征转化

(一) 最小最大缩放

最小最大缩放是常见的特征缩放方法之一。计算公式如下:

$$x_{new} = \frac{x - x_{min}}{x_{max} - x_{min}}$$

x 是一个特征,x_{min} 和 x_{max} 分别为这个特征的最小值和最大值,x_{new} 是缩放后的新特征。最小最大缩放可以将所有特征值压缩(或扩展)到[0,1]区间中。

最小最大缩放可以直接使用 sklearn 中的 MinMaxScaler 来实现。MinMaxScaler 默认是将数据缩放至[0,1]区间,可以通过 feature_range 参数调整数值区间。在 MinMaxScaler 中,fit 方法主要是计算用于以后缩放的最小值和最大值;fit_transform 拟合数据,然后对其进行转换;transform 是基于 fit 的结果,对数据进行转换。我们首先导入 MinMaxScaler,然后将 MinMaxScaler()实例化,最后进行拟合转换。

【例 8-11】　根据"经营困境"数据集,选取 bds 的前三列数据,首先创建一个 MinMaxScaler 对象,然后使用.fit_transform()方法将 bds 进行转换处理。

```
from sklearn.preprocessing import MinMaxScaler
import pandas as pd

# 使用 pandas 读取 Excel 文件
bds = pd.read_excel("https://oss.xinchanjiao.com/upload/default/20230821-
c53ca9e6-a8e0-4805-89b3-f677757c1b54.xlsx")

# 选择前三列数据
bds = bds.iloc[:,0:3]

# 使用 MinMaxScaler 进行特征缩放
bds_mms = MinMaxScaler().fit_transform(bds)

# 打印特征缩放后的最小值和最大值
print("缩放后的最小值:", bds_mms.min(0))
print("缩放后的最大值:", bds_mms.max(0))

# 打印特征缩放后的结果
print("MinMax 缩放数据:")
bds_mms
```

输出结果为：
缩放后的最小值:[0. 0. 0.]
缩放后的最大值:[1. 1. 1.]
MinMax 缩放数据:
array([[1.02517976e-01, 6.80083804e-01, 9.38587958e-01],
       [1.18126890e-01, 6.80041894e-01, 9.29176857e-01],
       [1.34004691e-01, 6.79760849e-01, 9.27107006e-01],
       ...,
       [5.84940231e-04, 7.25609320e-01, 6.40476392e-01],
       [6.13176819e-03, 6.85176298e-01, 3.04965912e-01],
       [1.92512122e-04, 6.81704330e-01, 4.35875862e-01]])
```

　　上面这个例子我们是直接使用 fit_transform 方法进行拟合转换一体化。当涉及数据集划分时建议分 fit 和 transform 两步进行操作,方便训练集和测试集基于一致的标准进行缩放,避免数据泄露(data leakage)。

　　此外,我们常常会遇到存在极端值的情况,此时不宜使用 MinMaxScaler,应该改用 RobustScaler。RobustScaler 是基于中位数和分位距的缩放器,RobustScaler 的缩放公式如下:
```

$$x_{\text{new}} = \frac{x - x_{\text{media}}}{x.\,\text{quantile}_j - x.\,\text{quantile}_i}$$

式中，$x.\,\text{quantile}_i$、$x.\,\text{quantile}_j$ 分别表示特征变量的第 i、j 个分位数点对应的变量值；x_{media} 为特征变量的中位数。$x.\,\text{quantile}_i$ 通常为 25% 分位点数值，$x.\,\text{quantile}_j$ 通常为 75% 分位点数值。

（二）标准化

标准化计算公式如下：

$$z = \frac{x - \mu_x}{\sigma_x}$$

式中，x 是一个特征，μ_x 和 σ_x 分别为这个特征的均值和标准差，z 是标准化之后的新特征。归一化可以将所有特征值压缩（或扩展）到 $[0,1]$ 区间中。标准化又称方差缩放。缩放后的特征均值为 0，方差为 1。

数据标准化可以用 sklearn 中的 StandardScaler。fit 是计算平均值和标准差，以用于以后的数据转换；transform 基于 fit 的结果对数据进行标准化；fit_transform 拟合数据，然后对其进行标准化。我们首先导入 StandardScaler，然后将 StandardScaler() 实例化，最后进行拟合转换。

【例 8-12】 读取"经营困境"数据集。

```
# 导入所需的库
import pandas as pd
from sklearn.preprocessing import StandardScaler

bds = pd.read_excel("https://oss.xinchanjiao.com/upload/default/20230821-
e57894da-9605-4f4f-a126-85659ecd542d.xlsx")
bds
```

输出结果为：

	总资产	资产收益率	资产负债率	正面词汇数	情感语调1	审计意见类型	经营困境
0	3.418592e+12	0.007260	0.929783	1752.0	0.0336	标准无保留意见	0
1	3.939070e+12	0.007158	0.920544	2121.0	0.0407	标准无保留意见	0
2	4.468514e+12	0.006474	0.918512	2343.0	0.0363	标准无保留意见	0
3	1.528579e+12	0.032234	0.845856	664.0	0.0214	标准无保留意见	0
4	1.729929e+12	0.031869	0.843590	536.0	0.0181	标准无保留意见	0
...	...	...	...	...	...	...	...

10677	8.219217e+09	0.052283	0.509062	556.0	0.0484	标准无保留意见	0
10678	3.116324e+09	0.056383	0.087435	415.0	0.0260	标准无保留意见	0
10679	1.964312e+10	0.118059	0.637123	330.0	0.0121	标准无保留意见	0
10680	2.046017e+11	0.019654	0.307748	346.0	-0.0071	标准无保留意见	0
10681	6.557638e+09	0.011204	0.436264	427.0	0.0023	标准无保留意见	0

10682 rows × 7 columns

【例 8-13】　选取数据集的前三列数据,首先创建一个 StandardScaler 对象,然后使用.fit_transform()方法进行标准化处理。计算每列数据的均值和标准差。

```
# 切片操作:选取 bds 的前三列数据
bds = bds.iloc[:,0:3]
# 创建标准化处理器对象,并对切片后的数据进行标准化处理
z = StandardScaler().fit_transform(bds)
print(z)


# 计算标准化后数据的均值和标准差
mean_values = z.mean(axis = 0)   # 沿着列方向计算均值
std_values = z.std(axis = 0)   # 沿着列方向计算标准差


print("标准化后的均值",mean_values)
print("标准化后的标准差",std_values)
```

输出结果为:

[[3.44992241 -0.30834611　2.49865493]

[3.98738303 -0.30945478　2.45347572]

[4.53410221 -0.31688942　2.44353913]

...

[-0.05993044　0.89596719　1.06753162]

[0.13106309 -0.17363137 -0.54313004]

[-0.07344289 -0.26547739　0.08532019]]

标准化后的均值[0.00000000e+00 -5.32142098e-17 -1.33035524e-16]

标准化后的标准差[1. 1. 1.]

(三) 特征交互

在处理连续特征时,我们常常会使用特征交互来扩展现有的特征,尽可能增强特征的表达能力。我们在计量分析模型常用到的交互项、二次项等操作同样属于特征交互。我们可以利用 sklearn 的 PolynomialFeatures 来实现捕获特征交互,其参数包括:degree

控制多项式的阶数,默认为 2;include_bias 是控制截距项,默认为 True;interaction_only 控制是否仅生成交互项,默认是 False。

【例 8-14】 创建一个 NumPy 数组 X,其中包含从 0 到 5 的整数,并将其形状调整为(3,2)的二维数组。

```
# 导入所需的库
import numpy as np
from sklearn.preprocessing import PolynomialFeatures

# 创建一个 NumPy 数组 X,其中包含从 0 到 5 的整数,并将其形状调整为(3,2)的二维
数组。
X = np.arange(6).reshape(3,2)
X
```

输出结果为:
```
array([[0,1],
       [2,3],
       [4,5]])
```

【例 8-15】 创建一个多项式特征生成器,并指定生成的多项式的阶数为 2。然后,使用 poly.fit_transform(X)将输入数据 X 进行多项式转换,生成包含原始特征和其平方项的新特征集合。

```
poly = PolynomialFeatures(2)
poly.fit_transform(X)
```

输出结果为:
```
array([[1.,  0.,  1.,  0.,  0.,  1.],
       [1.,  2.,  3.,  4.,  6.,  9.],
       [1.,  4.,  5., 16., 20., 25.]])
```

【例 8-16】 将参数 interaction_only 设置为 True,创建一个多项式特征生成器,但只生成原始特征之间的交互项,而不生成原始特征的平方项或高阶项。

```
poly = PolynomialFeatures(interaction_only = True)
poly.fit_transform(X)
```

输出结果为:
```
array([[1.,  0.,  1.,  0.],
       [1.,  2.,  3.,  6.],
       [1.,  4.,  5., 20.]])
```

【例 8-17】 设置 include_bias=False,得到一个没有偏置项的多项式特征集合,其

中包含了原始特征及其两两交互项。这些新特征可以用于构建更复杂的多项式回归模型,以更好地拟合数据。

```
poly = PolynomialFeatures(include_bias = False)
poly.fit_transform(X)
```

输出结果为:
```
array([[0.,  1.,   0.,   0.,   1.],
       [2.,  3.,   4.,   6.,   9.],
       [4.,  5.,  16.,  20.,  25.]])
```

第三节 特征选择

一、特征选择的相关概念

在智能财务分析过程中,会面对数量众多的特征,如何穿透特征丛林,直达数据核心地带,洞察特征背后的规律。这需要我们进行特征选择,即从 n 个特征精减至 k 个特征($0 < k < n$)的过程。特征选择可以通过精减无用的特征,降低模型的复杂性,提升模型的泛化能力和落地能力。

我们在构建企业经营困境预测模型时会加入很多特征,如资产规模、盈利能力、创新能力、治理能力、管理能力和行业特征。但是在候选特征集中,有些特征可能很有影响力,而有些特征可能就是凑数的,没有发挥什么作用。在构建企业经营困境预测模型时,我们将对模型有用的特征称为相关特征(relevant feature)、没有什么用的特征成为无关特征(irrelevant feature)。特征选择就是从候选特征集中选择出相关特征子集的过程。需要注意的是,特征选择是和具体的机器学习模型密切相关的,给定的数据集,因要构建的模型不同,其相关特征也可能不同。我们需要结合具体的学习任务,即具体的机器学习模型来展开特征选择,确保不遗留候选特征集中的重要特征,避免遗漏重要信息损害模型的性能。

特征选择是机器学习中很重要的工作。首先,从庞大的候选特征集中筛选关键特征展开研究,大大降低了维数灾难问题;其次,特征选择加快了模型构建,降低了模型部署和维护成本;最后,特征选择使得模型更为简洁,往往会增强模型的可解释性。

常见的特征选择方法可以大致可以分为过滤器法(filter method)、封装器法(wrapper method)、嵌入法(embedded method)三类,具体描述如表 8-2 所示。

表 8-2　　　　　　　　　　　　　特征选择方法及其描述

方法类型	描述
过滤器法	在给定的数据集上,先对候选特征集进行过滤,然后再用过滤后的特征训练模型,特征选择过程与后续模型无关

（续表）

方法类型	描述
封装器法	在给定的数据集和机器学习算法上,对候选特征集的各个子集进行评分,然后进行优化选择特征子集。包裹法特征选择直接将目标机器学习模型的性能作为评价特征子集的准则,为给定的模型量身定做一个最优特征子集
嵌入法	特征选择过程与机器学习模型训练过程融为一体,模型训练过程中自动进行特征选择

二、过滤器法

过滤法相对来说简单直接,与后续模型选用的算法无直接关系,常用于特征选择流程的前期。在智能财务分析中,根据特征与标记的相关性和关联性进行过滤是一个较为合适的选择。

（一）corrwith 方法特征选择

值得关注的是,我们一般是在训练集上进行特征选择,并将这一过程应用到训练集上。首先从 sklearn. model_selection 导入 train_test_split 方法划分数据集,并在训练集上进行特征选择,用 pandas. DataFrame. corrwith 方法计算各个特征与标记的相关系数,然后以 0.01 为阈值进行特征选择。

【例 8-18】 根据"经营困境"数据集。将"审计意见类型"列的值从文本转换为数值（0 或 1）,如果是"标准无保留意见",将其转换为 1,否则为 0。

```
# 导入所需的库
import pandas as pd
from sklearn.model_selection import train_test_split

bd = pd. read_excel ( "https://oss.xinchanjiao.com/upload/default/20230821-
c53ca9e6-a8e0-4805-89b3-f677757c1b54.xlsx")

# 将类别数据转换为数值型
bd["审计意见类型"] = (bd["审计意见类型"] = = "标准无保留意见").astype(int)
bd
```

输出结果为:

（扫码看结果）

【例 8-19】 将数据集划分为训练集和测试集。

```
X = bd.iloc[:,0:-1] # 提取 bd 数据集除最后一列"经营困境"外的所有列
y = bd.iloc[:,-1] # 提取 bd 数据集的最后一列"经营困境"

# 将数据集 X 和 y 划分为训练集和测试集
X_train, X_test, y_train, y_test = train_test_split(X, y, random_state = 42,
stratify = y)
X_train.head()
```

输出结果为：

（扫码看结果）

【例 8-20】 提取与"经营困境"相关的特征列。

```
# 选择与 y_train 的相关性绝对值大于 0.01 的列,然后更新 X_train,只保留这些列
X_train = X_train.loc[:,abs(X_train.corrwith(y_train))>0.01]
# 使测试数据集 X_test 保持与训练数据集 X_train 相同的特征列
X_test = X_test.loc[:,X_train.columns]
X_train.head()
X_test.head()
```

输出结果为：

（扫码看结果）

（二）SelectKBest 方法特征选择

sklearn 实现了单指标特征选择的框架,其中 SelectKBest 是用于选择最好的 k 个特征,SelectPercentile 是用于选择指定百分比之前的特征。在很多时候。智能财务分析的特征数量并不是非常多,所以掌握 SelectKBest 的应用基本就可以了。

SelectKBest 的第一个参数 score_func 是评分函数,第二个参数 k 是选择特征的数量,默认是 10 个特征。常用的评分函数有以下两类：①F 检验,可以用来捕捉每个特征与标记之间的线性关系,其中,f_classif 用于标记离散型变量的数据,f_regression 用于标记连续型变量的数据；②互信息法,可以用来捕捉每个特征与标记之间的线性和非线性关系,其中,mutual_info_classif 用于标记离散型变量的数据,mutual_info_regression 用于标记连续型变量的数据。

值得关注的是,在标记类别变量的时候,样本划分应该用分层分拆数据,为此在

train_test_split 函数中设置"stratify＝y"。预测企业的经营困境是分类任务,先后采用 f_classif 和 mutual_info_classif 两种策略进行特征过滤。selector.fit_transform(X_train,y_train)是对特征数据和标记数据进行统计分析后筛选指定数量的特征; selector.get_feature_names_out()是返回筛选特征的名称。

【例 8-21】 根据"经营困境"数据集,将"审计意见类型"列的文本数据转换为数值数据("标准无保留意见"为 1,其他为 0)。提取与"经营困境"相关的特征列,划分训练集和测试集,用 f_classif 选择最相关的 10 个特征。

```
from sklearn.model_selection import StratifiedKFold
from sklearn.model_selection import train_test_split
from sklearn.feature_selection import SelectKBest
from sklearn.feature_selection import f_classif
from sklearn.feature_selection import mutual_info_classif


bd = pd.read_excel("https://oss.xinchanjiao.com/upload/default/20230821-
c53ca9e6-a8e0-4805-89b3-f677757c1b54.xlsx")
bd["审计意见类型"] = (bd["审计意见类型"] == "标准无保留意见").astype(int)
bd = bd.fillna(bd.mean())
X = bd.drop("经营困境",axis = 1)
y = bd["经营困境"]
X_train, X_test, y_train, y_test = train_test_split(X, y, random_state = 42,
stratify = y)
# 采用 f_classif 策略进行特征过滤
selector = SelectKBest(score_func = f_classif, k = 10)
# 通过基于统计检验的方式,选择与目标变量(y_train)最相关的 10 个特征。
X_train_f10 = selector.fit_transform(X_train, y_train)
selected_features = selector.get_support(indices = True)
feature_names = X_train.columns[selected_features]
X_train_f10 = pd.DataFrame(data = X_train_f10, columns = feature_names)
X_train_f10.head()
```

输出结果为:

	总资产净利润率	资产负债率	营运资金周转率	盈利波动性	实际控制人拥有上市公司所有权比例	实际控制人拥有上市公司控制权比例	控股股东持股比例	管理层平均年龄	审计意见类型	是否发布可持续经营非标意见
0	-0.048684	0.535923	6.088410	0.033914	31.980000	31.980000	20.320000	51.27	1.0	0.0
1	0.199950	0.300723	1.337308	0.017683	49.932000	58.940000	51.330000	53.88	1.0	0.0
2	0.038235	0.393852	5.733230	0.012859	36.815377	41.320963	36.091081	49.33	1.0	0.0
3	0.099411	0.421783	24.159315	0.032812	48.050000	48.050000	48.050000	51.87	1.0	0.0
4	0.062410	0.160134	1.256468	0.013673	33.480000	33.480000	33.480000	54.00	1.0	0.0

【例 8-22】 采用 mutual_info_classif 策略选择最重要的 10 个特征。

```
# 采用 mutual_info_classif 策略进行特征过滤
selector = SelectKBest(mutual_info_classif, k = 10)
# 创建一个特征选择器对象,选择最重要的 10 个特征
X_train_mi10 = selector.fit_transform(X_train, y_train)
selected_features = selector.get_support(indices = True)
feature_names = X_train.columns[selected_features]
X_train_mi10 = pd.DataFrame(data = X_train_mi10, columns = feature_names)
X_train_mi10.head()
```

输出结果为:

	总资产净利润率	所得税率	盈利波动性	大股东占款	实际控制人拥有上市公司所有权比例	实际控制人拥有上市公司控制权比例	员工人数	人均创利	审计意见类型	是否发布可持续经营非标意见
0	-0.048684	0.120607	0.033914	0.024514	31.980000	31.980000	1976.0	-128740.38	1.0	0.0
1	0.199950	0.104704	0.017683	-0.028334	49.932000	58.940000	11833.0	562799.23	1.0	0.0
2	0.038235	0.224197	0.012859	-0.032433	36.815377	41.320963	4079.0	38845.22	1.0	0.0
3	0.099411	0.249287	0.032812	-0.002515	48.050000	48.050000	11640.0	101122.61	1.0	0.0
4	0.062410	0.191288	0.013673	-0.080326	33.480000	33.480000	735.0	434843.90	1.0	0.0

三、封装器法

封装器法常用的特征搜索策略有前向特征选择(forward selection)、后向特征选择(backward selection)。前向特征选择的初始特征子集是空集,根据机器学习算法训练结果逐步向初始特征子集增加特征,直至满足要求时停止。后向特征选择的初始特征子集是全集,根据机器学习算法训练结果逐步从初始特征子集删除特征,直至满足要求时停止。

sklearn 实现后向特征选择的算法是递归特征消除(recursive feature elimination, RFE)算法。在此基础上增加交叉验证的 RFECV 算法,能够提升特征选择的效果。在智能财务分析实践,建议使用 RFECV。

我们首先引入 RFECV 方法,选用随机森林分类器,其参数包括:min_features_to_select 是最少被选特征数量,step 表示每次迭代中希望移除的特征个数。考虑到标记信息是类别特征,为此引入 StratifiedKFold 分层采样用于交叉验证。StratifiedKFold 方法是根据标记中不同类别占比来进行拆分数据的。我们可以关注和调整 RFECV 中的 min_features_to_select 和 step 参数,其中 step 可以设置成(0.0,1.0)之内的小数,表示每次迭代要剔除特征的比例。

【例 8-23】 根据"经营困境"数据集,采用 RFECV 方法选择最重要的 12 个特征。其中:随机森林算法的参数采用默认值。

```
from sklearn.ensemble import RandomForestClassifier
from sklearn.feature_selection import RFECV
from sklearn.model_selection import train_test_split
from sklearn.model_selection import StratifiedKFold
```

```
bd = pd. read_excel("https://oss. xinchanjiao. com/upload/default/20230821-
c53ca9e6-a8e0-4805-89b3-f677757c1b54.xlsx")
bd["审计意见类型"] = (bd["审计意见类型"] == "标准无保留意见").astype(int)
bd = bd.fillna(bd.mean())
X = bd.drop("经营困境", axis = 1)
y = bd["经营困境"]
X_train, X_test, y_train, y_test = train_test_split(X, y, random_state = 42,
stratify = y)


# 创建了一个随机森林分类器对象 rfc,设置了决策树的最大深度为 5,并且指定了
随机数种子为 42
rfc = RandomForestClassifier(max_depth = 5, random_state = 42)
# 创建一个递归特征消除交叉验证对象 selector,通过反复训练模型并消除最不重
要的特征,直到达到设定的特征数量
selector = RFECV(
    estimator = rfc, min_features_to_select = 12, step = 4, cv =
StratifiedKFold(5))
selector = selector.fit(X_train, y_train)
X_train = X_train.loc[:,selector.support_]
X_train.head()
```

输出结果为:

	总负债	总资产净利润率	资产负债率	账面市值比	流动比率	营业收入增长率	盈利波动性	大股东占款	实际控制人拥有上市公司所有权比例	员工人数	人均创利	审计意见类型
1715	2.800386e+09	-0.048684	0.535923	0.389757	1.036507	0.106855	0.033914	0.024514	31.980000	1976.0	-128740.38	1
5939	1.001601e+10	0.199950	0.300723	0.098531	2.626382	-0.097668	0.017683	-0.028334	49.932000	11833.0	562799.23	1
7986	1.632171e+09	0.038235	0.393852	0.524767	2.564726	0.136838	0.012859	-0.032433	36.815377	4079.0	38845.22	1
8636	4.994102e+09	0.099411	0.421783	0.530327	1.819189	1.820468	0.032812	-0.002515	48.050000	11640.0	101122.61	1
8423	8.200669e+08	0.062410	0.160134	0.917008	2.922428	-0.364291	0.013673	-0.080326	33.480000	735.0	434843.90	1

四、嵌入法

嵌入法是一种特征选择和模型训练融为一体的方法。常用的嵌入法主要是基于正则的特征选择和基于树模型的特征选择。基于正则的选择,我们既可以直接使用 L1 正则,使得部分特征的系数直接为 0,实现自动特征选择,也可以使用 L1 正则或 L2 正则训练出的特征权重进行选择。例如,设置一定的阈值,也可以 L1 正则和 L2 正则两种结果综合使用。树模型自带特征重要性,为特征选择提供便利。

在 sklearn 中,我们一般利用 SelectFromModel 做嵌入法特征选择。SelectFromModel 可以与任何在拟合后具有 coef_,feature_importances_属性或参数中可选惩罚项的估计器一起使用(比如随机森林具有属性 feature_importances_,Logistic 回归带有 l1 和 l2 惩罚项,线性支持向量机也支持 l2 惩罚项)。

（一）基于正则的特征选择

【例 8 - 24】　利用带 L1 正则的 Logistic 回归实现特征选择。首先，我们导入 LogisticRegression、SelectFromModel、MinMaxScaler 和 train_test_split。然后划分数据，注意设置 stratify 参数实行分层分拆。接着对数据进行最小最大缩放处理，设置估计器进行模型训练。最后基于模型训练结果选择特征。LogisticRegression 模型的参数中，penalty＝"l1"是表示选择了 L1 正则。SelectFromModel 的参数中，threshold 是筛选特征的阈值，可以选择均值（mean）、中位数（median）和具体数值等，重要性低于这个阈值的特征都将被删除。阈值越大，筛选出的特征数量越低。

```
from sklearn.linear_model import LogisticRegression
from sklearn.feature_selection import SelectFromModel
from sklearn.preprocessing import MinMaxScaler
from sklearn.model_selection import train_test_split


bd = pd.read_excel("https://oss.xinchanjiao.com/upload/default/20230821-
c53ca9e6-a8e0-4805-89b3-f677757c1b54.xlsx")
bd["审计意见类型"] = (bd["审计意见类型"] == "标准无保留意见").astype(int)
bd = bd.fillna(bd.mean())
X = bd.drop("经营困境", axis = 1)
y = bd["经营困境"]
X_train, X_test, y_train, y_test = train_test_split(X, y, random_state = 42,
stratify = y)
mms = MinMaxScaler().fit(X_train)
X_train_m = mms.transform(X_train)
lr = LogisticRegression(penalty = "l1", random_state = 42, solver = "liblinear")
# 得到被选中的特征
X_train_embedded = SelectFromModel(lr, threshold = "mean").fit_transform(X_
train_m,y_train)
# 得到被选择的原始特征
ret = SelectFromModel(lr, threshold = "mean").fit(X_train_m,y_train)
X_train = X_train.iloc[:,ret.get_support(indices = True)]
X_train.head()
```

输出结果为：

	总资产净利润率	资产负债率	账面市值比	盈利波动性	大股东占款	实际控制人拥有上市公司所有权比例	控股股东持股比例	机构投资者持股比例	管理层薪酬总额	管理层持股比例	管理层男性占比	管理层平均年龄	审计意见类型
1715	-0.048684	0.535923	0.389757	0.033914	0.024514	31.980000	20.320000	9.3374	5434900.0	20.7423	93.33	51.27	1
5939	0.199950	0.300723	0.098531	0.017683	-0.028334	49.932000	51.330000	86.7892	112247400.0	0.0000	76.47	53.88	1
7986	0.038235	0.393852	0.524767	0.012859	-0.032433	36.815377	36.091081	28.9020	3485400.0	0.0410	90.48	49.33	1
8636	0.099411	0.421783	0.530327	0.032812	-0.002515	48.050000	48.050000	0.0231	35290900.0	42.9933	86.67	51.87	1
8423	0.062410	0.160134	0.917008	0.013673	-0.080326	33.480000	33.480000	69.8543	2974500.0	0.0000	82.35	54.00	1

（二）基于树模型的特征选择

【例 8-25】 利用随机森林算法实现特征选择。首先导入 RandomForestClassifier、SelectFromModel、MinMaxScaler 和 train_test_split。然后划分数据，注意设置 stratify 参数实行分层分拆。接着设置估计器，进行模型训练。最后基于模型训练结果选择特征。SelectFromModel 的参数中，threshold 是筛选特征的阈值，可以选择均值（mean）、中位数（median）和具体数值等，重要性低于这个阈值的特征都将被删除。阈值越大，筛选出的特征数量越低。

```
from sklearn.ensemble import RandomForestClassifier
from sklearn.feature_selection import SelectFromModel
from sklearn.model_selection import train_test_split
bd = pd.read_excel("https://oss.xinchanjiao.com/upload/default/20230821-
c53ca9e6-8e0-4805-89b3-f677757c1b54.xlsx")
bd["审计意见类型"] = (bd["审计意见类型"] == "标准无保留意见").astype(int)
bd = bd.fillna(bd.mean())
X = bd.drop("经营困境", axis = 1)
y = bd["经营困境"]
X_train, X_test, y_train, y_test = train_test_split(X, y, random_state = 42,
stratify = y)
rfc = RandomForestClassifier(max_depth = 5, random_state = 0)
#得到被选中的特征
#X_train_embedded = SelectFromModel(rfc, threshold = 0.005).fit_transform(X
_train, y_train)
ret = SelectFromModel(rfc, threshold = "mean").fit(X_train, y_train)
#得到被选择的原始特征
X_train = X_train.iloc[:, ret.get_support(indices = True)]
X_train.head()
```

输出结果为：

（扫码看结果）

🎯 本章小结

1. 特征工程是指对原始数据中的特征进行处理和转换，以便于机器学习模型能够更好地理解和利用数据。在智能财务分析领域，特征工程是构建可靠预测模型的关键一步，能够显著提升模型的性能和效果。

2. 特征工程主要涉及三个主要方面：特征转换、特征编码和特征选择。

3. 特征转换是通过数学变换等方式改变特征的分布，使其更适合模型的要求。这包括特征分箱，将连续型特征离散化以适应模型的非线性关系；特征转化，如对数变换、标准化，以减小特征之间的尺度差异。

4. 特征编码涉及将分类特征转换成模型能够处理的数字形式，使模型能够理解这些特征的关系。常见的编码方式包括独热编码、标签编码等。

5. 特征选择是从原始特征集中选择对于模型预测性能最具有代表性的特征。过滤器法、封装器法和嵌入法是常用的特征选择方法，可以有效减少特征维度，提高模型的泛化能力和解释性。

6. 在智能财务分析中，正确的特征工程能够提高模型的预测能力、降低过拟合风险，并帮助从数据中挖掘出更有价值的信息。通过特征工程，我们可以更准确地把握财务数据的内在关系，为决策提供更有力的支持。因此，在模型构建之前，充分的特征工程是确保模型性能优越的关键步骤。

复习思考题

1. 解释特征工程在智能财务分析中的作用和重要性。
2. 详细描述智能财务分析中特征编码的过程和目标。
3. 什么是特征分箱？它在智能财务分析中的应用有哪些优势？
4. 介绍过滤器法、封装器法和嵌入法这三种特征选择方法的原理和区别。
5. 解释过滤器法的基本原理，以及它是如何根据特征本身的统计性质进行选择的。
6. 详细描述封装器法的工作原理，以及它是如何借助机器学习模型的性能来进行特征选择的。
7. 介绍嵌入法特征选择的思想，以及它是如何将特征选择与机器学习模型的训练过程结合起来的。
8. 列举一些可能会在特征工程中遇到的挑战，如高维度、数据不一致，并提供相应的解决方案。
9. 在进行智能财务分析时，有哪些伦理和隐私问题需要特别关注？

实践操作题

根据所学技能，自行处理相关数据，完成各题内容。

```
# 创建一个包含10行数据的示例财务数据集，使用具体的营业收入和净利润数字
data = {
    "公司":["公司A", "公司B", "公司C", "公司D", "公司E", "公司F", "公司
G", "公司H", "公司I", "公司J"],
```

```
    "行业":["科技","零售","医疗","金融","科技","零售","医疗","金融",
"科技","零售"],
    "财务年度":[2021, 2021, 2021, 2021, 2022, 2022, 2022, 2022, 2023, 2023],
    "营业收入":[40784, 24851, 49949, 22051, 41811, 14289, 11184, 24975,
29744, 18188],
    "净利润":[16021, 10220, 5547, 12295, 14044, 15581, 6558, 12055, 6154, 7881]
}
# 将数据转换为 DataFrame
df = pd.DataFrame(data)
```

1. 选择数据集中的"公司类型"特征,使用 pandas 库中的 get_dummies 函数进行独热编码,分析编码后的数据集,确保每个类别都得到了适当的表示(如绘制饼图)。

2. 选择数据集中的"营业收入"特征。使用 pandas 库中的 cut 函数对连续特征进行分箱。

3. 选择数据集中的"营业收入"和"净利润"特征。使用 pandas 库中的数学变换函数(如 log、sqrt、square)对特征进行变换。

第九章　机器学习

补充知识

机器学习的
发展历程

🎯 **学习目标**

1. 了解机器学习理论的发展。
2. 掌握财务大数据分析中机器学习的应用流程。
3. 掌握财务大数据分析中机器学习的常用分析模型应用。
4. 掌握财务大数据分析中机器学习常用分析模型的优缺点。

第一节　机器学习的概念与分类

一、机器学习的概念

机器学习是一种人工智能领域的分支，旨在使计算机系统能够从数据中自动学习并改进性能，而无需显式地进行编程。简而言之，机器学习是一种让计算机能够通过数据学习和适应的方法。它基于统计学和算法，使计算机能够识别模式、发现规律，并从经验中不断优化其执行任务的能力。在机器学习中，算法会利用大量的训练数据进行模型的训练，以便从中捕捉数据的特征和关系。训练后的模型可以用于对新的数据进行预测、分类、聚类等任务，从而实现自主学习和智能决策。

机器学习应用广泛，包括图像识别、语音识别、自然语言处理、推荐系统、医疗诊断、金融预测等领域。随着数据量的不断增加和计算能力的提升，机器学习在解决复杂问题和提供智能服务方面变得越来越重要。

二、机器学习的基本分类

根据学习方法、任务类型和算法特点，机器学习目前主要分为三个类别，即监督学习、无监督学习和强化学习。

（一）监督学习（supervised learning）

在监督学习中，模型通过输入数据和相应的标签（输出）进行训练。其目标是建立一个从输入到输出的映射关系，使模型能够预测新的、未标记的数据标签。常见的监督学习任务包括分类和回归。分类任务是将数据划分到不同的类别中，而回归任务是预测连续数值输出。

（二）无监督学习（unsupervised learning）

无监督学习是从未标记的数据中发现模式和结构，不需要预先提供标签，而是通过聚类、降维、关联规则等方法来探索数据的内在特征。聚类是将数据分组成相似的簇，降维则是减少数据的维度以提取关键特征。无监督学习的训练数据中只有特征变量，但没有目标变量，所以它的学习目标不是预测具体指定标签，而是根据特征进行"分组"，将大量数据中类似的数据分为一组。

（三）强化学习（reinforcement learning）

强化学习是训练智能体（agent）在与环境互动时通过试错来学习行动策略。智能体从环境中观察状态，采取行动并获得奖励或惩罚，从而逐渐优化其策略以最大化累积奖励。强化学习在棋类、游戏、机器人控制、金融交易、自动驾驶、推荐系统等有深度的应用。

强化学习中没有带标签的数据作为训练数据，但这并不意味着完全没有监督信息。系统根据强化学习程序运行，在获得所需结果时给出奖励信号。例如，在机器人的步行控制中，可以走的距离就是奖励；在围棋的比赛程序中，赢或输的结果就是奖励，失败时的奖励是负值，也称惩罚。

三类机器学习的对比如表 9-1 所示。

表 9-1　　　　　　　　　　　机器学习的对比

类别	解决问题	特点	案例
监督学习	回归分析	预测内容为连续值	股价预测
	分类问题	预测内容为类别值（非连续性）	财务危机预测
无监督学习	数据聚类	相似数据进行聚类	新闻聚类
	数据降维	降低数据的维度即特征的数量	人脸特征降维
强化学习	有模型学习	根据过往经验选取最优策略	自动围棋
	免模型学习	根据现实反馈采取下一步动作	自动驾驶

第二节　机器学习的应用流程

一、机器学习的关键步骤

机器学习的应用流程主要包括以下五个关键步骤：

（1）数据获取：从不同数据源收集所需数据，根据需要分析的问题不同，数据可能是结构化数据，也可能是文本、图像等非结构化数据。

（2）特征工程：将原始数据转化为机器学习可用的特征，包括数据清洗、缺失值处理、特征选择和变换、降维和特征融合等，以提取有用信息。

（3）模型训练：选择适合任务的算法（如线性回归、决策树、神经网络等），并使用训练数据对模型进行训练，调整模型参数以拟合数据。

（4）模型评估：通过使用测试数据来衡量模型的性能，常用指标如准确率、均方误差、F1 分数等，评估模型在未见过数据上的泛化能力。

（5）模型优化：可以通过正则化、交叉验证等方法来减少过拟合或欠拟合问题，进一步优化模型，提升模型性能。不断调整模型参数、尝试不同的算法、进行超参数搜索，都有助于改进模型的效果。

整个流程的目标是建立一个能够从数据中学习并做出预测或决策的模型。每个阶段都涉及技巧和方法，需要根据任务和数据的特点进行适当调整。这个流程是迭代性的，可能需要多次调整和尝试，以达到更好的结果。通过数据驱动的学习，机器学习在各个领域都有广泛应用，从自然语言处理到医疗诊断，都能取得令人瞩目的成就。

本节以房价预测为例，介绍机器学习的应用流程。房价预测是根据一些特征信息来预测房屋的价格或价值，在房地产市场、金融行业及城市规划中具有重要意义。通过房价预测模型，可以帮助买家、卖家、投资者和政府等做出更明智的决策。房价的判断通常涉及多个因素，包括户型、面积、卫生间数量、朝向、地段、建筑年代、装修状况和周边环境等。这些因素都会对房屋的价格产生影响，因此在房价预测模型中，它们可以作为特征来帮助预测房价。

二、数据获取

波士顿房价预测数据集是一个经典的机器学习数据集，常用于回归问题的练习和算法验证。该数据集涉及波士顿地区房屋的各种特征与对应房价的关系，具体变量及其含义如表 9-2 所示。我们可以使用 pandas 中的 read_csv 函数来读取波士顿房价预测数据集。以下是获取波士顿房价数据集的示例代码：

原始数据

波士顿房价

```python
# 导入 pandas 库
import pandas as pd
# 读取并查看数据
df = pd.read_csv('https://oss.xinchanjiao.com/upload/default/20230822-96423346-40f3-4c36-b4bc-831a3775efa1.csv')
print(f'数据集的行列数分别为:',df.shape)
df.head()
```

输出结果为：

数据集的行列数分别为：(506,13)

	CRIM	ZN	INDUS	CHAS	NOX	RM	AGE	DIS	RAD	TAX	PTRATIO	LSTAT	MEDV
0	0.00632	18.0	2.31	0	0.538	6.575	65.2	4.0900	1	296	15.3	4.98	24.0
1	0.02731	0.0	7.07	0	0.469	6.421	78.9	4.9671	2	242	17.8	9.14	21.6
2	0.02729	0.0	7.07	0	0.469	7.185	61.1	4.9671	2	242	17.8	4.03	34.7
3	0.03237	0.0	2.18	0	0.458	6.998	45.8	6.0622	3	222	18.7	2.94	33.4
4	0.06905	0.0	2.18	0	0.458	7.147	54.2	6.0622	3	222	18.7	5.33	36.2

表 9-2 数据集变量及其含义

变量类别	变量名	变量含义
特征变量	CRIM	城镇人均犯罪率
	ZN	占地面积超过 25 000 平方英尺的住宅用地比例
	INDUS	非零售商业用地比例
	CHAS	查尔斯河虚拟变量(如果在河边,则为 1,否则为 0)
	NOX	一氧化氮浓度
	RM	每个住宅的平均房间数
	AGE	1940 年之前建造的自住房屋的比例
	DIS	到波士顿五个就业中心的加权距离
	RAD	径向公路的可达性指数
	TAX	每 10 000 美元的全值财产税率
	PTRATIO	城镇师生比例
	LSTAT	低收入人群比例
目标变量	MEDV	房屋的中位数价值

三、数据预处理及特征工程

数据预处理及特征工程是在机器学习和数据分析中,通过对原始数据进行转换、创建、选择或提取特征,以便更好地表示数据,改善模型性能或提取有用信息的过程。

标准化是将原始数据按照特定规则进行缩放,使数据的均值为 0,标准差为 1,即在统计上具有零均值和单位方差。标准化后数据的形状是没有变化的,这种转换有助于消除特征之间的尺度差异,使得模型在训练和预测时更稳定、更具有可比性。标准化后的数据可以更好地适用于许多机器学习算法,尤其是那些基于距离或梯度的算法(如 KNN 算法),因为它们对特征尺度的敏感性较高;有些模型不需要对数据进行标准化,如线性回归、决策树、随机森林等算法。

通过 df.info()查看数据集的基本情况。

```
df.info()
```

输出结果为:

```
<class 'pandas.core.frame.DataFrame'>
RangeIndex: 506 entries, 0 to 505
Data columns (total 13 columns):
 #   Column   Non-Null Count   Dtype
---  ------   --------------   -----
 0   CRIM     506 non-null     float64
 1   ZN       506 non-null     float64
 2   INDUS    506 non-null     float64
 3   CHAS     506 non-null     int64
 4   NOX      506 non-null     float64
 5   RM       506 non-null     float64
 6   AGE      506 non-null     float64
 7   DIS      506 non-null     float64
 8   RAD      506 non-null     int64
 9   TAX      506 non-null     int64
 10  PTRATIO  506 non-null     float64
 11  LSTAT    506 non-null     float64
 12  MEDV     506 non-null     float64
dtypes: float64(10), int64(3)
memory usage: 51.5 KB
```

从结果中可以看到共 506 行数据,每列数据均为数值型(整数类型或浮点数类型),没有空值,不需要做空值处理。我们使用 K 近邻法进行建模,需要将数据拆分为训练集和测试集并将数据进行标准化处理。

(1)构建 X,y 变量,并使用 train_test_split 函数将数据分为训练集和测试集。

```
from sklearn.model_selection import train_test_split

#从 DataFrame 中提取特征矩阵 X 和目标变量 y
X = df.iloc[:, : -1]    #提取除最后一列外的所有列作为特征矩阵 X
y = df.iloc[:, -1]    #提取最后一列作为目标变量 y
#将数据集划分为训练集和测试集,其中测试集占比为 20%,随机种子为 42
X_train,X_test,y_train,y_test = train_test_split(X,y,test_size = 0.2,random_
state = 42)
#打印训练集和测试集的形状
print("训练集特征矩阵形状:", X_train.shape)
print("测试集特征矩阵形状:", X_test.shape)
print("训练集目标变量形状:", y_train.shape)
print("测试集目标变量形状:", y_test.shape)
```

输出结果为:

训练集特征矩阵形状:(404,12)

测试集特征矩阵形状:(102,12)

训练集目标变量形状:(404,)

测试集目标变量形状:(102,)

（2）使用 StandardScaler 对数据进行标准化处理，训练集和测试集需要分别进行。

```
from sklearn.preprocessing import StandardScaler
# 创建标准化处理器对象
scaler = StandardScaler()
# 在训练集上进行标准化拟合和转换
X_train_scaled = scaler.fit_transform(X_train)
# 在测试集上进行标准化转换(使用训练集的均值和标准差)
X_test_scaled = scaler.transform(X_test)
# 打印标准化后的训练集和测试集的形状
print("标准化后的训练集特征矩阵形状:", X_train_scaled.shape)
print("标准化后的测试集特征矩阵形状:", X_test_scaled.shape)
```

输出结果为：

标准化后的训练集特征矩阵形状:(404,12)

标准化后的测试集特征矩阵形状:(102,12)

四、模型训练

以 K 最近邻（K-Nearest Neighbors，KNN）算法为例，进行模型训练。

KNN 算法是一种基本的机器学习算法，用于分类和回归任务。它的核心思想：如果一个样本在特征空间中的 K 个最近邻居中的大多数属于某个类别，那么该样本很可能属于这个类别。在 KNN 算法中，数据的预测是通过对其 K 个最近邻居的投票来决定的。

KNN 算法的主要步骤如下：

（1）选择 K 值：确定要考虑的最近邻居的数量 K。

（2）计算距离：计算每个样本与其他样本之间的距离，常用的距离度量包括欧几里得距离、曼哈顿距离等。

（3）选择最近邻居：选取与待预测样本距离最近的 K 个样本作为最近邻居。

（4）进行投票（分类）或计算平均值（回归）：对于分类问题，统计 K 个最近邻居中各类别出现的次数，将待预测样本分类为出现次数最多的类别。对于回归问题，计算 K 个最近邻居的目标变量的平均值，作为待预测样本的预测值。

KNN 算法的优点包括简单易懂、不需要训练阶段、适用于多类别问题，以及对异常值不敏感。KNN 算法的缺点是计算复杂度高、需要大量内存存储训练数据、对特征尺度敏感，以及在高维数据下可能表现不佳。在使用 KNN 时，通常需要进行数据的标准化处理，以确保各特征具有相同的尺度。此外，选择合适的 K 值也是一个重要的考虑因素，不同的 K 值可能会导致不同的预测结果。

用 KNN 算法训练模型。

```
from sklearn.neighbors import KNeighborsRegressor
```

```
# 创建 KNN 回归模型对象,指定邻居数为 5
knn_model = KNeighborsRegressor(n_neighbors = 5)
# 在标准化后的训练集上训练 KNN 模型
knn_model.fit(X_train_scaled, y_train)
```

输出结果为:

```
KNeighborsRegressor()
```

在运行这段代码之后,knn_model 将是一个已经训练好的 KNN 回归模型,可以用于对新的数据进行预测。

五、模型评估

机器学习模型评估方法是确保模型性能、泛化能力和可靠性的关键步骤。机器学习回归问题常用的评价指标包括均方误差(MSE)、均方根误差(RMSE)、平均绝对误差(MAE)等,衡量模型预测值与真实值之间的差异。机器学习分类问题常用的评价指标包括准确率、精确率、召回率、F1 分数、混淆矩阵等,衡量模型在不同类别上的分类性能。

针对房价预测的回归问题,我们先使用训练好的 knn_model 模型对标准化后的测试数据进行预测,再计算模型的均方误差(MSE)作为评估指标,均方误差是一种常用的评估指标,用于衡量模型的预测值与真实值之间的差异程度。代码如下:

```
from sklearn.metrics import mean_squared_error
# 在标准化后的测试集上进行预测
y_pred = knn_model.predict(X_test_scaled)
# 计算均方误差(MSE)作为模型评估指标
mse = mean_squared_error(y_test, y_pred)
# 打印模型评估结果
print("KNN 模型的均方误差:",mse)
```

输出结果为:
KNN 模型的均方误差:20.614325490196084

从结果可知,模型的预测值与实际房价值之间的差异平方的平均值大约为 20.61。想要判断一个均方误差(MSE)值是否高或低,以及模型是否好或不好,需要考虑问题的特定背景和领域知识。一般根据问题背景、比较基准和 MSE 的相对大小来判断目前 MSE 值是否较低,是否还有优化提升的空间。

六、模型优化

模型优化的意义在于改善模型的性能,使其能够更准确地预测和泛化,从而更好地解决实际问题。模型优化的目标是使其在未见过的数据上具有更好的预测泛化能力,从而提高模型的实用性和可靠性。

模型优化的方法也有很多,如调整超参数、特征工程、数据预处理、交叉验证、集成模型、正则化、模型选择、误差分析。综合使用这些方法,就可以逐步优化模型,使其在给定任务中达到更好的性能。不同的问题可能需要不同的方法,因此在优化模型时要灵活考虑并根据实际情况进行调整。

我们调整 KNN 算法中的超参数 K 值,通过绘制折线图来对比不同 K 值下的 MSE 值,得出较好的 K 值选择。

(1)通过循环,对不同 K 值进行建模,得到相应的 MSE 值,添加到均方误差列表中。

```
# 创建一个空列表来存储不同 K 值下的 MSE 值
mse_list = []
# 针对不同的邻居数进行循环,范围是从 1 到 10(不包括 10)
for i in range(1,11):
    # 创建 KNN 回归模型对象,指定邻居数为当前的 i 值
    knn_model = KNeighborsRegressor(n_neighbors = i)
    # 在标准化后的训练集上训练 KNN 模型
    knn_model.fit(X_train_scaled, y_train)
    # 在标准化后的测试集上进行预测
    y_pred = knn_model.predict(X_test_scaled)
    # 计算 MSE 作为模型评估指标
    mse = mean_squared_error(y_test, y_pred)
    # 将当前模型的 MSE 值添加到 mse_list 列表中
    mse_list.append(mse)
    # 打印当前邻居数和对应的 MSE 值
    print(f'当邻居数为{i}时,均方误差(MSE)为{mse:.2f}')
```

输出结果为:

当邻居数为 1 时,均方误差(MSE)为 24.59

当邻居数为 2 时,均方误差(MSE)为 16.49

当邻居数为 3 时,均方误差(MSE)为 18.73

当邻居数为 4 时,均方误差(MSE)为 19.99

当邻居数为 5 时,均方误差(MSE)为 20.61

当邻居数为 6 时,均方误差(MSE)为 22.16

当邻居数为 7 时,均方误差(MSE)为 22.60

当邻居数为 8 时,均方误差(MSE)为 23.42

当邻居数为 9 时,均方误差(MSE)为 24.06

当邻居数为 10 时,均方误差(MSE)为 25.21

（2）绘制均方误差折线图。

```python
# 导入 matplotlib 库用于绘图
import matplotlib.pyplot as plt
# 创建一个绘图窗口,指定图形大小为宽度 10、高度 6 英寸,分辨率为 150 dpi
plt.figure(figsize = (10,6), dpi = 150)
# 绘制折线图,横坐标为邻居数范围从 1 到 10,纵坐标为对应的 MSE 值
# 使用圆圈标记数据点,虚线连接数据点
plt.plot(range(1,11), mse_list, marker ='o', linestyle ='--')
# 添加图标题,设置标题字体大小为 16
plt.title('均方误差(MSE)值折线图-K 值选择',fontsize = 16)
# 设置横坐标刻度为 1 到 10 的整数
plt.xticks(range(1,11))
# 添加横坐标标签
plt.xlabel('K 值')
# 添加纵坐标标签
plt.ylabel('均方误差(MSE)值')
# 添加网格线
plt.grid()
# 显示绘图
plt.show()
```

输出结果为：

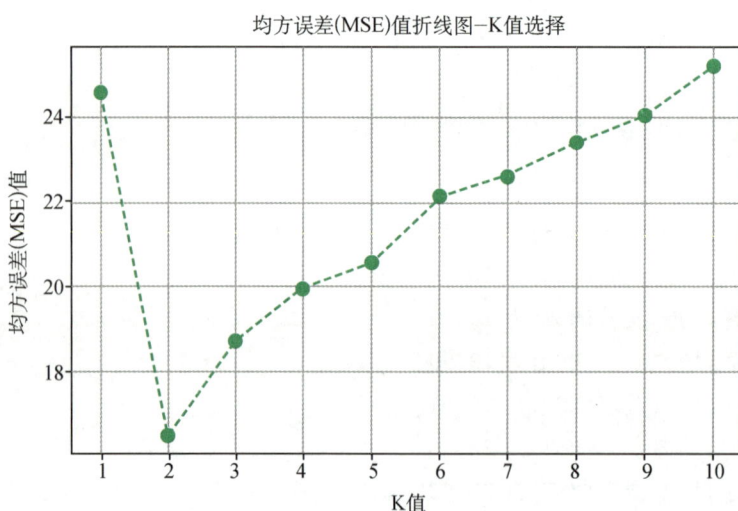

均方误差(MSE)值折线图-K值选择

从结果可以看出,当 K 值为 1 时,模型的 MSE 为 24.59;K 值为 2 时,均方误差下降到 16.49,相较于邻居数为 1 时有显著改善。随着 K 值继续增加,MSE 逐渐上升,这可能是因为模型开始变得过于简单,无法很好地拟合数据。MSE 是衡量模型预测值与

真实值之间差异的平均平方值,数值越小表示模型预测越准确。所以,我们可以选择 K 值为 2 作为模型的超参数,用于之后的数据预测。

第三节　机器学习的基本模型

一、机器学习基本模型的应用范围

常见的有监督学习算法和无监督学习算法及其应用范围分别如表 9-3 和表 9-4 所示。

表 9-3　　　　　　　　　　有监督学习算法及其应用范围

算法	应用范围	
	分类	回归
线性回归	×	√
逻辑回归	√	×
朴素贝叶斯	√	×
K 最近邻	√	√
支持向量机	√	√
决策树	√	√
随机森林	√	√
神经网络	√	√

表 9-4　　　　　　　　　　无监督学习算法及其应用范围

算法	应用范围		
	聚类	降维	规则发现
PCA	×	√	×
KMeans	√	×	×
LDA	×	√	×
DBSCAN	√	×	×
apriori	×	×	√
FP-tree	×	×	√

二、线性回归

(一) 线性回归模型的概念

线性回归模型是利用线性拟合的方式探寻数据背后的规律,包括一元线性回归模型多元线性回归模型等内容。先通过搭建线性回归模型寻找散点(也称样本点)背后的趋势线(也称回归曲线),再利用回归曲线进行一些简单的预测分析或因果关系分析。在线性回归中,我们根据特征变量(也称自变量)来预测反应变量(也称因变量)。

根据特征变量的个数可将线性回归模型分为一元线性回归和多元线性回归。例如,通过"房间大小"这一个特征变量来预测"房价",就属于一元线性回归;而通过"房间大小""位置""所在城市"等多个特征变量来预测"房价",就属于多元线性回归。

(二) 线性回归模型的重要参数

使用 sklearn 的 linear_model 中包含 LinearRegression 子类,可以完成线性回归的建模。

1. 引入子类代码

```
from sklearn.linear_model import LinearRegression
```

2. 初始化实例代码

```
LinearRegression(fit_intercept = True,normalize = False,copy_X = True)
```

3. 子类的重要方法及其含义(表 9-5)

表 9-5　　　　　　　　　LinearRegression 子类的重要方法及其含义

方法	含义
fit(X,y)	训练模型方法
predict(X)	用训练好的模型进行预测,并返回预测值
score(X,y)	计算公式为:$score = 1 - u / v$ 其中,$u = ((ytrue - ypred) ** 2).sum()$ $v = ((ytrue - ytrue.mean()) ** 2).sum()$ score 最大值是 1,有可能是负值(预测效果太差) score 越大,预测性能越好
coef_	模型权重项结果
intercept_	结果截距项结果

(三) 线性回归模型的应用

1. 一元线性回归的代码实现

建立以 RM(每个住宅的平均房间数)特征作为自变量,以 MEDV(房屋的中位数价值)为因变量的一元线性回归模型,首先需要读取数据,提取 RM 和 MEDV 变量,绘制两个变量的散点图查看两者的线性关系。

```
import pandas as pd
df = pd. read _ csv (' https://oss. xinchanjiao. com/upload/default/20230822 -
96423346-40f3-4c36-b4bc-831a3775efa1.csv')
```

```
print(f'数据集的行列数分别为：',df.shape)


# 从 DataFrame 中提取特征矩阵 X 和目标变量 y
X = df[['RM']]    # 提取 RM 列作为特征矩阵 X,双中括号是将数据列提取为 DataFrame 类型
y = df['MEDV']    # 提取 MEDV 列作为目标变量 y


# 导入 matplotlib.pyplot 库,用于绘制数据可视化图形
import matplotlib.pyplot as plt
# 创建一个图形,设置图形的大小为 10x6 英寸,分辨率为 100dpi
plt.figure(figsize = (10,6), dpi = 100)
# 设置图形标题为' RM&MEDV 散点图',字体大小为 16
plt.title('RM&MEDV 散点图',fontsize = 16)
# 设置 x 轴刻度范围为 1 到 10
plt.xticks(range(1,11))
# 设置 x 轴标签为' RM(每个住宅的平均房间数)'
plt.xlabel('RM(每个住宅的平均房间数)')
# 设置 y 轴标签为' MEDV(房屋的中位数价值)'
plt.ylabel('MEDV(房屋的中位数价值)')
# 绘制散点图,其中 X 为横坐标数据,y 为纵坐标数据
plt.scatter(X, y)
# 显示绘制的图形
plt.show()
```

输出结果为：

数据集的行列数分别为：(506,13)

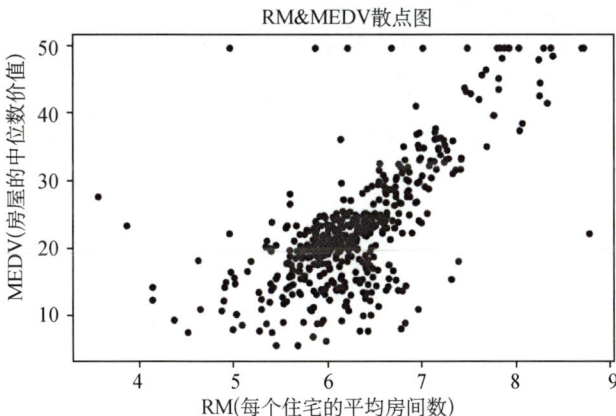

RM&MEDV散点图

从结果看出,房价与房间数有正向的相关关系,接下来我们将数据拆分为训练集和测试集,其中测试集为全部数据的 20%。使用 LinearRegression()函数训练数据,得到

231

权重和截距项,并使用 MSE 指标对测试集进行模型评估,查看其训练效果。

```
# 将数据集划分为训练集和测试集,其中测试集占比为 20%,随机种子为 42
X_train,X_test,y_train,y_test = train_test_split(X,y,test_size = 0.2,random_
state = 42)


# 打印训练集和测试集的形状
print("训练集特征矩阵形状:", X_train.shape)
print("测试集特征矩阵形状:", X_test.shape)
print("训练集目标变量形状:", y_train.shape)
print("测试集目标变量形状:", y_test.shape)


# 从 sklearn 库中导入 LinearRegression 和 mean_squared_error 模块
from sklearn.linear_model import LinearRegression
from sklearn.metrics import mean_squared_error
# 创建 LinearRegression 对象,fit_intercept 参数设置为 True 表示拟合截距
lr = LinearRegression(fit_intercept = True)
# 使用训练数据拟合线性回归模型
lr.fit(X_train, y_train)
# 使用训练好的模型对测试数据进行预测
y_pred = lr.predict(X_test)
# 计算预测值与真实值之间的均方误差
mse = mean_squared_error(y_test, y_pred)
# 输出均方误差结果
print('一元线性回归的均方误差结果为:',mse)
# 输出一元线性回归模型的权重项结果,即特征的系数
print('一元线性回归的权重项结果为:', lr.coef_[0])
# 输出一元线性回归模型的截距项结果,表示在预测中的偏移量
print('一元线性回归的截距项结果为:', lr.intercept_)
```

输出结果为:

训练集特征矩阵形状:(404,1)

测试集特征矩阵形状:(102,1)

训练集目标变量形状:(404,)

测试集目标变量形状:(102,)

一元线性回归的均方误差结果为:46.144775347317264

一元线性回归的权重项结果为:[9.34830141]

一元线性回归的截距项结果为:−36.24631889813795

因为通过 lr.coef_获得的是一个列表,所以要通过 lr.coef_[0]选取其中的元素,因此,拟合得到的一元线性回归方程为 $y=9.3x-36.2$。我们可以将拟合的方程绘制到原散点图中,看一下拟合效果。

```python
# 导入 matplotlib.pyplot 库,用于绘制数据可视化图形
import matplotlib.pyplot as plt

# 创建一个图形,设置图形的大小为 10x6 英寸,分辨率为 100dpi
plt.figure(figsize = (10,6), dpi = 100)
# 设置图形标题为'RM&MEDV 散点图',字体大小为 16
plt.title('RM&MEDV 散点图', fontsize = 16)
# 设置 x 轴刻度范围为 1 到 10
plt.xticks(range(1,11))
# 设置 x 轴标签为'RM(每个住宅的平均房间数)'
plt.xlabel('RM(每个住宅的平均房间数)')
# 设置 y 轴标签为' MEDV(房屋的中位数价值)'
plt.ylabel('MEDV(房屋的中位数价值)')
# 绘制散点图,其中 X 为横坐标数据,y 为纵坐标数据
plt.scatter(X, y)
# 绘制拟合的曲线
plt.plot(X,lr.predict(X),color ='red',linewidth = 3,label ='y = 9.3x - 36.2')
# 显示图例
plt.legend()
# 显示绘制的图形
plt.show()
```

输出结果为:

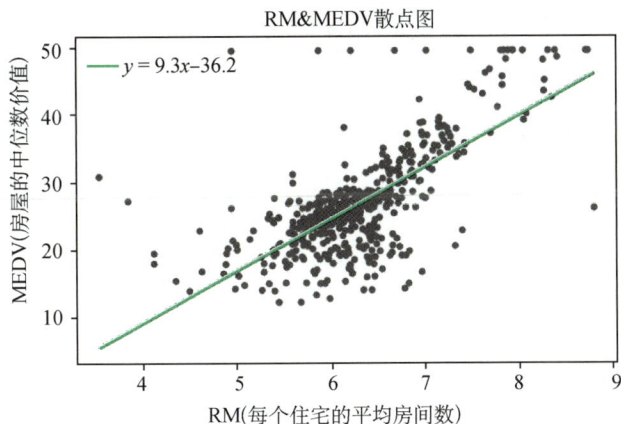

一元线性回归模型其实还有一个进阶版本——一元多次线性回归模型,比较常见

的是一元二次线性回归模型。其形式可以表示为如下公式：

$$y = ax^2 + bx + c$$

那么如何在 Python 中搭建一个一元二次线性回归模型呢？首先，生成二次项数据，我们直接使用所有的 X 和 y 数据进行拟合，不再拆分训练集和测试集。根据一元二次线性回归模型绘制的曲线更契合散点图呈现的数据变化趋势。

```python
# 从 sklearn 库中导入 LinearRegression 和 mean_squared_error 模块
from sklearn.linear_model import LinearRegression
from sklearn.metrics import mean_squared_error
from sklearn.preprocessing import PolynomialFeatures


# 创建 LinearRegression 对象, fit_intercept 参数设置为 True 表示拟合截距
lr_pf = LinearRegression(fit_intercept = True)


pf = PolynomialFeatures(degree = 2)
X_ = pf.fit_transform(X)
# 使用训练数据拟合线性回归模型
lr_pf.fit(X_, y)


# 输出一元线性回归模型的权重项结果, 即特征的系数
print('一元线性回归的权重项结果为：', lr_pf.coef_)
# 输出一元线性回归模型的截距项结果, 表示在预测中的偏移量
print('一元线性回归的截距项结果为：', lr_pf.intercept_)


# 导入 matplotlib.pyplot 库, 用于绘制数据可视化图形
import matplotlib.pyplot as plt
# 创建一个图形, 设置图形的大小为 10x6 英寸, 分辨率为 100dpi
plt.figure(figsize = (10,6), dpi = 100)
# 设置图形标题为' RM&MEDV 散点图', 字体大小为 16
plt.title('RM&MEDV 散点图', fontsize = 16)
# 设置 x 轴刻度范围为 1 到 10
plt.xticks(range(1,11))
# 设置 x 轴标签为' RM(每个住宅的平均房间数)'
plt.xlabel('RM(每个住宅的平均房间数)')
# 设置 y 轴标签为' MEDV(房屋的中位数价值)'
plt.ylabel('MEDV(房屋的中位数价值)')
# 绘制散点图, 其中 X 为横坐标数据, y 为纵坐标数据
```

```
plt.scatter(X, y)
#绘制拟合的曲线
plt.scatter(X,lr_pf.predict(X_),color = 'red',linewidth = 3,label = 'y = 2.47x
* 2 - 22.6x + 66')
#显示图例
plt.legend()
#显示绘制的图形
plt.show()
```

输出结果为:

一元线性回归的权重项结果为:$\begin{bmatrix} 0. & -22.64326237 & 2.47012384 \end{bmatrix}$

一元线性回归的截距项结果为:66.05884748479421

RM&MEDV散点图

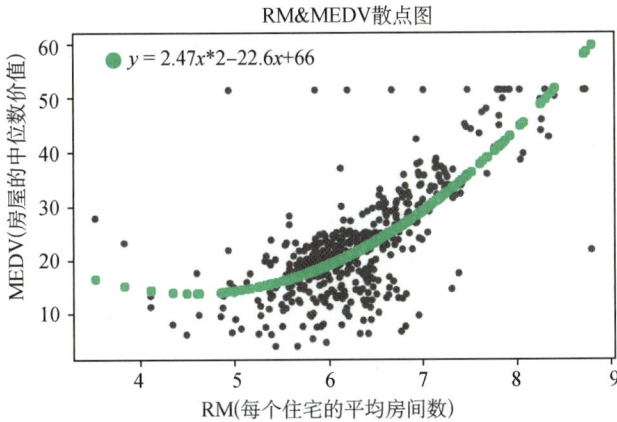

拟合得到的一元二次线性回归方程为 $y = 2.47x^2 - 22.6x + 66$。

2. 多元线性回归的代码实现

多元线性回归的原理和一元线性回归的原理在本质上是一样的,不过因为多元线性回归可以考虑到多个因素对目标变量的影响,所以在商业实战中应用更为广泛。

```
#从 DataFrame 中提取特征矩阵 X 和目标变量 y
X = df.iloc[:, :-1]   #提取除最后一列外的所有列作为特征矩阵 X
y = df.iloc[:, -1]   #提取最后一列作为目标变量 y


from sklearn.linear_model import LinearRegression
from sklearn.metrics import mean_squared_error


#将数据集划分为训练集和测试集,其中测试集占比为 20%,随机种子为 42
X_train,X_test,y_train,y_test = train_test_split(X,y,test_size = 0.2,random_state
= 42)
```

```
#打印训练集和测试集的形状
print("训练集特征矩阵形状:", X_train.shape)
print("测试集特征矩阵形状:", X_test.shape)
print("训练集目标变量形状:", y_train.shape)
print("测试集目标变量形状:", y_test.shape)

# 创建 LinearRegression 对象, fit_intercept 参数设置为 True 表示拟合截距
lr = LinearRegression(fit_intercept = True)
# 使用训练数据拟合线性回归模型
lr.fit(X_train, y_train)
# 使用训练好的模型对测试数据进行预测
y_pred = lr.predict(X_test)
# 计算预测值与真实值之间的均方误差
mse = mean_squared_error(y_test, y_pred)
# 输出均方误差结果
print('多元线性回归的均方误差结果为:',mse)
# 输出一元线性回归模型的权重项结果,即特征的系数
print('多元线性回归的权重项结果为:', lr.coef_)
# 输出一元线性回归模型的截距项结果,表示在预测中的偏移量
print('多元线性回归的截距项结果为:', lr.intercept_)
```

输出结果为:

训练集特征矩阵形状:(404,12)

测试集特征矩阵形状:(102,12)

训练集目标变量形状:(404,)

测试集目标变量形状:(102,)

多元线性回归的均方误差结果为:22.777708563866184

多元线性回归的权重项结果为:[$-1.27195928e-01$ $3.07954889e-02$
$2.52477064e-02$ $3.04947682e+00$

   $-1.81832461e+01$ $4.24009781e+00$ $-3.59439826e-03$ $-1.46550703e+00$
$2.39990397e-01$ $-1.12752436e-02$ $-8.94844726e-01$ $-5.37770202e-01$]

多元线性回归的截距项结果为:36.97046906703035

相比于一元线性回归的均方误差 46.14,多元线性回归的均方误差为 22.78。这表明多元回归模型在考虑更多特征的情况下,能够更准确地预测房价,相较于简单的一元回归模型,其预测误差更小,更适用于解释复杂的房价变化。

(四) 线性回归模型的优缺点

1. 线性回归模型的优点

(1) 简单和解释性强:线性回归模型相对简单,易于理解和解释。它通过一条直线

来拟合数据点,因此可以直观地表示输入特征和输出之间的关系。

(2)快速训练和预测:线性回归模型的训练和预测速度较快,特别适用于大规模数据集。

(3)可解释性强:模型中的系数可以解释特征对输出的影响程度,从而帮助了解不同特征之间的关系。

(4)广泛应用:线性回归作为基础模型,可以用于预测、分类等多种任务。它还可以作为其他更复杂模型的基础组成部分。

(5)适用性:当数据具有线性趋势时,线性回归模型能够表现出色,产生较好的预测结果。

2. 线性回归模型的缺点

(1)局限性:线性回归假设输入特征和输出之间存在线性关系,但在实际应用中,许多问题的关系可能并非线性。这就导致线性回归无法捕捉非线性关系,从而产生较差的预测结果。

(2)对异常值敏感:线性回归对异常值较为敏感,一个异常值的存在可能会显著影响模型的性能和系数估计。

(3)欠拟合问题:当输入特征与输出之间存在复杂非线性关系时,线性回归模型可能会出现欠拟合,无法很好地拟合数据。

(4)多重共线性:当输入特征之间存在高度相关性时,线性回归模型可能出现多重共线性问题,导致系数估计不稳定。

(5)精确性受限:线性回归的预测能力受到数据质量、特征选择等因素的影响,可能无法在某些复杂问题上获得最佳性能。

三、决策树

(一)决策树的概念

决策树(decision tree)是一种非参数的有监督学习,它能够从一系列有特征有标签的数据中总结出决策规则,并用树状图的结构来呈现这些规则,以解决分类和回归问题。在分类问题中,一棵决策树可以视作 if-then 规则的集合。决策树模型呈树形结构,具有可读性,分类速度快的特点,在各种实际业务建模过程中应用广泛。

(二)决策树模型的重要参数

决策树算法在 sklearn 库 tree 类中,主要包含 DecisionTreeClassifier,Decision TreeRegressor 两个子类,分别负责处理回归和分类任务。

1. 引入子类代码

```
from sklearn.tree import DecisionTreeClassifier
from sklearn.tree import DecisionTreeRegressor
```

2. 初始化实例代码

```
from sklearn import tree
```

补充知识

信息熵

```
clf = tree.DecisionTreeClassifier(
    criterion = "gini",
    splitter = "best",
    max_depth = None,
    min_samples_split = 2,
    min_samples_leaf = 1, `
    min_weight_fraction_leaf = 0.,
    max_features = None,
    random_state = None,
    max_leaf_nodes = None,
    min_impurity_decrease = 0.,
    min_impurity_split = None,
    class_weight = None,
    ccp_alpha = 0.0
)
```

（1）criterion：用于衡量节点纯度的标准，可以是"gini"（基尼系数）或"entropy"（信息熵）。

（2）splitter：选择划分节点的策略，可以是"best"（选择最佳划分）或"random"（随机选择划分），默认为"best"。

（3）max_depth：决策树的最大深度，用于控制树的复杂度和防止过拟合。

（4）min_samples_split：节点划分所需的最小样本数，如果节点的样本数小于这个值，则不再进行划分。

（5）min_samples_leaf：叶节点所需的最小样本数，用于控制叶节点的最小样本数量，防止过拟合。

（6）max_features：在选择划分特征时考虑的最大特征数，可以是整数（具体特征数量）或浮点数（特征比例）。

（7）class_weight：用于处理类别不平衡问题的权重，可以是"balanced"（根据类别频率自动分配权重）或自定义的权重字典。

（8）random_state：随机种子，用于控制随机性，以便可以复现结果。

3. 子类常用方法

（1）fit(X，y)：用训练数据 X 和标签 y 来训练决策树模型。

（2）predict(X)：对给定的数据 X 进行预测，返回预测的类别标签。

（3）predict_proba(X)：对给定的数据 X 进行预测，返回每个类别的概率。

（4）score(X，y)：计算模型在测试数据 X 和标签 y 上的准确率。

（5）get_params()：获取当前模型的参数设置。

4. 子类常用属性

（1）classes_：训练数据中出现的类别标签。

（2）feature_importances_：特征重要性,表示每个特征在模型中的相对重要程度。

（3）tree_：训练好的决策树模型的属性,可以访问模型的内部结构。

（4）n_classes_：训练数据中的类别数量。

（5）n_features_：特征数量。

（三）决策树模型的应用

针对上市公司的股票涨跌预测,搭建基于决策树模型的股票涨跌预测模型。实际业务场景可分为通过大数据分析进行智能择时(选择合适的交易时机)与智能择股(选择合适的交易股票)两个主要方向,这两个方向的本质都是预测股票的涨跌情况。在商业实战中,股票涨跌预测非常难,因为影响股票涨跌的因素不仅有众多技术指标(股价及股价的衍生数据),还有公司的基本面指标(如公司的资产、收入等信息),以及宏观经济数据等各种各样的数据。本例只是简单演示投资决策的基本思路,商业实战中应用的股票涨跌预测模型则复杂得多。

1. 读取数据集

读取神州高铁(股票代码000008)的 2019-01-01 至 2021-12-31 股票数据,包含股票代码、日期、开盘价、收盘价、最高价、最低价、成交量。

原始数据

```
# 导入 pandas 库
import pandas as pd
# 使用 read_csv 函数读取"股票基本数据.csv",并将数据存储在 df 中
df = pd. read _ csv (' https://oss. xinchanjiao. com/upload/default/20230825 -
696a3c30-083c-40b1-ae71-5f5e2b4fe365.csv')
# 查看数据的行列数
print('股票基本数据的行列数分别为:',df.shape)
# 使用 df.head()方法显示 DataFrame 的前几行数据,默认显示前 5 行
df.head()
```

股票基本数据

输出结果为:

股票基本数据的行列数分别为:(730,7)

	股票代码	日期	开盘价	收盘价	最高价	最低价	成交量
0	8	2019/1/2	3.87	3.86	3.89	3.79	98226
1	8	2019/1/3	3.85	3.82	3.88	3.81	113078
2	8	2019/1/4	3.78	3.89	3.89	3.78	188831
3	8	2019/1/7	3.93	4.05	4.13	3.90	433498
4	8	2019/1/8	4.05	4.12	4.23	4.01	481872

从目前读取的基本数据来看,没有涨跌与否的目标变量。为提高预测的准确度,可以通过目前的原始变量,构造出更多的衍生变量。

2. 生成衍生特征变量

其中,针对原始数据需要生成一些衍生变量,计算公式如下:

(1) 当日涨幅＝(收盘价－开盘价)/开盘价。

(2) 最高最低涨幅＝(最高价－最低价)/最低价。

(3) 昨日收盘价＝昨日收盘价,所有数据向下移动 1 行并形成新的 1 列。

(4) 收盘价格变化＝今日收盘价－昨日收盘价,即当天的股价变化。

(5) 收盘价格变化百分比＝当天股价变化的百分比,也称为当天股价的涨跌幅。

(6) MA 变量移动平均线。其中,平均是指最近 n 天收盘的算术平均值,移动是指在计算中始终采用最近 n 天的价格数据。

(7) 构造涨跌目标变量"是否上涨"。根据下一天的"收盘价格变化"列,如收盘价格变化大于等于 0,标记为 1,代表涨;其他标记为 0,代表跌。构造 MA 变量后将会有部分行出现缺失值,缺失值占比较小,直接将包含缺失值的行删除即可。

```
# 计算当日涨幅:收盘价减去开盘价,然后除以开盘价,得到当日涨幅
df['当日涨幅'] = (df['收盘价'] − df['开盘价'])/df['开盘价']
# 计算最高最低涨幅:最高价减去最低价,然后除以最低价,得到最高最低涨幅
df['最高最低涨幅'] = (df['最高价'] − df['最低价'])/df['最低价']
# 创建一列'昨日收盘价',使用 shift(1)将收盘价向前平移一个位置,表示昨日的收盘价
df['昨日收盘价'] = df['收盘价'].shift(1)
# 计算收盘价格变化:今日收盘价减去昨日收盘价,得到收盘价格的变化
df['收盘价格变化'] = df['收盘价'] − df['昨日收盘价']
# 计算收盘价格变化百分比:收盘价格变化除以昨日收盘价,然后乘以100,得到变化
的百分比
df['收盘价格变化百分比'] = (df['收盘价'] − df['昨日收盘价'])/df['昨日收盘价'] * 100
# 计算5日移动平均(MA5):使用 rolling(5).mean()对收盘价进行5日滑动平均计算
df['MA5'] = df['收盘价'].rolling(5).mean()
# 计算10日移动平均(MA10):使用 rolling(10).mean()对收盘价进行10日滑动平
均计算
df['MA10'] = df['收盘价'].rolling(10).mean()


# 移除含有缺失值的行:使用 dropna()函数移除含有缺失值的行,得到新的
DataFrame
df = df.dropna()
# 创建一列'是否上涨':将'收盘价格变化'列向后平移一个位置(即下一天的收盘价变
化),然后通过 lambda 函数将正变化设为1,负变化设为0
df['是否上涨'] = df['收盘价格变化'].shift(−1).map(lambda x: 1 if x >= 0 else 0)
# 移除最后一行:使用 iloc[:−1, :]剔除最后一行,因为最后一行的'是否上涨'无法
取得下一天的值
```

```
df = df.iloc[ : −1, : ]
```
 # 显示前 5 行数据:使用 head(5)方法显示 DataFrame 的前 5 行数据
```
df.head(5)
```

输出结果为:

	股票代码	日期	开盘价	收盘价	最高价	最低价	成交量	当日涨幅	最高最低涨幅	昨日收盘价	收盘价格变化	收盘价格变化百分比	MA5	MA10	是否上涨
9	8	2019/1/15	3.99	4.02	4.03	3.96	167665	0.007519	0.017677	3.99	0.03	0.751880	4.022	3.985	0
10	8	2019/1/16	4.03	3.99	4.03	3.98	153791	−0.009926	0.012563	4.02	−0.03	−0.746269	4.006	3.998	0
11	8	2019/1/17	3.98	3.94	4.00	3.93	177732	−0.010050	0.017812	3.99	−0.05	−1.253133	3.996	4.010	0
12	8	2019/1/18	3.96	3.92	3.97	3.78	243091	−0.010101	0.050265	3.94	−0.02	−0.507614	3.972	4.013	1
13	8	2019/1/21	3.91	3.92	3.94	3.87	203072	0.002558	0.018088	3.92	0.00	0.000000	3.958	4.000	0

3. 拆分数据集,使用决策树训练数据

 # 从 DataFrame 中选择特定的列作为特征矩阵 X,这些特征包括'收盘价','成交量','当日涨幅','最高最低涨幅','5 日移动平均'和' 10 日移动平均'
```
X = df[['收盘价','成交量','当日涨幅','最高最低涨幅','MA5 ','MA10 ']]
```
 # 从 DataFrame 中选择列'是否上涨'作为目标变量 y,用于表示下一天是否股票上涨
```
y = df['是否上涨']
```

 # 导入 train_test_split 函数用于划分数据集,以及 DecisionTreeClassifier 类用于创建决策树分类器
```
from sklearn.model_selection import train_test_split
from sklearn.tree import DecisionTreeClassifier
```

 # 将数据集划分为训练集和测试集,其中测试集占比为 20%,随机种子为 42
```
X_train, X_test, y_train, y_test = train_test_split(X, y, test_size = 0.2,
random_state = 42)
```

 # 打印训练集和测试集的形状
```
print("训练集特征矩阵形状:", X_train.shape)
print("测试集特征矩阵形状:", X_test.shape)
print("训练集目标变量形状:", y_train.shape)
print("测试集目标变量形状:", y_test.shape)
```

 # 创建一个决策树分类器对象,使用熵作为划分标准
```
dtc = DecisionTreeClassifier(criterion ='entropy')
```

 # 在训练集上拟合(训练)决策树分类器
```
dtc.fit(X_train, y_train)
```

输出结果为：

训练集特征矩阵形状:(576,6)

测试集特征矩阵形状:(144,6)

训练集目标变量形状:(576,)

测试集目标变量形状:(144,)

4. 评估决策树模型效果

```
# 使用训练好的决策树分类器(dtc)对测试集数据(X_test)进行预测,并计算预测准
确率
accuracy = dtc.score(X_test, y_test)
print(accuracy)
```

输出结果为：

0.5208333333333334

决策树训练过程中,存在随机性,主要表现在特征选择的随机性(多个特征分割优势相同时随机选择特征)和样本选择的随机性。

在股票市场中,不可预测性是一个普遍存在的现象。市场受到众多复杂因素的影响,包括全球经济动态、政治事件、市场情绪等,这些因素的变化难以准确预测。即便是经验丰富的投资者和专业分析师也难以始终准确预测股票价格的涨跌。在这种背景下,模型预测准确率达到 0.521 是相对较高的,意味着模型在一定程度上能够捕捉到某些市场趋势。然而,这并不意味着市场的不可预测性问题已经被解决。模型即使在某一时间段内的预测结果较好,也无法保证在未来的市场环境下同样有效。

股票市场的波动性和不确定性意味着即使有一段时间的预测准确性,仍然可能受到未知事件的影响而出现误差。投资决策需要综合考虑各种因素,包括历史数据、市场趋势、风险承受能力等。尽管模型的准确率有所提升,但投资者仍应保持谨慎,采用多样化的投资策略,并且始终认识到市场的不可预测性和风险。

5. 决策树可视化展示(前 3 层)

```
# 导入所需的库
from sklearn.tree import plot_tree
import matplotlib.pyplot as plt


# 创建一个绘图窗口,设置图像大小为 10x6,分辨率为 100 dpi
plt.figure(figsize = (10, 6), dpi = 100)


# 使用 plot_tree 函数绘制决策树图像
# - dtc:决策树分类器对象
# - max_depth:限制决策树显示的最大深度,仅展示前 3 层
```

```
#-filled:是否填充节点的颜色,用于表示多数类别
#-rounded:是否对节点框架进行圆角处理
#-feature_names:特征的名称列表,用于显示在节点上
#-fontsize:节点文本的字体大小
plot_tree(dtc, max_depth = 3, filled = True, rounded = True, feature_names = X.
columns.to_list(), fontsize = 8)


# 显示绘制的决策树图像
plt.show()
```

输出结果为:

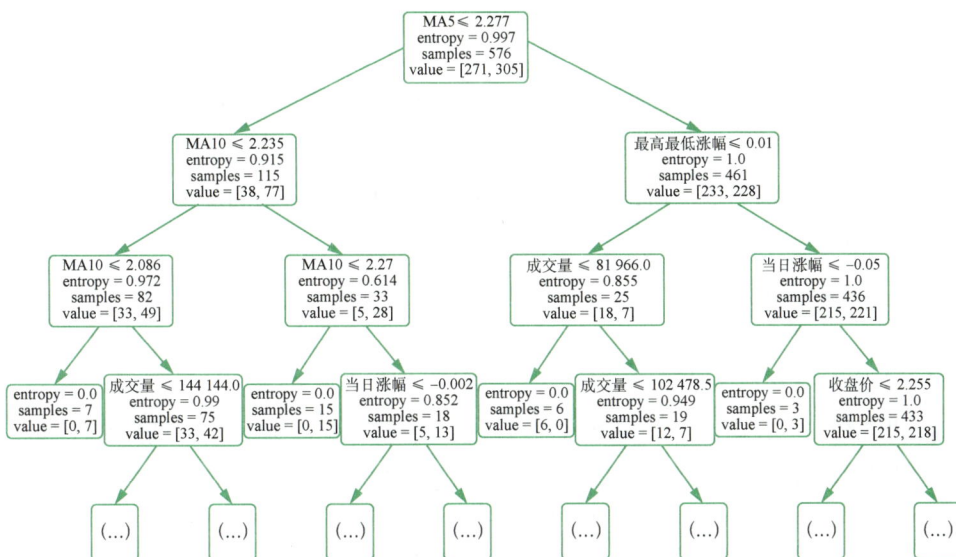

结果中的决策树的节点结构,展现了训练后的决策树模型的一部分。每个节点都代表了一个决策树中的判断条件,以及在该条件下的样本分布情况。

根节点表示整个决策树的开始。根据条件 MA5$\leqslant$2.277,将 576 个样本分为左子节点和右子节点。左子节点有 115 个样本,其中第一类有 38 个,第二类有 77 个。右子节点有 461 个样本,其中第一类有 233 个,第二类有 228 个。

此处只显示了决策树的前 3 层,完整的决策树结构可能更加复杂。

(四)决策树模型的优缺点

1. 决策树模型的优点

(1)可解释性强:决策树模型的结构和规则非常直观,可以被视为一系列简单的逻辑判断,易于理解和解释。

(2)适用于多类别问题:决策树能够直接处理多类别问题,不需要额外的处理步骤。

(3)能够处理数值和类别特征:决策树可以处理同时包含数值型和类别型特征的数

据集,而不需要进行特殊的数据变换。

(4) 不需要太多的数据预处理:决策树对于缺失值和异常值的容忍度相对较高,不需要像一些其他算法那样对数据进行严格的预处理。

(5) 可用于特征选择:决策树可以通过特征的重要性来帮助选择有意义的特征,从而减少特征维度。

(6) 能够捕捉非线性关系:决策树可以捕捉非线性关系,对于复杂的数据模式建模能力较强。

2. 决策树模型的缺点

(1) 过拟合问题:决策树容易过拟合,特别是在处理复杂数据时。为了减少过拟合,需要进行剪枝操作、限制树的深度或者采用集成学习方法(如随机森林)。

(2) 不稳定性:小的数据变动可能导致决策树结构的显著变化,这使得模型相对不稳定。

(3) 忽略特征间关联:决策树每次只选择一个特征来进行分割,容易忽略多个特征之间的相互关系。

(4) 容易产生高度复杂的树:决策树在不受限制的情况下,容易生成过于复杂的树结构,难以解释和泛化。

(5) 对于部分数据不适用:决策树在处理某些数据分布不均匀的情况下可能表现不佳,因为它倾向于在数据量较多的类别上进行分割。

四、随机森林

(一) 随机森林模型的概念

随机森林是一种由决策树构成的(并行)集成算法,属于 Bagging 类型,通过组合多个弱分类器,最终结果通过投票或取均值,使得整体模型的结果具有较高的精确度和泛化性能,同时也有很好的稳定性,应用在各种业务场景中。

随机森林有如此优良的表现,主要归功于“随机”和“森林”,一个使它具有抗过拟合能力,一个使它更加精准。

1. 随机

(1) 样本随机:给定包含 m 个样本的数据集,我们先随机取出一个样本放入采样集中,再把该样本放回初始数据集,使得下次采样时该样本仍有可能被选中。上述过程重复 m 轮,我们得到 m 个样本的采样集,初始训练集中有的样本在采样集中多次出现,有的则从未出现。根据计算,约 63.2% 的样本出现在采样集中,而未出现的约 36.8% 的样本可用作验证集来对后续的泛化性能进行“包外估计”,带来数据集的差异化。

(2) 属性随机:在随机森林中,对基决策树的每个结点,先在该结点的特征属性集合中随机选择 k 个属性,然后再从这 k 个属性中选择一个最优属性进行划分。此随机性也会带来基模型的差异性。

2. 森林

“森林”体现在“集成”,也就是根据多个(差异化)采样集,训练得到多个(差异化)决策树,采用简单投票或者平均法来提高模型稳定性和泛化能力。

随着随机森林中决策树数量的增多,模型的泛化能力逐渐增强,决策边界越来越趋于平滑,也就是受到噪声点的影响越来越小。

(二) 随机森林模型的重要参数

随机森林在 sklearn 库 ensemble 类中,主要包含 RandomForestClassifier, RandomForestRegressor 两个子类,分别负责处理分类和回归任务。

1. 引入子类代码

```
from sklearn.ensemble import RandomForestClassifier
from sklearn.ensemble import RandomForestRegressor
```

2. 初始化实例代码

```
RandomForestClassifier(n_estimators = 100, criterion = 'gini', max_depth =
None, min_samples_split = 2, min_samples_leaf = 1, min_weight_fraction_leaf
= 0.0, max_features = 'auto', max_leaf_nodes = None, min_impurity_decrease =
0.0, bootstrap = True, oob_score = False, class_weight = None)
```

其中,常用的参数及含义为:

(1) n_estimators(默认值＝100):指定随机森林中决策树的数量。通常选择较大的值,如 100、200 或更多,以获得更好的性能。

(2) criterion(默认值＝"gini"):决定了每个决策树节点的分裂标准,可以选择 gini (基尼系数)或 entropy(信息增益)。根据问题选择,默认值 gini 在大多数情况下表现良好。

(3) max_depth(默认值＝None):限制决策树的最大深度,以防止过拟合,根据数据情况设置,较小的值有助于控制过拟合。

(4) min_samples_split(默认值＝2):指定一个节点至少需要多少样本才能进行分裂,可以根据数据量适当调整,通常不需要太大的值。

(5) min_samples_leaf(默认值＝1):指定一个叶子节点至少需要多少样本,可以根据数据量适当调整,通常不需要太大的值。

(6) max_features(默认值＝"auto"):决定每个节点用于分裂的特征数量,可以是具体的整数值、小数(表示百分比)或者 sqrt、log2 等,通常使用 sqrt 或 log2,以减少决策树的相关性。

(7) bootstrap(默认值＝True):决定是否进行有放回抽样(bootstrap sampling)来构建每棵树的训练集,通常保持默认值,因为随机森林的效果不太受影响。

(8) random_state(默认值＝None):设定随机种子,以便结果可以复现,根据需要进行设置,特别是在需要结果可复现的情况下。

3. 子类常用方法

(1) fit(X, y):用训练数据 X 和标签 y 来训练决策树模型。

(2) predict(X):对给定的数据 X 进行预测,返回预测的类别标签。

（3）predict_proba(X)：对给定的数据 X 进行预测，返回每个类别的概率。

（4）score(X，y)：计算模型在测试数据 X 和标签 y 上的准确率。

（5）get_params()：获取当前模型的参数设置。

4. 子类常用属性

（1）n_estimators_：返回实际使用的决策树数量。

（2）feature_importances_：返回每个特征的重要性分数，表示每个特征对模型的贡献程度。

（3）classes_：返回模型的类别标签，在多类别问题中特别有用。

（4）estimators_：返回一个列表，包含所有决策树实例，可用于进一步分析和操作单个决策树。

（三）随机森林模型的应用

本案例使用和决策树相同的数据，我们直接从拆分数据集和训练模型开始，构建随机森林模型，查看随机森林模型的建模结果。

```
# 从 DataFrame 中选择特定的列作为特征矩阵 X，这些特征包括'收盘价','成交量','当
日涨幅','最高最低涨幅','5 日移动平均'和'10 日移动平均'
X = df[['收盘价','成交量','当日涨幅','最高最低涨幅','MA5','MA10']]
# 从 DataFrame 中选择列'是否上涨'作为目标变量 y，用于表示下一天是否股票上涨
y = df['是否上涨']


# 导入 train_test_split 函数用于划分数据集，以及 DecisionTreeClassifier 类用
于创建决策树分类器
from sklearn.model_selection import train_test_split
from sklearn.tree import DecisionTreeClassifier


# 将数据集划分为训练集和测试集，其中测试集占比为 20%，随机种子为 42
X_train, X_test, y_train, y_test = train_test_split(X, y, test_size = 0.2,
random_state = 42)


# 打印训练集和测试集的形状
print("训练集特征矩阵形状：", X_train.shape)
print("测试集特征矩阵形状：", X_test.shape)
print("训练集目标变量形状：", y_train.shape)
print("测试集目标变量形状：", y_test.shape)


# 创建一个随机森林分类器对象
from sklearn.ensemble import RandomForestClassifier
rfc = RandomForestClassifier(n_estimators = 200)
```

```
＃在训练集上拟合(训练)随机森林分类器
rfc.fit(X_train,y_train)

＃使用训练好的随机森林分类器(dtc)对测试集数据(X_test)进行预测,并计算预测
准确率
accuracy = rfc.score(X_test, y_test)
print('随机森林模型在测试集的预测准确率为:',accuracy)
```

输出结果为:

训练集特征矩阵形状:(576,6)

测试集特征矩阵形状:(144,6)

训练集目标变量形状:(576,)

测试集目标变量形状:(144,)

随机森林模型在测试集的预测准确率为:0.5763888888888888

从结果上看,对于相同的数据集,相比于单棵决策树的 52.08％ 的准确率,构建的包含 200 个决策树的随机森林模型表现更好,准确率提升了近 5 个百分点,达到了 57.64％。这个结果进一步证实了随机森林的优势。

随机森林通过集成多个决策树,利用随机抽样和特征选择,有效地减少了过拟合的风险,并且能够更好地捕捉数据中的复杂关系。但是尽管模型的准确率有所提升,但投资者仍应保持谨慎,采用多样化的投资策略,并且始终认识到市场的不可预测性和风险。

(四) 随机森林模型的优缺点

1. 随机森林模型的优点

(1) 高预测性能:随机森林能够集成多个决策树的预测结果,从而降低过拟合风险,提高模型的泛化能力和预测性能。

(2) 适应复杂数据模式:随机森林能够有效地捕捉数据中的非线性和复杂关系,适用于各种类型的数据,包括高维数据和大型数据集。

(3) 抗噪声性能强:随机森林通过多次随机子集训练,是多棵决策树的集成,对于数据中的噪声和异常值具有一定的鲁棒性。

(4) 特征重要性评估:随机森林可以提供每个特征的重要性分数,帮助识别数据中哪些特征对于预测起到了关键作用。

(5) 可解释性:相对于某些黑盒模型,随机森林的结果较易于解释,因为它可以显示每个决策树的分裂过程。

(6) 并行化训练:由于每棵树可以独立地并行训练,随机森林在多核计算机上具有较好的训练效率。

2. 随机森林模型的缺点

(1) 模型复杂性:随机森林包含多个决策树,可能导致模型本身较大,占用较多的内

存空间。

（2）计算资源消耗：由于包含多棵树，随机森林的训练和预测通常比单个决策树更耗费计算资源。

（3）过拟合风险：尽管随机森林在很大程度上减少了过拟合的风险，但在某些情况下，仍可能对少数类别过度拟合。

（4）可解释性受限：尽管单个决策树相对易于解释，但随机森林整体的预测过程可能相对复杂，难以完全解释。

（5）训练时间：相对于简单模型而言，随机森林的训练时间较长，尤其在树的数量较多的情况下。

随机森林作为一种强大的集成算法，在许多问题中表现出色。然而，选择使用随机森林还是其他模型，需要根据具体任务、数据性质和可解释性等因素进行权衡。

五、神经网络

（一）神经网络模型的概念

神经网络模型其实是在模仿人类大脑思考的方式。人类的大脑在思考时，神经元会接收外部的刺激，当传入的冲动使神经元的电位超过阈值时，神经元就会从抑制转向兴奋，并将信号向下一个神经元传导。

如图 9-1 所示，在一个简单的神经网络模型中有两组神经元，一组是输入层接收信号，另一组是输出层输出信号。输入层接收信号后通过线性变换和激活函数的非线性变换后传递给输出层神经元。

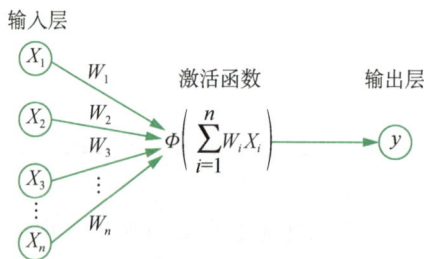

图 9-1　简单的神经网络模型

在神经网络模型中，常用来做非线性转换的激活函数有 Sigmoid 函数、Tanh 函数、Relu 函数。

在实际应用中，神经网络模型往往不都是单层的，而是多层的，如图 9-2 所示。在多层神经网络模型中，输入层和输出层之间可以有多个隐藏层，层与层之间互相连接，信号不断地从上一层传递到下一层，每层的结果都通过线性变换和激活函数的非线性变换得到，最后由输出层输出。这些数量众多的隐藏层也是深度学习中"深度"两个字的由来。

下面使用 sklearn 库中的 MLP 多层神经网络模型解决一个简单的二分类问题。其中二维向量 X 是自变量，一维向量 y 是因变量，其值为 0 或 1，代表 2 个不同的分类。

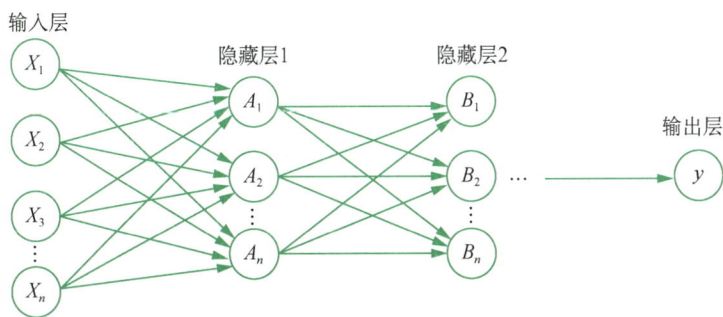

图 9-2 多层神经网络模型

构造简单神经网络代码如下：

```
# 导入所需库
from sklearn.neural_network import MLPClassifier    # 导入多层感知器分类器
                                                      模型
from sklearn.model_selection import train_test_split    # 导入数据集划分函数
from sklearn.metrics import accuracy_score    # 导入计算准确率的函数

# 构造数据
X = [[1, 0], [4, 1], [8, 5], [2, 4], [3, 2], [1, 7], [4, 4], [7, 2], [9, 1], [1, 6]]    # 特征矩阵
y = [0, 1, 1, 1, 0, 1, 0, 1, 0, 1]    # 目标标签

# 划分训练集和测试集
X_train, X_test, y_train, y_test = train_test_split(X, y, test_size = 0.3, random_state = 42)    # 将数据集划分为训练集和测试集

# 创建多层感知器分类器模型
model = MLPClassifier(hidden_layer_sizes = (10,), max_iter = 1000, random_state = 42)
                    # hidden_layer_sizes = (10,)：一个包含 10 个神经元的隐藏层
                    # max_iter = 1000：最大迭代次数
                    # random_state = 42：随机种子，保证结果可重复性

# 训练模型
model.fit(X_train, y_train)    # 使用训练集数据进行模型训练
```

原始数据

神经网络

```
#预测测试集
y_pred = model.predict(X_test) #使用训练好的模型对测试集数据进行预测,得到
预测的目标标签

#计算准确率
accuracy = accuracy_score(y_test, y_pred) #使用真实标签 y_test 和预测结果 y_
pred 计算准确率

#打印准确率
print("准确率:", accuracy)                #打印计算得到的准确率
```

输出结果为:

准确率:0.6666666666666666

这个结果表示,模型在测试集上的预测准确率为约 66.67%。准确率并不一定是唯一需要考虑的性能指标。在某些情况下,还需要考虑其他指标,如精确率、召回率、F1 分数。特别是在类别不平衡的情况下,这些指标能够提供更全面的模型性能评估。

(二) 神经网络模型的重要参数

神经网络在 sklearn 库 neural_network 类中,主要包含 MLPClassifier、MLPRegressor 两个子类,分别负责处理分类和回归任务。

1. 引入子类代码

```
from sklearn.neural_network import MLPClassifier
from sklearn.neural_network import MLPRegressor
```

2. 初始化实例代码(以 MLPClassifier 为例)

```
MLPClassifier(
hidden_layer_sizes = (50,),   #表示隐藏层的大小,例如(50,)表示一个隐藏层,
有 50 个神经元
    activation = 'relu',   #激活函数,例如' identity','logistic','tanh','relu'
    solver = 'adam',   #优化器,例如' lbfgs','sgd','adam'
    max_iter = 200,   #最大迭代次数,即优化算法的最大迭代次数
    random_state = 1,   #随机数生成器的种子
    alpha = 0.0001,   #L2 惩罚(正则化项)参数
    learning_rate = 'constant',   #学习率调度,例如' constant','invscaling','
adaptive'
    batch_size = 'auto',   #批量大小,当设置为' auto'时,batch_size = min(200,
n_samples)
```

```
#注意:'batch_size'参数不应该在参数列表中重复
early_stopping = False,    #是否使用早停法来终止训练
#其他参数...    )
```

其中,常用的参数及其含义为:

(1) hidden_layer_sizes:这是一个元组,用于定义隐藏层的结构。每个元素表示一个隐藏层,元素的值表示该层中神经元的数量。hidden_layer_sizes=(10,5)表示有两个隐藏层,第一个隐藏层有 10 个神经元,第二个隐藏层有 5 个神经元。

(2) activation:指定每个神经元的激活函数。常见的选项包括 identity、logistic、tanh 和 relu 等。

(3) solver:用于优化权重的求解器。常见的选项包括 lbfgs、sgd 和 adam。lbfgs 适用于小数据集,而 sgd 和 adam 对大数据集更有效。

(4) max_iter:最大迭代次数,即模型在训练过程中的最大迭代次数。

(5) random_state:控制随机性的种子,确保结果的可重复性。

(6) alpha:正则化参数,用于控制权重衰减,以减少过拟合。

(7) learning_rate:在 solver 为 sgd 时使用,用于控制权重更新的学习率。

(8) batch_size:在 solver 为 sgd 或 adam 时使用,指定每次迭代中使用的样本数量。

(9) early_stopping:如果设置为 True,则在验证集上的性能没有提升时,会提前停止训练。

3. 子类常用方法

(1) fit(X, y):用训练数据 X 和标签 y 来训练决策树模型。

(2) predict(X):对给定的数据 X 进行预测,返回预测的类别标签。

(3) predict_proba(X):对给定的数据 X 进行预测,返回每个类别的概率。

(4) score(X, y):计算模型在测试数据 X 和标签 y 上的准确率。

(5) partial_fit(X, y):用于在线学习或小批量学习,允许在多个时间步骤上逐步训练模型。

(6) get_weights():返回模型的权重参数。

4. 子类常用属性

(1) classes_:返回模型学习到的类标签,通常在多分类问题中使用。

(2) loss_:返回训练过程中的损失值(成本函数)。

(3) n_iter_:返回模型训练时实际进行的迭代次数。

(4) n_layers_:返回神经网络中的层数(包括输入层、隐藏层和输出层)。

(5) n_outputs_:返回输出层的神经元数量,通常用于多分类问题。

(6) out_activation_:返回输出层的激活函数,通常与问题类型相关。

(三) 神经网络模型的应用

在银行和其他金融机构中,利用客户的个人资料、财产状况等信息来预测借款客户是否会违约,具有重要的风险管理和决策意义。通过构建精确的预测模型,这些机构能够更好地评估客户的信用风险,从而在贷前审核阶段就能够识别出潜在的违约风险。

基于机器学习和统计分析的方法,金融机构可以分析历史数据,挖掘出影响违约的关键因素,并建立预测模型来识别高风险客户。这些模型能够考虑多个变量,如收入、负债情况、信用历史,以便做出更准确的预测。贷中管理也是关键环节之一。一旦客户获得贷款,金融机构会持续监测其财务状况,及时发现风险信号。如果客户的情况发生变化,可能会引发违约风险,金融机构可以采取措施以减少损失,如调整信用额度、提醒客户。而贷后违约处理也是不可或缺的一环。如果客户确实违约,金融机构需要制定相应的策略来追回欠款,保护债权人的利益。这可能涉及催收措施、协商还款计划等手段。

本案例根据1 000名客户的收入、年龄、性别、历史授信额度、历史违约次数五个特征,通过构建神经网络模型来预测客户是否会违约。

原始数据

违约数据

1. 读取案例数据集

```
# 导入 pandas 库,用于数据处理和分析
import pandas as pd
# 使用 pandas 的 read_excel 函数读取 Excel 文件中的数据,并存储为 DataFrame
df = pd.read_excel('https://oss.xinchanjiao.com/upload/default/20230823-849aa034-078a-4e0a-9b1b-ca10c7064063.xlsx')

# 打印数据的行数和列数,通过 shape 属性获取
print('数据行列数分别为:', df.shape)

# 使用 head()函数显示 DataFrame 的前几行数据,默认显示前5行
df.head()
```

输出结果为:

数据行列数分别为:(1000,6)

	收入	年龄	性别	历史授信额度	历史违约次数	是否违约
0	462087	26	1	0	1	1
1	362324	32	0	13583	0	1
2	332011	52	1	0	1	1
3	252895	39	0	0	1	1
4	352355	50	1	0	0	1

2. 数据集拆分预测

将数据拆分成训练集和测试集,使用训练集进行训练,使用测试集查看模型的预测准确率。

```
# 从 DataFrame 中移除"是否违约"的列,并将结果存储在 X 中作为特征
X = df.drop(columns = '是否违约')
```

```
# 从 DataFrame 中提取"是否违约"列的数据,作为目标变量,存储在 y 中
y = df['是否违约']

# 导入 sklearn 库中的 train_test_split 函数,用于将数据集划分为训练集和测试集
from sklearn.model_selection import train_test_split

# 使用 train_test_split 函数划分数据集,将数据划分为训练集和测试集
# test_size = 0.2 表示测试集占总数据集的 20%,random_state = 123 设置随机种子
以保持可复现性
X_train, X_test, y_train, y_test = train_test_split(X, y, test_size = 0.2,
random_state = 123)

# 导入 sklearn 库中的 MLPClassifier 类,用于创建多层感知器分类器模型
from sklearn.neural_network import MLPClassifier

# 创建一个 MLPClassifier 模型,并将其存储在 model 变量中
model = MLPClassifier()

# 使用训练数据 X_train 和 y_train 对模型进行训练
model.fit(X_train, y_train)

# 使用测试数据 X_test 进行模型评估,计算模型的准确度并返回
accuracy = model.score(X_test, y_test)
print("模型准确度:", accuracy)
```

输出结果为:

模型准确度:0.525

结果显示,模型的准确率为 52.5%,表现较差。

3. 优化模型

对数据进行标准化处理,再构建神经网络模型,看准确率是否提升。

```
# 从 sklearn.preprocessing 中导入 StandardScaler 类,用于特征标准化
from sklearn.preprocessing import StandardScaler

# 创建一个 StandardScaler 对象,用于对特征进行标准化处理
scaler = StandardScaler()
```

```
# 使用 fit_transform 函数对训练集特征数据 X_train 进行标准化处理,将结果存储
在 X_train_scaler 中
X_train_scaler = scaler.fit_transform(X_train)


# 使用 transform 函数对测试集特征数据 X_test 进行同样的标准化处理,将结果存
储在 X_test_scaler 中
X_test_scaler = scaler.transform(X_test)


# 导入 MLPClassifier 类从 sklearn.neural_network 中,用于创建多层感知器分类
器模型
from sklearn.neural_network import MLPClassifier


# 创建一个 MLPClassifier 模型并存储在 model1 变量中
model1 = MLPClassifier()


# 使用标准化后的训练数据 X_train_scaler 和目标变量 y_train 对模型进行训练
model1.fit(X_train_scaler, y_train)


# 使用标准化后的测试数据 X_test_scaler 对模型进行评估,计算模型在测试集上
的准确度并返回
accuracy = model1.score(X_test_scaler, y_test)
print("标准化后模型准确度:", accuracy)
```

输出结果为:

标准化后模型准确度:0.8

结果显示标准化后模型准确度达到了 80%,相比 52.5%,有大幅度的提升,这说明标准化在某些模型中作用是很大的,但在分类问题中,模型的准确率只是最简单直观的评价指标之一,它表示模型在测试集上正确分类的样本数与总样本数之比。

小贴士

常见的分类模型性能指标

混淆矩阵(confusion matrix)是将分类问题按照真实情况与判别情况两个维度进行归类的一个矩阵,如图 9-3 所示。

(1)召回率=TP/(TP+FN),是指在所有实际为正类的样本中,被正确预测为正类的比例,也称为真正例率。

(2)准确率=TP/(TP+FP),是指在预测为正类的样本中,真正例的比例,即预测为正类且正确的样本占所有预测为正类样本的比例。

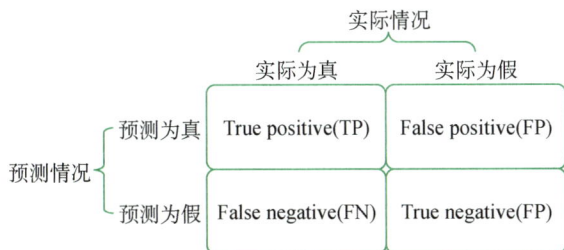

图 9-3 混淆矩阵

（3）F1-score＝2TP/（2TP＋FP＋FN），精确率和召回率通常是此消彼长，为了综合精确率和召回率，它们的调和平均为 F1-score。

（4）ROC 是指以真阳性率为纵坐标，假阳性率为横坐标绘制的曲线，是反映灵敏性和特效性连续变量的综合指标。一般认为 ROC 越平滑说明分类算法过拟合的概率越低，越接近左上角说明分类性能越好。

（5）AUC 就是量化衡量 ROC 分类性能的指标，AUC 的物理含义是 ROC 曲线的面积，AUC 越大越好，最大值为 1。

4. 查看模型对应的各类评估指标情况

```
# 从 sklearn.metrics 中导入 confusion_matrix、recall_score、precision_score
和 f1_score 函数，用于计算混淆矩阵和各种评价指标
from sklearn.metrics import confusion_matrix, recall_score, precision_score, f1_score

# 用模型 model1 对标准化后的测试数据 X_test_scaler 进行预测，得到预测结果存
储在 y_pred 中
y_pred = model1.predict(X_test_scaler)

# 使用 confusion_matrix 函数计算模型预测结果与真实标签 y_test 之间的混淆矩
阵，并将结果打印出来
print('模型混淆矩阵如下：\n', confusion_matrix(y_test, y_pred))

# 使用 recall_score 函数计算模型的召回率，即真实为正类的样本中被正确预测为
正类的比例，并将结果打印出来
print('模型召回率为：', recall_score(y_test, y_pred))

# 使用 precision_score 函数计算模型的精确率，即预测为正类的样本中真正为正
类的比例，并将结果打印出来
print('模型精确率为：', precision_score(y_test, y_pred))
```

使用 f1_score 函数计算模型的 F1-score,综合了精确率和召回率,并将结果打印出来

```
print('模型 F1-score 为:', f1_score(y_test, y_pred))
```

输出结果为:

模型混淆矩阵如下:

[[98 15]

[25 62]]

模型召回率为:0.7126436781609196

模型精确率为:0.8051948051948052

模型 F1-score 为:0.7560975609756099

模型的混淆矩阵显示了模型在测试数据上的分类结果。从混淆矩阵中可以看出,模型预测正确的负类样本(真负例)有 98 个,预测错误的负类样本(假正例)有 15 个,预测错误的正类样本(假负例)有 25 个,预测正确的正类样本(真正例)有 62 个。

模型的召回率为约 0.71,这表示模型能够捕获实际为正类的样本中的约 71%。模型的精确率为约 0.81,这表示在模型预测为正类的样本中,有约 81% 是真正的正类。而模型的 F1-score 为约 0.76,它综合了精确率和召回率,能够在兼顾准确率和捕获率之间提供一个更全面的评价。

综合来看,模型在测试数据上表现良好,能够相对准确地进行分类预测,并且在捕获正类样本方面也有不错的表现。然而,根据具体问题的需求,可以选择更适合的评价指标来更好地评估模型的性能。

5. 绘制 ROC 曲线,查看 AUC 值,进行模型评价

```
# 导入必要的库
from sklearn.metrics import roc_curve, auc
import matplotlib.pyplot as plt


# 使用模型 model1 对标准化后的测试数据 X_test_scaler 进行预测,得到预测结果概率存储在y_pred_pro 中
y_pred_pro = model1.predict_proba(X_test_scaler)[:, 1]


# 使用 roc_curve 函数计算模型的 ROC 曲线数据,包括假正率(fpr)、真正率(tpr)和阈值(threshold)
fpr, tpr, threshold = roc_curve(y_test, y_pred_pro)


# 绘制 ROC 曲线
plt.figure(figsize = (10,6),dpi = 100)
plt.plot(fpr, tpr)
```

```
plt.xlabel('假正例率 FPR = FP/(FP + TN)')
plt.ylabel('真正例率 TPR = TP/(TP + FN)')
plt.title('神经网络模型 ROC 曲线')
plt.show()

#使用 auc 函数计算 ROC 曲线下的面积,即 AUC 值,用于评价模型性能
roc_auc = auc(fpr, tpr)
print('模型的 AUC 值为 :', roc_auc)
```

输出结果为:

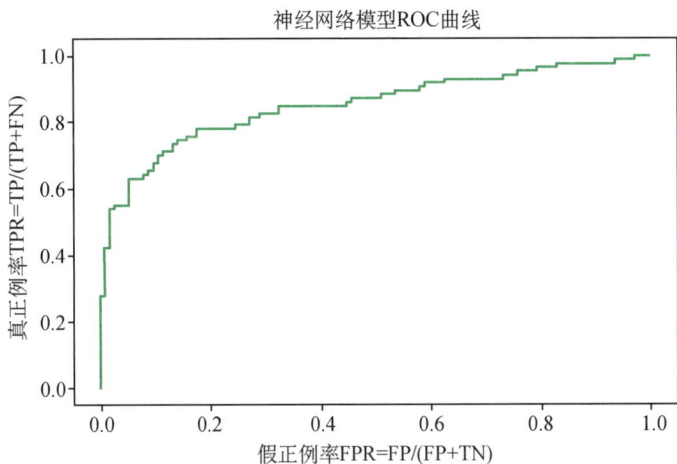

模型的 AUC 值为 : 0.8523039365273115

从结果可知,AUC 值为 0.8523,说明模型的性能相对较好。一般来说,AUC 值越接近 1,表示模型在不同阈值下能够更好地区分正负样本,即能够同时实现较低的假正例率(FPR)和较高的真正例率(TPR,召回率)。这意味着模型能够在不同情况下做出合理的预测,对正负类样本的区分能力较强。

(四) 神经网络模型的优缺点

1. 神经网络模型的优点

(1) 适应复杂关系:神经网络能够捕捉输入特征之间的复杂非线性关系,使其在处理复杂问题时表现优异。

(2) 特征提取:神经网络可以通过训练自动学习特征,而不需要手动进行特征工程,从而减少了人工干预的需求。

(3) 处理大规模数据:深度神经网络在大规模数据集上具有出色的表现,可以从大量数据中学习有用的模式。

(4) 泛化能力:经过适当训练,神经网络可以具有很强的泛化能力,能够对未见过的数据进行准确预测。

(5) 端到端学习:神经网络可以从原始数据直接进行学习,避免了多阶段处理的复

杂性。

（6）并行处理：神经网络中的计算可以在并行硬件上高效执行，因此在大规模计算任务中具有优势。

2. 神经网络模型的缺点

（1）计算复杂性：深度神经网络通常需要大量的计算资源和时间来进行训练，特别是在复杂的架构和大数据集上。

（2）过拟合风险：当神经网络模型过于复杂或训练数据不足时，容易发生过拟合，导致在训练集上表现良好但在测试集上表现较差。

（3）超参数调整：神经网络具有多个超参数，如层数、神经元数量、学习率，需要仔细调整才能获得最佳性能。

（4）数据需求：神经网络通常需要大量的标记数据来进行训练，这些数据可能在某些领域难以获取。

（5）黑盒性：深度神经网络往往被认为是黑盒模型，难以解释其内部决策过程。

（6）对初始权重敏感：神经网络的性能可能会受到初始权重的影响，需要进行良好的初始化来避免陷入糟糕的局部最小值。

六、KMeans 聚类

（一）KMeans 聚类模型的概念

聚类（clustering）是常见的无监督学习算法之一。聚类就是按照某个特定标准（如距离）把一个数据集分割成不同的类或簇，使得同一个簇内的数据对象的相似性尽可能大，同时不在同一个簇中的数据对象的差异性也尽可能地大。

KMeans 聚类算法是聚类算法中一个非常基础的算法，应用非常广泛。KMeans 聚类算法要把 n 个数据点按照分布分成 K 类。我们希望通过聚类算法得到 K 个中心点，以及每个数据点属于哪个中心点的划分。中心点可以通过迭代算法来找到，满足条件：所有的数据点到聚类中心的距离之和是最小的。中心点确定后，每个数据点属于离它最近的中心点。

补充知识

KMeans
聚类的
过程演示

（二）KMeans 聚类模型的重要参数

KMeans 模型在 sklearn 库 cluster 类中。

1. 引入子类代码

```
from sklearn.cluster import KMeans
```

2. 初始化实例代码

```
KMeans(n_clusters = 8, init ='k-means + +', n_init = 10, max_iter = 300, tol =
0.0001, n_jobs = - 1)
```

其中，常用的参数及含义为：

（1）n_clusters：可选参数（默认为 8），用于默认聚类的数量。

（2）Init：初始化聚类中心方法，可选参数有'k-means＋＋'和'random'，默认为'k-means＋＋'）。

（3）n_init：默认值为10，表示用不同的聚类中心初始化值运行算法的次数最终解是在intertia意义下选出的最优结果。

（4）max_iter：默认值为300，表示执行一次kmeans算法所需要的最大迭代数。

（5）n_jobs：用于搜索邻居的，可并行运行的任务数量。如果为－1，任务数量设置为CPU核的数量。

（6）tol：默认值为0.0001，与intertia结合来确定收敛条件。

3. 子类常用方法

（1）fit(X)：使用X作为训练数据，计算KMeans聚类。

（2）fit_predict(X)：计算簇质心并给每个样本预测类别。

（3）fit_transform(X)：计算簇并把X转换为质心距离空间。

（4）get_params([deep])：取得估计器的参数。

（5）predict(X)：给每个样本估计最接近的簇。

（6）score(X)：计算聚类误差。

（7）set_params(** params)：设置估值器的参数。

4. 子类常用属性

（1）cluster_centers_：向量，行列数分别为[n_clusters，n_features]（聚类中心的坐标）。

（2）labels_：X中每个点的所属分类。

（3）inertia_：浮点数，每个点到其簇的质心的距离之和。通常通过此属性的大小确定K的数值。

（三）KMeans聚类模型的应用-客户价值挖掘

1. 读取数据

原始数据

客户价值挖掘

```
# 导入 pandas 库,用于数据处理和分析
import pandas as pd
# 使用 pandas 的 read_excel 函数读取 Excel 文件中的数据,并存储为 DataFrame
df = pd. read_excel(' https://oss. xinchanjiao. com/upload/default/20230823-a8300607-db40-43c8-8c40-d6b867b7f720.xlsx')

# 打印数据的行数和列数,通过 shape 属性获取
print('数据行列数分别为:', df.shape)

# 使用 head()函数显示 DataFrame 的前几行数据,默认显示前 5 行
df.head()
```

输出结果为：

数据行列数分别为：(1200,11)

	用户编号	注册日期	注册方式	喜好-标签	购买日期	品牌	消费金额	数据导出日期	R	F	M
0	144309	2019-05-27	微信	衣服	2021-03-29	F	1055	2021-03-31	2	8	8177
1	145056	2019-01-26	抖音	图书	2021-03-03	D	531	2021-03-31	28	4	2313
2	144294	2019-05-31	微信	数码电器	2021-03-22	A	534	2021-03-31	9	3	1476
3	144892	2019-05-13	微信	化妆品	2021-03-08	C	1185	2021-03-31	23	3	3509
4	144820	2019-07-25	微博	家具	2021-01-29	D	514	2021-03-31	61	1	514

2. 筛选数据

```
#筛选建模使用的列用户编号、R、F、M
user_RFM = df.loc[:,['用户编号','R','F','M']].set_index('用户编号')
user_RFM.head()#查看数据前5行
```

输出结果为:

用户编号	R	F	M
144309	2	8	8177
145056	28	4	2313
144294	9	3	1476
144892	23	3	3509
144820	61	1	514

3. 数据归一化

使用 KMeans 模型聚类,查看各聚类中心,确定各类数据对应的客户类别标签,并将标签写到原表中。

```
#导入相关库
from sklearn.cluster import KMeans
from sklearn.preprocessing import MinMaxScaler
import matplotlib.pyplot as plt
from sklearn.cluster import KMeans
#初始化 MinMaxScaler 类,并完成数据归一化
minmax = MinMaxScaler()
X = minmax.fit_transform(user_RFM)
X[:10]#查看前10行


#设置要聚类的簇数量
n_clusters = 4
```

```
# 创建 KMeans 聚类模型对象，指定簇的数量和随机种子
km = KMeans(n_clusters = n_clusters, random_state = 0)
# 使用 KMeans 模型对数据 X 进行训练，进行聚类
km.fit(X)
# 获取聚类中心点的坐标
cluster_centers = km.cluster_centers_
# 绘制可视化图形，展示每一类客户的 R、F、M 值
plt.figure(figsize = (16,8))
for i in range(n_clusters):
    plt.plot(range(1, 4), cluster_centers[i], label = f'Cluster {i}',
linewidth = 2, marker = 'o')
# 设置 x 轴刻度为 R、F、M，设置 y 轴标签为'values'
plt.xticks(range(1,4), ['R','F','M'])
plt.ylabel('values')
# 添加图例，展示不同聚类的标签
plt.legend()
# 显示绘制的图形
plt.show()


# 将聚类后的标签传入加入到原表格
user_RFM['聚类结果标签'] = km.labels_
user_RFM['客户标签'] = user_RFM['聚类结果标签'].map({0:'一般客户',1:'重要价值客
户',2:'重要挽留客户',3:'重要发展客户'})
user_RFM.head(10)
```

输出结果为：

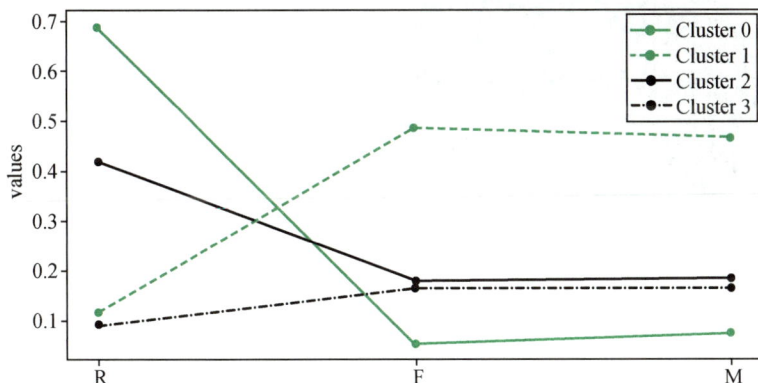

用户编号	R	F	M	聚类结果标签	客户标签
144309	2	8	8177	1	重要价值客户
145056	28	4	2313	2	重要挽留客户
144294	9	3	1476	3	重要发展客户
144892	23	3	3509	2	重要挽留客户
144820	61	1	514	0	一般客户
150508	12	4	2203	3	重要发展客户
157487	2	5	3561	1	重要价值客户
144955	27	2	757	2	重要挽留客户
141004	46	2	807	2	重要挽留客户
150116	50	2	650	0	一般客户

4. 可视化聚类结果,支持业务决策

```
#各客户群体占比
user_RFM['客户标签'].value_counts().plot(kind='pie',figsize=(10,10),
autopct='%.2f%%',fontsize=18)
plt.title('Kmeans 聚类各类别客户占比')
plt.ylabel(None)
plt.show()
```

输出结果为:

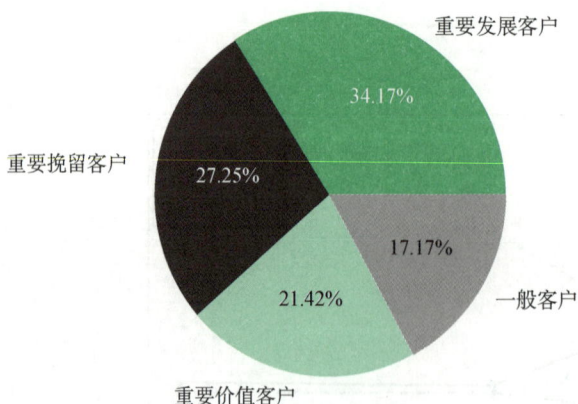

针对聚类分析结果,提出对于各类消费人群的营销策略:

(1) 重要价值客户:这类客户最近购买距今的时间长度(R)低,购买次数(F)或购买总金额(M)较高。他们是公司的高价值客户,是最为理想的客户类型,对公司的贡献最大,所占比例却较小。公司应该优先将资源投放到他们身上,对他们进行差异化管理,提高这类客户的忠诚度与满意度,尽可能延长这类客户的高水平消费。

（2）重要发展客户:这类客户最近购买距今的时间长度（R）低,且购买次数（F）或购买总金额（M）较低。这类客户当前价值并不是很高,但有很大的发展潜力。公司要通过客户价值的提升,加强这类客户的满意度,提高他们转向竞争对手的转移成本,使他们逐渐成为公司的忠诚客户。

（3）重要挽留客户:这类客户最近购买距今的时间长度（R）高、购买次数（F）或者购买总金额（M）较高,客户价值变化的不确定性很高。由于这些客户价值衰退的原因各不相同,所以掌握客户的最新信息、维持与客户的互动就显得尤为重要。公司应该根据这些客户的最近消费时间以及消费次数的变化情况推测客户消费的异动状况,并列出客户名单,对其重点联系,采取一定的营销手段,延长客户的生命周期。

（4）一般客户:这类客户是公司的一般客户,但数量较多,可能是在公司有打折促销时,才会购买本公司产品。

（四）KMeans 聚类模型的优缺点

1. KMeans 聚类模型的优点

（1）简单而快速:KMeans 是一种迭代的、基于距离的聚类算法,计算速度较快,适用于大规模数据集。

（2）可解释性强:KMeans 将数据点分配到最近的簇中,每个簇由其对应的中心点表示,这使得结果相对容易理解和解释。

（3）容易实现:KMeans 算法的实现相对简单,只需指定簇的数量 K 和初始的中心点,即可进行聚类。

（4）可扩展性:KMeans 可以在分布式环境下进行扩展,适用于处理大规模数据。

2. KMeans 聚类模型的缺点

（1）需要预先指定簇的数量:KMeans 聚类需要预先指定要分成的簇的数量 K,但在实际问题中,往往很难确定合适的 K 值。

（2）对初始中心点敏感:KMeans 的聚类结果可能会受初始中心点的选择影响,不同的初始点可能导致不同的聚类结果。

（3）对异常值敏感:KMeans 对异常值比较敏感,一个异常值可能会影响簇的形状和位置。

（4）适用性有限:KMeans 假设簇是凸形状的,对于非凸形状的簇或者具有不同密度的簇,表现可能不佳。

（5）仅适用于数值型数据:KMeans 使用距离作为相似度度量,因此只适用于数值型数据,对于其他类型的数据（如文本数据）需要额外的处理。

七、关联规则

（一）关联规则模型的概念

关联规则反映了一个事物与其他事物之间的相互依存性和关联性。关联规则挖掘用于发现大型数据集中的事物之间的关联关系,所发现的模式用关联规则或频繁项集

的形式表示。其具体应用除了"啤酒与尿布"等购物篮分析,还包括:

(1)通过医疗诊断数据的关联挖掘可以发现某些症状与某种疾病之间的关联,为医生进行疾病诊断和治疗提供线索。

(2)通过网页挖掘,可以揭示不同浏览网页之间的有趣联系。

(3)电子商务方面,通过产品或服务的关联分析,进行产品的关联推荐等。

常见的关联规则挖掘算法包括 apriori 算法、FP-growth 算法。以下以 apriori 算法为例,通过示例数据集(表 9-6)介绍关联规则的相关概念和原理。

表 9-6　　　　　　　　　　　　　示例数据集

事务	项集	事务	项集
001	A,B,C	003	B,E
002	B,C,D	004	A,B,C,D

(1)项(item)是关联规则最基础的元素。示例数据集中 A、B、C、D、E 为项。

(2)项集(item set)是项的集合,假设项集 $I=\{i_1, i_2, \cdots, i_n\}$,包括 n 项的项集称为 n 项集。例如,示例数据集中,1 项集有 A、B、C、D、E,5 项集有$\{A,B,C,D,E\}$。

(3)事务(t):一个事务就是一个项集,有唯一的事务标识号(TID)。示例数据集中包含 001、002、003、004 四个事务。

(4)事务集是所有事务构成的集合,如事务集 $T=\{t_1, t_2, \cdots, t_n\}$。

(5)关联规则可以表示为形如 $X{\rightarrow}Y$ 的蕴涵式。其中,$X\subseteq I$,$Y\subseteq I$ 且 $X\bigcap Y=\varnothing$。$X{\rightarrow}Y$ 表示如果项集 X 在某一事务中出现时,那么项集 Y 也可能以某一概率出现在该事务中。

(6)支持度(support)可以表示项集在事务中出现的概率(频率)。项集 X 的支持度=项集 X 在事务中出现的次数/事务总数。可以设置最小支持度,大于最小支持度即为频繁项集。

(7)置信度(confidence)可用于衡量关联规则的可靠程度,表示在前件出现的情况下,后件出现的概率。一般来说,概率越高,规则的可靠性越强。关联规则 $X{\rightarrow}Y$ 的置信度=$\{X, Y\}$的支持度/X 的支持度。可以设置最小置信度,大于最小置信度即为强关联规则。

(8)提升度(lift)。$X{\rightarrow}Y$ 的提升度=$X{\rightarrow}Y$ 的置信度/Y 的支持度,意思是评估 X 的出现,对 Y 出现的影响有多大。

总结来说,apriori 算法采用的是逐层搜索的迭代方法,其基本思想是利用遍历的方法计算频率,一层层进行查找,在生成的候选项集中找出哪些是频繁项集,用 k 项集探索($k+1$)项集。apriori 算法容易理解,但当事务数据库很大时,候选频繁 k 项集数量巨大;在验证候选频繁 k 项集的时候,需要对整个数据库进行扫描,非常耗时。所以需要引用第三方库 apyori 来处理。

(二)关联规则模型的重要参数

apyori 库是专门针对 Python 编写的完成 apriori 算法的库。

1. 导入子类代码

```
from apyori import apriori
```

2. 初始化实例代码

```
apriori(transactions,min_support = 0.07,min_confidence = 0.7,min_lift = 3,
max_length = 2)
```

其中,常用的参数及含义为:

(1) transactions:可迭代的交易数据,通常为二维数组。

(2) min_support:float 类型,最小支持度,可用来筛选项集。

(3) min_confidence:float 类型,最小可信度,可用来筛选项集。

(4) min_lift:float 类型,最小提升度。

(5) max_length:int 类型,最大物品组合数,默认是 None,不做限制。如果只需要计算两个物品组合的话,便将这个值设置为 2。

3. 子类常用方法及属性

在 apriori 返回的结果 < generator object apriori at 0x7fa21646ec50 > 中,<generator>是一个生成器对象,它是一种用于节省空间的运算机制,可以通过循环遍历的形式对它里面的数据进行访问。代码如下:

```
#查看变量 results
for result in results:
    print(result)
```

(三) 关联规则模型的应用

本案例数据为一家大型超市的购物篮数据,共 9 835 个订单,43 285 个商品,169 类商品。首先通过描述性统计分析了解数据,再通过 apriori 算法计算出强关联规则,将强关联规则应用于实际业务,发挥数据价值,通过商品推荐,增加销售收入。

1. 读取数据

原始数据

```
#导入 pandas 库,用于数据处理和分析
import pandas as pd
#使用 pandas 的 read_excel 函数读取 Excel 文件中的数据,并存储为 DataFrame
df = pd.read_excel('https://oss.xinchanjiao.com/upload/default/20230825-
4b223e46-7e54-473d-9652-80bd0a65f3a4.xlsx',index_col = 0)


#打印数据的行数和列数,通过 shape 属性获取
print('数据行列数分别为:', df.shape)


#使用 head()函数显示 DataFrame 的前几行数据,默认显示前 5 行
df.head()
```

商品推荐
订单

输出结果为：

数据行列数分别为：(43285,3)

	订单编号	商品名称	商品类别
0	1	柑橘类水果	果蔬
1	1	人造黄油	米粮调料
2	1	即食汤	熟食
3	1	半成品面包	西点
4	2	咖啡	非酒精饮料

2. 使用自定义函数，根据订单编号，形成每个订单的商品列表

```
# 定义合并订单函数，其中参数 order 为聚合函数后的 series 类型数据
def 合并订单(order):
    return order.tolist()
# 根据 df 中订单编号进行聚合，聚合后将商品名称使用合并订单函数形成
orderdata 数据表，后续需要通过 apriori 算法进行分析
orderdata = df.groupby('订单编号')[['商品名称']].agg(合并订单)
orderdata.head()
```

输出结果为：

	商品名称
订单编号	
1	[柑橘类水果, 人造黄油, 即食汤, 半成品面包]
2	[咖啡, 热带水果, 酸奶]
3	[全脂牛奶]
4	[奶油乳酪, 肉泥, 仁果类水果, 酸奶]
5	[炼乳, 长面包, 其他蔬菜, 全脂牛奶]

3. 使用 apriori 算法完成关联规则的学习，并通过遍历结果查找对决策有帮助的规则

```
# 导入 apyori 模块下的 apriori 函数
from apyori import apriori

orders = orderdata['商品名称'].tolist()
# 调用 apriori 函数
# 创建变量 results，调用 apriori 函数，传入参数 orders，最小支持度为 0.03，最小
置信度为 0.25
```

```
results = apriori(orders, min_support = 0.03, min_confidence = 0.25)
# 遍历结果数据
for result in results：
    # 获取支持度,并保留 3 位小数
    support = round(result.support, 3)
    # 遍历 ordered_statistics 对象
    for rule in result.ordered_statistics：
        # 获取前件和后件并转成列表
        head_set = list(rule.items_base)
        tail_set = list(rule.items_add)
        # 跳过前件为空的数据
        if head_set = = []：
                continue
        # 将前件、后件拼接成关联规则的形式
        related_catogory = str(head_set) +'→' + str(tail_set)
        # 提取置信度,并保留 3 位小数
        confidence = round(rule.confidence, 3)
        # 提取提升度,并保留 3 位小数
        lift = round(rule.lift, 3)
        # 查看强关联规则、支持度、置信度、提升度
        print(f'关联关系:{related_catogory:<20}', f'支持度:{support:<10}', f'置信度:{confidence:<10}', f'提升度:{lift:<10}')
```

输出结果为:

```
关联关系:['仁果类水果']→['全脂牛奶']    支持度:0.03      置信度:0.398    提升度:1.556
关联关系:['全脂牛奶']→['其他蔬菜']      支持度:0.075     置信度:0.293    提升度:1.513
关联关系:['其他蔬菜']→['全脂牛奶']      支持度:0.075     置信度:0.387    提升度:1.513
关联关系:['本地蛋类']→['全脂牛奶']      支持度:0.03      置信度:0.473    提升度:1.849
关联关系:['柑橘类水果']→['全脂牛奶']    支持度:0.031     置信度:0.369    提升度:1.442
关联关系:['根茎类蔬菜']→['全脂牛奶']    支持度:0.049     置信度:0.449    提升度:1.755
关联关系:['热带水果']→['全脂牛奶']      支持度:0.042     置信度:0.403    提升度:1.577
关联关系:['瓶装水']→['全脂牛奶']        支持度:0.034     置信度:0.311    提升度:1.216
关联关系:['糕点']→['全脂牛奶']          支持度:0.033     置信度:0.374    提升度:1.462
关联关系:['酸奶']→['全脂牛奶']          支持度:0.056     置信度:0.402    提升度:1.571
关联关系:['酸奶油']→['全脂牛奶']        支持度:0.032     置信度:0.45     提升度:1.759
关联关系:['面包卷']→['全脂牛奶']        支持度:0.057     置信度:0.308    提升度:1.204
关联关系:['根茎类蔬菜']→['其他蔬菜']    支持度:0.047     置信度:0.435    提升度:2.245
关联关系:['热带水果']→['其他蔬菜']      支持度:0.036     置信度:0.342    提升度:1.767
关联关系:['酸奶']→['其他蔬菜']          支持度:0.043     置信度:0.311    提升度:1.608
关联关系:['香肠']→['面包卷']            支持度:0.031     置信度:0.326    提升度:1.77
```

在这组关联规则中,我们可以注意到以下几个要点:

(1) 支持度为 0.03 表示在所有购物篮中,同时包含仁果类水果和全脂牛奶的比例为 3%。支持度的高低可以反映出项集之间的普遍性。

267

（2）置信度为 0.398 意味着购买了仁果类水果的客户中，有 39.8% 的可能性会购买全脂牛奶。置信度高表示两项商品在购买时的关联性较强。

（3）提升度大于 1 表示两项商品之间有正向关联，小于 1 表示负向关联，等于 1 表示两者之间无关联。例如，提升度为 1.556 说明同时购买仁果类水果和全脂牛奶的情况比预期的频繁程度提升了 1.556 倍。

总体来说，这组关联规则的结果显示了不同商品之间的购买关系。通过这些关联规则，我们可以更好地了解不同商品之间的关联性，从而为市场定位、促销策略等方面提供指导。

（四）关联规则模型的优缺点

1. 关联规则模型的优点

（1）apriori 算法采用逐层搜索的迭代方法，算法简单明了，没有复杂的理论推导，也易于实现。

（2）数据采用水平组织方式。

（3）适合事务数据库的关联规则挖掘。

（4）适合稀疏数据集也就是频繁项目集的长度稍小的数据集。

2. 关联规则模型的缺点

（1）对数据库的扫描次数过多。

（2）apriori 算法可能产生大量的候选项集。

（3）在频繁项目集长度变大的情况下，运算时间显著增加。

（4）采用唯一支持度，没有考虑各个属性重要程度的不同。

本章小结

1. 机器学习可以基于监督学习、无监督学习和强化学习等基本分类，为不同类型的财务问题提供解决方案。

2. 从数据获取、预处理与特征工程、模型训练、评估到优化，每个环节都扮演着关键的角色。清晰的应用流程有助于保障分析的准确性和模型的稳健性，从而得出可靠的财务预测和决策建议。

3. 机器学习的常见模型有：线性回归、决策树、随机森林、神经网络、KMeans 聚类和关联规则。每种模型都有其独特的优势和适用场景，根据实际问题的特点选用合适的模型能够更好地解决财务分析中的挑战。

复习思考题

1. 解释监督学习、无监督学习和强化学习这三种机器学习范式的基本原理。

2. 解释决策树模型的构建过程，以及如何基于决策树做出预测。

3. 在智能财务分析中，线性回归如何用于预测财务数据？举例说明。

4. 解释决策树中的过拟合和欠拟合，并提供解决这些问题的方法。

5. 为什么随机森林在财务数据分析中被广泛使用？列出其优点。

6. 解释 KMeans 聚类算法的基本思想，并说明它在财务数据分析中的应用。

7. 对比不同的机器学习模型的优点和缺点。

8. 展望未来，机器学习在智能财务分析领域的发展趋势是什么？

实践操作题

根据所学技能，自行爬取采集相关数据，完成各题内容。

1. 数据清洗与预处理：设计一个 Python 脚本，读取一个包含财务数据的表格文件，该文件包含一些缺失值和异常值。编写代码来清洗数据，包括填补缺失值、识别和处理异常值。

2. 财务比率预测：使用机器学习模型预测公司的财务比率（如流动比率、债务对资产比率等）。提供一组历史财务数据，要求学生选择合适的特征，训练一个回归模型，并评估其性能。

3. 异常检测：假设你有一组公司的财务报表数据，设计一个机器学习模型来识别可能的财务造假行为。模型应能够从数据中学习正常的财务报告模式，并标记出那些显著偏离这些模式的报告。

4. 时间序列分析：给定一家公司过去几年的季度收入数据，使用时间序列分析方法预测下一个季度的收入。要求学生探索不同的时间序列模型，如 ARIMA、季节性分解的时间序列等。

5. 信用评分模型：创建一个模型来预测个人的信用评分。提供一组包含个人财务行为数据的数据集，要求学生处理数据、选择特征，并使用分类算法来预测信用评分等级。

第十章　财务大数据分析综合案例

🎯 **学习目标**

1. 深入理解财务报表在企业内外的战略性作用,培养分析和优化经营决策的管理层技能,以及投资者评估风险和回报的能力。

2. 学习如何利用财务报表分析促进企业可持续发展,优化投资决策,培养作出明智决策的能力,为内外部利益相关者创造价值。

3. 掌握上市公司财务困境预警的概念、目的和意义,以及在早期识别潜在财务风险的重要性。

4. 熟悉财务特征数据的使用,利用这些数据建立上市公司财务预警模型。

第一节　财务报表数据分析
——以养元饮品为例

随着大数据技术的迅猛发展,财务报表分析正迎来一场革命性的变革。传统的财务报表分析受限于数据量、处理速度和分析深度,而基于大数据的财务报表分析则能够突破这些限制,为企业提供更为全面、实时和深入的财务信息。通过整合内外部的海量数据,利用先进的数据分析工具和方法,大数据财务报表分析不仅能够帮助企业更准确地评估自身财务状况和经营表现,还能预测未来发展趋势,为管理层提供有力的决策支持。因此,基于大数据的财务报表分析不仅是企业提升竞争力的关键,也是投资人评估企业价值和风险的重要参考。

财务报表数据分析帮助企业内部管理层了解公司的财务状况和经营绩效,从而更好地制定战略和计划。首先,利润表分析可以揭示企业的盈利能力。管理层可以通过分析利润表了解公司的销售收入、成本和利润,从而评估企业的经营效率和利润水平。其次,资产负债表可以揭示企业的资产结构和负债状况,帮助管理层了解企业的资金运作情况和偿债能力。最后,现金流量表分析有助于管理层掌握企业的现金流入流出状况,预测未来的现金流量,从而更好地管理流动性风险。通过深入分析这些财务报表数据,管理层可以及时调整战略,优化资源配置,实现经营目标。

财务报表数据分析对投资人来说至关重要,因为它们能够提供关于企业健康状况和投资潜力的重要信息。首先,投资人可以通过分析利润表和资产负债表来了解企业的盈利能力、偿债能力和资本结构,从而判断企业是否具有稳定的盈利能力和健康的财务状况。其次,投资人可以通过现金流量表分析来了解企业的现金流情况,判断企业是否具备足够的现金流来支持业务发展和偿付债务。投资人通过财务报表分析可以了解企业的增长潜力和市场竞争力状况,从而决定是否投资于该企业的股票或债券。通过深入分析财务报表,投资人可以做出明智的投资决策,降低投资风险,获取更好的投资回报。

一、案例背景

本案例以养元饮品为例,我们将从会计报表分析、盈利能力分析、偿债能力分析、营运能力分析和发展能力分析五个方面对其财务状况进行综合评价,分析所用数据包含2008—2021年的财务报表数据。

二、会计报表分析

(一)资产负债表分析

我们选取了资产负债表中的货币资金、应收账款、存货、固定资产等指标,分别对其2008—2021年的变动趋势进行了动态分析。

1. 数据读取及预处理

原始数据

资产负债表
数据

```
# 导入相应库用于数据处理和分析
import numpy as np
import pandas as pd


# 从指定 URL 读取资产负债表数据,选择列索引范围为 0 到 12,这些列包含了我们所
需的数据
data = pd.read_csv(r'https://oss.xinchanjiao.com/bigdata/company/2021/csv/
cwbbzy_603156.csv',usecols = list(range(13)),header = None)


# 将数据进行转置,将行变为列,方便后续数据分析
data = data.T


# 将数据的第一行设置为列名,即资产负债表中的各个指标名称
data.columns = data.iloc[0]


# 去除第一行,即原数据中的列名,保留实际数据部分
```

```
data = data[1:]

#打印数据的形状,即行数和列数
print('数据行列数分别为:',data.shape)

#查看数据的前 5 行,用于确认数据处理是否正确
data.head( )
```

输出结果为:

数据行列数分别为:(12,24)

（扫码看结果）

2. 数据类型转换

```
#将报告期数据列转换为日期类型,以便后续的时间序列分析
data['报告期'] = pd.to_datetime(data['报告期'])

#将除了报告期列之外的其他列中的数据类型调整为浮点型,以便进行数值计算和分析
data.set_index('报告期', inplace = True)   #将报告期作为索引,方便时间序列分析
data = data.applymap(lambda x: float(x))   #将每个单元格的数据转换为浮点数类型

#将索引重置,将报告期还原为列,并保留浮点类型的数据
data.reset_index(inplace = True)

#查看数据的前 5 行,以确认数据处理是否正确
data.head( )
```

输出结果为:

（扫码看结果）

3. 绘制资产负债表指标折线图

```
import matplotlib.pyplot as plt

#绘制折线图,设置刻度
```

```
data1 = data[['报告期','货币资金(万元)','应收账款(万元)','存货(万元)','固定资产
净额(万元)']]
data1.plot(x = '报告期',
        figsize = (20,7),
        xticks = list(data['报告期']),
        secondary_y = '应收账款(万元)',
        grid = True,
        marker = '')
plt.title('2008—2021 年资产负债表指标动态分析折线图',fontsize = 16)
plt.show()
```

输出结果为：

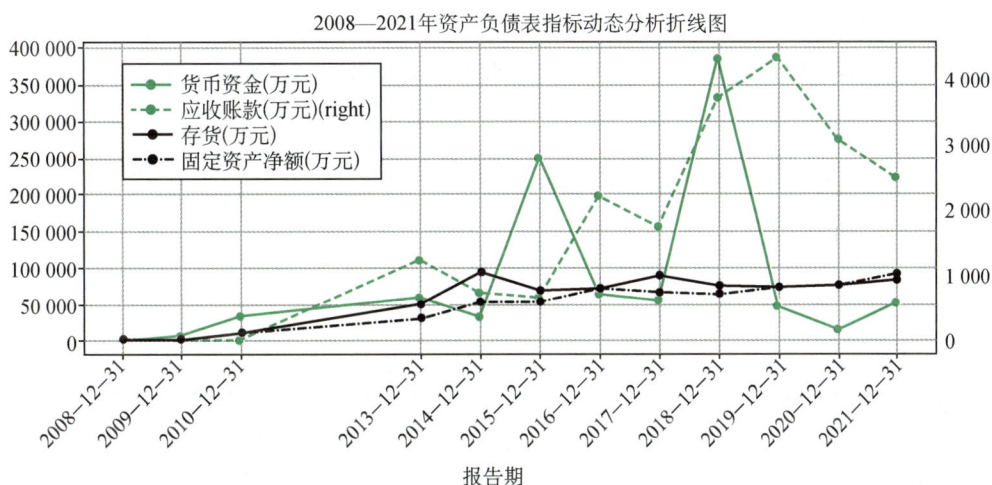

2008—2021年资产负债表指标动态分析折线图

结果解读：公司从 2010 年开始,应收账款从 2010 年的 22 万元开始迅速增长,2013 年增长到 1 256 万元,是 2010 年的 57 倍之多,2014 年、2015 年小幅下跌后,2016 年开始大幅增长。2018 年 2 月,养元饮品在上海证券交易所挂牌上市,成功登陆 A 股资本市场,品牌价值及影响力得到进一步提升,随着销售市场的扩大,应收账款 2018 年、2019 年大幅增加,2019 年年底高达 4 355 万元。应收账款增长的主要原因是销售额的迅速增长。但 2020 年应收账款开始急剧下降,从 2020 年 3 119 万元,降到 2021 年的 2 510 万元。主要原因是,聚餐与走亲访友为公司产品的主要消费场景,2020 年春节前置造成公司市场需求下降,新型冠状病毒感染导致传统渠道终端销售受阻,公司产品市场需求下降,致使应收账款随着销售收入大幅下降。

货币资金基本与应收账款同向变动,从 2009 年的 7 149 万元到 2010 年的 34 636 万元,2013 年增长到 59 879 万元,是 2009 年的 8 倍之多,2014 年有所下跌,2015 年大幅增长到 25 亿元,2016 年、2017 年大幅下跌,2018 年突然又大幅增长到 38.78 亿元,2019

注意：因代码中"/"符号代表除法,故本节量名词的单位用括号括起来。

年、2020 年开始骤然下降。2019 年,公司货币资金较上期期末减少 87.45％,主要原因是公司将部分闲置资金用于购买银行理财产品,导致公司货币资金减少;2020 年公司货币资金较上期期末减少 69.47％,主要原因也是公司将部分闲置资金用于购买银行理财产品,导致公司货币资金减少;2021 年公司货币资金迅速增加,较上期期末增长 256.19％,主要原因是公司将部分银行理财产品赎回,暂未进一步进行投资。

存货与固定资产占资产的比例差不多,2009 年存货占比 19.03％,2016 年下降到 7.15％,2018 年下降到 4.95％,之后基本保持在 5％左右,说明公司存货管理能力较强。存货、固定资产总量 10 多年来与应收账款、货币资金相比,变动幅度较平缓。结合利润表看,存货增长,但整体营业收入、净利润下滑,说明企业销售开始出现瓶颈。

为支持销售增长,总资产规模也相应快速扩大,从 2010 年的 3.03 亿元,到 2013 年的 52.21 亿元,再到 2018 年的 152.93 亿元,是 2010 年的 50 倍之多,此后虽然 2020 年销售收入大幅减少,但资产规模变化较小。

(二) 利润表分析

从利润表中选取了营业收入、营业成本、营业利润和净利润等指标进行了动态分析。

1. 数据读取及预处理

```
# 导入 pandas 库用于数据处理和分析
import pandas as pd


# 从指定 URL 读取资产负债表数据,选择列索引范围为 0 到 12,这些列包含了我们所需的数据
data = pd.read_csv(r'https://oss.xinchanjiao.com/bigdata/company/2021/csv/
cwbbzy_603156.csv',usecols = list(range(13)), header = None)


# 将数据进行转置,将行变为列,方便后续数据分析
data = data.T


# 将数据的第一行设置为列名,即资产负债表中的各个指标名称
data.columns = data.iloc[0]


# 去除第一行,即原数据中的列名,保留实际数据部分
data = data[1:]


# 打印数据的形状,即行数和列数
print('数据行列数分别为:',data.shape)


# 查看数据的前 5 行,用于确认数据处理是否正确
data.head()
```

输出结果为：

数据行列数分别为：(12,24)

（扫码看结果）

2. 数据类型转换

```
# 将报告期数据列转换为日期类型,以便后续的时间序列分析
data['报告期'] = pd.to_datetime(data['报告期'])

# 将除了报告期列之外的其他列中的数据类型调整为浮点型,以便进行数值计算和分析
data.set_index('报告期', inplace = True)  # 将报告期作为索引,方便时间序列分析
data = data.applymap(lambda x: float(x))  # 将每个单元格的数据转换为浮点数类型

# 将索引重置,将报告期还原为列,并保留浮点类型的数据
data.reset_index(inplace = True)

# 查看数据的前 5 行,以确认数据处理是否正确
data.head()
```

输出结果为：

（扫码看结果）

3. 绘制利润表指标折线图

```
# 导入必要的库
import matplotlib.pyplot as plt
import pandas as pd

# 根据报告期对数据进行排序,并选择需要绘制的列
data2 = data.sort_values('报告期')[['报告期','营业收入(万元)','营业成本(万元)',
'营业利润(万元)','利润总额(万元)']]

# 绘制折线图
data2.plot.line(x = '报告期',
        figsize = (20,7),         # 设置图形的大小
```

275

```
                marker ='o',              #设置数据点的标记为圆圈
                xticks = list(data['报告期']))   #设置 X 轴刻度为报告期的日期

#设置图形标题和标签
plt.title('2008—2021 年利润表指标动态分析', fontsize = 16)
plt.xlabel('年份')
plt.ylabel('金额(万元)')

#添加网格线和图例
plt.grid()
plt.legend()

#显示图形
plt.show()
```

输出结果为：

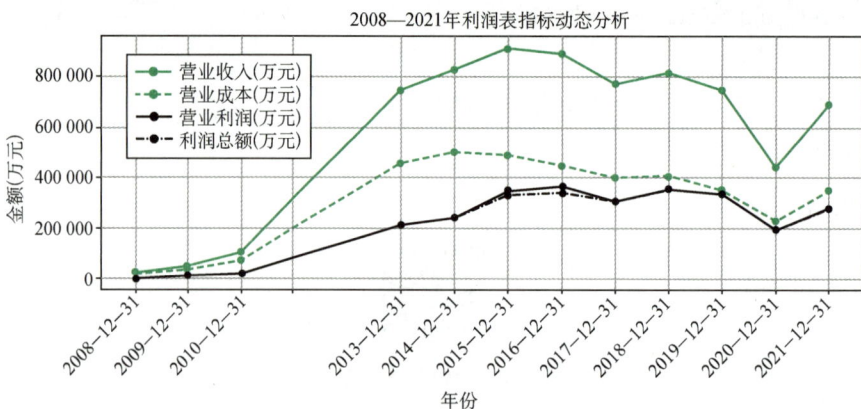

2008—2021年利润表指标动态分析

结果解读:养元饮品公司的营业收入主要来自国内市场生产及销售的植物蛋白饮料,从 2010 年的 10.77 亿元开始迅速增长,2013 年已经增长到 74.31 亿元,是 2010 年的近 7 倍,2014—2019 年小幅变动后,2020 年大幅减少到 44.27 亿元,2021 年又回升到69.06 亿元。其销售增长首先是因为企业深耕核桃乳市场近二十年,在长期的市场竞争中形成了自身的独特优势,品牌价值高;其次是因为经销商逐步增加,公司生产基地在全国范围内多点布局,销售网络持续扩大,市场竞争力增强。但 2020 年开始急剧下降主要原因是聚餐与走亲访友为公司产品的主要消费场景,2020 年春节前置造成公司市场需求下降,新型冠状病毒感染导致传统渠道终端销售受阻。2021 年因我国新型冠状病毒感染得到了有效控制及春节后置的影响,公司市场需求得到较大恢复,主业快速修复,新产品启航打开长期增量空间,线下市场回暖保障整体业绩向好发展,同时积极开拓社群团购、直播电商等渠道,多维度销售导致公司营业收入增长,营业成本、营业利润随着营业收入增减基本同步变化,公司收入增长致使营业成本增长,营业利润增加,公

司收入减少致使营业成本减少,营业利润减少。

从业绩上看,公司近年来似乎陷入了业绩增长的瓶颈。2010—2016 年是公司业绩的高光时间,2020 年营业收入大幅降低,利润缩减四成,公司却在当年实施"清仓式"分红。经营业绩停滞不前的同时,公司拥有巨额理财、大笔分红情况,俨然是成熟行业、成熟公司且无重大资本开支计划的做法。结合公司近几年业绩情况看,这似乎显示了公司面临着触及天花板、成长性欠缺的难题。

从产品上来看,养元饮品面对的最重要问题依旧是产品品类过于单一,虽然公司也在做战略调整,但调整过程中难免出现青黄不接的情况。产品组合还没有完全成长起来,必然会对其营收和利润产生影响。从行业看,植物蛋白饮品整个市场增速放缓与产品受众有一定关系,如六个核桃在宣传时声称适合学生和白领群体,而这两个群体对其喜爱度却偏弱。养元饮品营业收入出现下滑是受制于行业现状,同时其市场份额也在被争相布局该行业的其他食品企业蚕食。

2017 年之前公司研发投入较少,2018 年起才在报表中单独列示。比起研发投入,养元饮品更加注重于广告宣传,广告投放和宣传推广费用在行业中一直属于偏高的水平。近几年除了 2020 年受新型冠状病毒感染影响有所减小,营销投入每年基本在 10亿元左右,其中广告费占比最高。近几年在营销推广方面的费用就占到营业收入的10％以上。2015 年养元饮品的营收高达 91.17 亿元,此后一直在走下坡路,说明经营上已经出现危机。养元饮品的管理费用较高是另一大问题。养元饮品的销售费用与管理费用之和远高出同行业的平均水平,显示出管理层在经营战略选择上对广告宣传的过度依赖,以及内部管理活动中存在管理漏洞。因此,建议养元饮品逐步压缩广告支出、渠道推广等期间费用,尤其是销售费用,避免出现只见广告不见效益的尴尬局面。

三、财务指标分析数据准备

(一) 养元饮品数据读取及预处理

将养元饮品 2008—2021 年资产负债表、利润表进行拼接,方便指标计算。

原始数据

财务指标
分析——
资产负债表

```
# 导入必要的库
import pandas as pd
# 读取养元饮品的资产负债表
zcfzb = pd. read_csv('https://oss. xinchanjiao. com/bigdata/company/2021/csv/
zcfzb_603156.csv',usecols = list(range(13)),header = None)
zcfzb. head()
zcfzb = zcfzb. T  # 将数据转置
zcfzb. columns = zcfzb. iloc[0]
zcfzb = zcfzb[1:]
# 读取养元饮品的利润表
lrb = pd. read_csv('https://oss. xinchanjiao. com/bigdata/company/2021/csv/lrb_
603156.csv',usecols = list(range(13)),header = None)
```

原始数据

财务指标
分析——
利润表

```
lrb.head()
lrb = lrb.T  # 将数据转置
lrb.columns = lrb.iloc[0]
lrb = lrb[1:]
# 将资产负债表和利润表拼接
df = zcfzb.merge(lrb,on = '报告日期')

# 将报告期数据设置为日期类型
df['报告日期'] = pd.to_datetime(df['报告日期'])
# 将除报告期列之外的列中数据调整为浮点类型
df.set_index('报告日期',inplace = True)
df = df.applymap(lambda x:float(x.replace('- -','0')))
print('合并完的数据行列数分别为:',df.shape)
df.head()
```

输出结果为:

合并完的数据行列数分别为:(12,153)

（扫码看结果）

（二）同行业数据读取及预处理

将茶酒饮料行业的 48 家企业 2020 年和 2021 年的资产负债表、利润表进行拼接，方便指标计算。

```
# 导入必要的库
import json
import pandas as pd
import requests

# 下载文件到本地
url = 'https://oss.xinchanjiao.com/bigdata/company/2021/list/hy003003.json'
response = requests.get(url)
with open("茶酒饮料行业企业名录.json", "wb") as f:
    f.write(response.content)

# 从 JSON 文件中读取同行业数据
with open("./茶酒饮料行业企业名录.json", "r", encoding = "utf-8") as f:
```

```
        content = json.load(f)


com_id = [ ]
com_name = [ ]


# 提取同行业公司的 ID 和名称
for company in content:
        com_id.append(company['code'])
        com_name.append(company['fullname'])


# 创建空的 DataFrame 来存储同行业数据
df_hangye = pd.DataFrame()
# 循环遍历公司进行数据采集与整理
for i in range(48):
        # 获取资产负债表数据
        zcfzb = pd.read_csv(f'https://oss.xinchanjiao.com/bigdata/company/
2021/csv/zcfzb_{com_id[i]}.csv',usecols = list(range(3)), header = None)
    zcfzb = zcfzb.T    # 转置数据
    zcfzb.columns = zcfzb.iloc[0]    # 将第一行设置为列名
    zcfzb = zcfzb[1:]
        # 获取利润表数据
    lrb = pd.read_csv(f'https://oss.xinchanjiao.com/bigdata/company/2021/
csv/lrb_{com_id[i]}.csv', usecols = list(range(3)), header = None)
    lrb = lrb.T    # 转置数据
    lrb.columns = lrb.iloc[0]    # 将第一行设置为列名
    lrb = lrb[1:]


        # 合并资产负债表和利润表数据
    df_temp = zcfzb.merge(lrb, on = '报告日期')
    df_temp.insert(1,'公司名称', com_name[i])
    df_hangye = pd.concat([df_hangye, df_temp])


# 将报告期数据转换为日期类型
df_hangye['报告日期'] = pd.to_datetime(df_hangye['报告日期'])


# 将除报告期列之外的数据转换为浮点类型,同时将'--'替换为 0
df_hangye.set_index(['报告日期','公司名称'], inplace = True)
```

```
df_hangye = df_hangye.applymap(lambda x: float(x.replace('- -','0')))
```

```
#打印合并后的数据形状,并显示前几行数据
print('合并后数据的行列数分别为:', df_hangye.shape)
df_hangye.head()
```

输出结果为:

合并后数据的行列数分别为:(96,153)

（扫码看结果）

四、盈利能力分析

盈利能力分析的主要指标:营业收入毛利率、销售净利率、净资产收益率、成本利润率和总资产收益率。

(一) 静态分析

分析 2021 年养元饮品 5 个盈利能力指标的情况。

1. 数据准备

```
#计算营业收入毛利率
df['营业收入毛利率'] = (df['营业收入(万元)'] - df['营业成本(万元)'])/df['营业收入(万元)']
#计算销售净利率
df['销售净利率'] = df['净利润(万元)']/df['营业收入(万元)']
#计算净资产收益率
df['净资产收益率'] = df['净利润(万元)']/df['所有者权益(或股东权益)合计(万元)']
#计算成本利润率
df['成本利润率'] = df['净利润(万元)']/df['营业总成本(万元)']
#计算总资产收益率
df['总资产收益率'] = df['净利润(万元)']/df['资产总计(万元)']
#从原始 DataFrame 中选择特定的财务指标列,创建一个新的 DataFrame df_yingli
df_yingli = df[['营业收入毛利率','销售净利率','净资产收益率','成本利润率','总资产收益率']]
#输出包含选定财务指标的 DataFrame df_yingli,用于进一步分析和展示
df_yingli
```

输出结果为:

报告日期	营业收入毛利率	销售净利率	净资产收益率	成本利润率	总资产收益率
2021-12-31	0.491163	0.305655	0.169344	0.458831	0.132887
2020-12-31	0.478223	0.356406	0.133283	0.513372	0.104724
2019-12-31	0.528343	0.361335	0.217127	0.570847	0.178376
2018-12-31	0.499645	0.328764	0.226705	0.516733	0.175084
2017-12-31	0.478525	0.298412	0.314830	0.442357	0.206422
2016-12-31	0.499297	0.307931	0.458795	0.480567	0.280792
2015-12-31	0.462993	0.287363	0.464641	0.438483	0.279371
2014-12-31	0.390404	0.221568	0.503247	0.304770	0.243603
2013-12-31	0.384025	0.212895	0.687300	0.296340	0.303047
2010-12-31	0.307065	0.153064	0.737567	0.190551	0.262670
2009-12-31	0.288857	0.161179	0.898885	0.205020	0.279353
2008-12-31	0.180576	0.084437	0.779942	0.095180	0.233664

2. 绘制 2021 年养元饮品盈利能力指标柱状图

```
# 导入必要的绘图库
import matplotlib.pyplot as plt

# 选取第一行数据(养元饮品)的盈利能力指标数据,并绘制柱状图
df_yingli.iloc[0, :].plot(kind = 'bar', figsize = (12, 5), rot = 0, alpha = 0.5,
hatch = '/', label = '养元饮品盈利能力')

# 设置图表标题和轴标签
plt.title('2021 年养元饮品盈利能力指标柱状图', fontsize = 16)
plt.xlabel('盈利能力指标')
plt.ylabel('指标值')

# 在每个柱子上方显示数值
for x, y in zip(range(5), df_yingli.iloc[0, :]):
    plt.text(x, y, '%.2f' % y, ha = 'center', va = 'bottom')

# 添加图例并显示图表
plt.legend()
plt.show()
```

输出结果为:

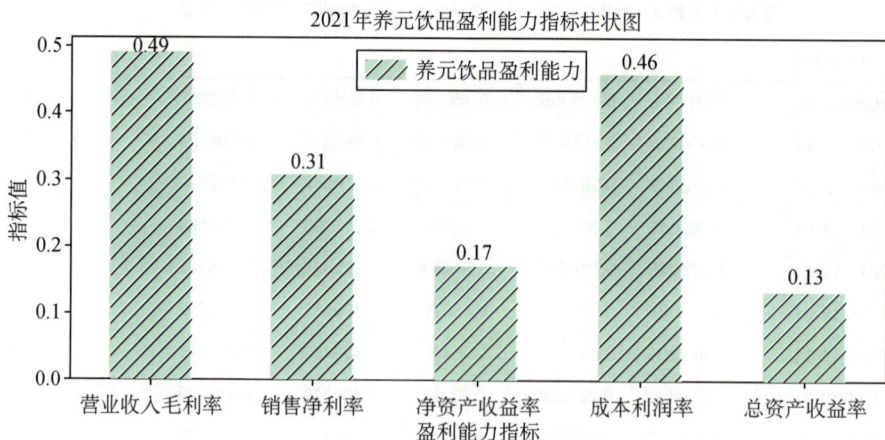

2021年养元饮品盈利能力指标柱状图

2021 年公司市场需求得到较大恢复，营业收入增长。与 2020 年相比，营业收入增长 55.99％，营业成本增长 52.12％，营业收入毛利率、净资产收益率等利润指标上升。同时，由于 2021 年市场逐步恢复市场营销费用增加，投资收益、营业外收入减少等因素导致销售净利率、成本利润率低于 2020 年。

（二）动态分析

通过盈利能力指标的变化趋势，对 2008—2021 年公司的盈利能力进行动态分析，绘制 2008—2021 年盈利能力指标动态分析折线图。

```
# 导入必要的绘图库
import matplotlib.pyplot as plt

# 使用 DataFrame 的 plot 函数绘制折线图,展示盈利能力指标的动态分析
df_yingli.plot(figsize = (20, 7), marker = 'o', rot = 0, cmap = plt.get_cmap('Accent'))

# 设置 X 轴刻度为年份,并居中对齐
plt.xticks(list(df_yingli.index), ha = 'center')

# 设置图表标题和轴标签
plt.title('2008—2021 年盈利能力指标动态分析折线图', fontsize = 16)
plt.xlabel('年份')
plt.ylabel('指标值')

# 添加图例并显示图表
plt.legend()
plt.show()
```

输出结果为：

2008—2021年盈利能力指标动态分析折线图

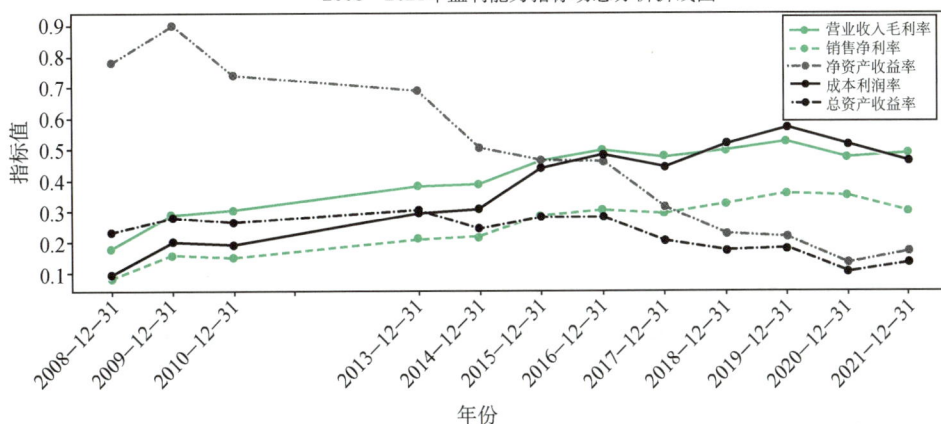

净资产收益率是净利润与平均股东权益的百分比,是综合性最强的一个财务指标,它反映了所有者投入资本的获利能力,同时也反映了企业筹资、投资及资产运营等活动的效率,指标值越高,说明投资带来的收益越高。养元饮品净资产收益率变动很大,从2008年的77.99%降到2021年的16.93%,减少了78.29%,说明股东所投入资本的获利能力逐渐下降,主要原因是净利润的增长速度远远比不上所有者权益的增长速度,2021年与2009年比较,净利润增长了23.94倍,而股东权益增长了131倍。总资产收益率是反映资产经营盈利能力的核心指标。资产经营盈利能力,是指企业运营资产所产生的利润的能力。总资产收益率也呈下降趋势,因为净利润的增长速度远远比不上资产的增长速度。营业收入毛利率与销售净利率、成本利润率稳步上升,于2018—2019年达到高峰,2020年春季以后受新型冠状病毒感染的影响开始减小。

整体来看,净资产收益率从2016年起就进入了下降通道,主要是以广告费为首的期间费用持续攀升造成的。养元饮品的净资产收益率从2009年的89.89%的最高水平下降到2019年的21.71%,2020年下降到13.33%。财报显示,2019年年末养元饮品拥有93.98多亿元的交易性金融资产,2020年和2021年高达100多亿元。一个非金融企业拥有过多的流动资金进行理财,而不是扩大生产规模,说明其植物蛋白饮料行业的增长空间已经非常有限。国内外各大食品饮料生产巨头都采取的是多元化发展道路,靠一款"拳头"产品打天下可以,而要想保持长期稳定的增长就远远不够了。在主营业务收入增长面临天花板的情况下,企业需及时调整策略,在主营业务之外寻求增长点。随着科技进步与生产工艺的更新换代,植物蛋白饮料行业也将会面临洗牌,养元饮品只有不断增加相关产品的研发投入,才能从根本上解决产品同质化的危机。

(三)行业对比分析

1. 数据准备

```
# 计算不同行业公司的盈利能力指标并添加到原始DataFrame中
# 计算营业收入毛利率:营业收入减去营业成本后除以营业收入
```

```
df_hangye['营业收入毛利率'] = (df_hangye['营业收入(万元)'] − df_hangye['营业成
本(万元)'])/df_hangye['营业收入(万元)']
# 计算销售净利率:净利润除以营业收入
df_hangye['销售净利率'] = df_hangye['净利润(万元)']/df_hangye['营业收入(万元)']
# 计算净资产收益率:净利润除以所有者权益合计
df_hangye['净资产收益率'] = df_hangye['净利润(万元)']/df_hangye['所有者权益
(或股东权益)合计(万元)']
# 计算成本利润率:净利润除以营业总成本
df_hangye['成本利润率'] = df_hangye['净利润(万元)']/df_hangye['营业总成本(万元)']
# 计算总资产收益率:净利润除以资产总计
df_hangye['总资产收益率'] = df_hangye['净利润(万元)']/df_hangye['资产总计(万元)']
# 重置索引,将原本的索引列移到数据列中
df_hangye.reset_index(inplace = True)
# 将报告日期设置为新的索引列
df_hangye.set_index('报告日期', inplace = True)
# 输出处理后的前5行数据
df_hangye.head(5)
```

输出结果为:

(扫码看结果)

2. 绘制 2021 年养元饮品与行业盈利能力指标柱状图

```
# 导入必要的绘图库
import matplotlib.pyplot as plt


# 使用 iloc 选择养元饮品公司的第一行数据,绘制折线图展示其盈利能力指标的动
态变化情况
df_yingli.iloc[0, :].plot(kind = 'line', figsize = (20, 7), rot = 0, label = '养
元饮品盈利能力', marker = 'o', fontsize = 15)


# 在折线图上方添加具体数值,并设置对齐方式、颜色和字体大小
for x, y in zip(range(5), df_yingli.iloc[0, :]):
    plt.text(x, y, '%.2f' % y, ha = 'center', va = 'bottom', color = 'blue',
fontsize = 15)


# 提取行业盈利能力指标的平均值,并绘制柱状图展示与养元饮品公司的对比
```

```
df_hangye_yingli = df_hangye[['公司名称','营业收入毛利率','销售净利率','净资产
收益率','成本利润率','总资产收益率']].iloc[0::2, 1:].mean()
df_hangye_yingli.plot(label = '行业盈利能力指标', marker = '>', ls = ':',
fontsize = 15)

#在柱状图上方添加具体数值,并设置对齐方式、颜色和字体大小
for x, y in zip(range(5), df_hangye_yingli):
    plt.text(x, y - 0.01, '%.2f' % y, ha = 'center', va = 'top', color = 'orange',
fontsize = 15)

#设置图表标题、轴标签、图例和网格
plt.title('2021年养元饮品 & 行业盈利能力指标柱状图', fontsize = 20)
plt.xlabel('盈利能力指标', fontsize = 16)
plt.ylabel('指标值', fontsize = 16)
plt.legend(fontsize = 15)
plt.grid()

#显示图表
plt.show()
```

输出结果为:

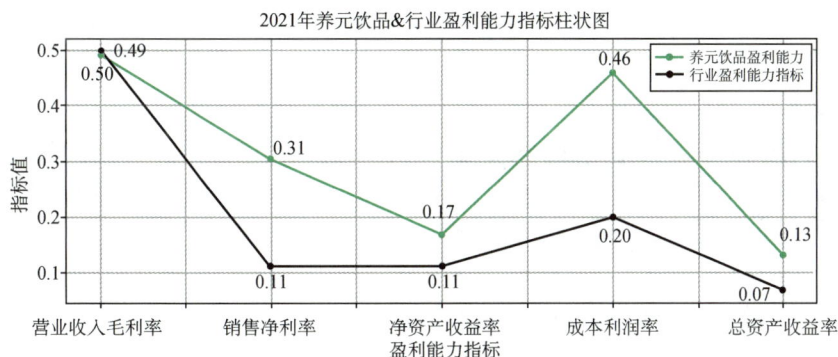

2021年养元饮品&行业盈利能力指标柱状图

养元饮品 2021 年的营业收入毛利率基本与行业持平,销售净利率、成本利润率、净资产收益率、资产收益率均高于行业水平,特别是销售净利率与成本利润率,远高于行业水平。销售净利率是行业的 2.8 倍,成本利润率是行业的 2.3 倍,说明养元饮品产品竞争力强,销售业绩高于同行,盈利能力、成本管理能力高于同行。

五、偿债能力分析

首先,偿债能力分析可以帮助企业评估其当前的债务偿还能力,通过比较企业的流动资产与流动负债,可以确定企业是否有足够的流动性来清偿短期债务,以及是否存在

债务支付风险,这有助于确保企业在面对突发情况时能够保持财务稳定,避免债务违约。其次,通过分析企业的负债指标趋势变化、负债结构和偿债计划,有助于制定合理的融资策略,避免过度依赖债务融资,维持良好的信用状况。同时,与同行业的企业对比可以揭示出企业在偿债能力方面的优劣势,为管理层提供优化决策的依据。

偿债能力分析的主要指标:流动比率、速动比率、资产负债率、现金比率。

(一) 静态分析

分析 2021 年养元饮品 5 个偿债能力指标的情况。

1. 数据准备

```
# 计算流动比率:流动资产合计除以流动负债合计
df['流动比率'] = df['流动资产合计(万元)']/df['流动负债合计(万元)']
# 计算速动比率:(流动资产合计减去存货)除以流动负债合计
df['速动比率'] = (df['流动资产合计(万元)'] - df['存货(万元)'])/df['流动负债合计(万元)']
# 计算资产负债率:负债合计除以资产总计
df['资产负债率'] = df['负债合计(万元)']/df['资产总计(万元)']
# 计算现金比率:(货币资金加上交易性金融资产)除以流动负债合计
df['现金比率'] = (df['货币资金(万元)'] + df['交易性金融资产(万元)'])/df['流动负债合计(万元)']
# 提取包含计算得到的财务指标的 DataFrame,包括流动比率、速动比率、资产负债率和现金比率
df_changzhai = df[['流动比率','速动比率','资产负债率','现金比率']]
# 返回包含财务指标的 DataFrame df_changzhai
df_changzhai
```

输出结果为:

报告日期	流动比率	速动比率	资产负债率	现金比率
2021-12-31	3.745527	3.487653	0.215285	3.395266
2020-12-31	3.703717	3.464032	0.214272	3.332780
2019-12-31	4.856273	4.572613	0.178473	3.815520
2018-12-31	3.891270	3.668512	0.227701	1.141956
2017-12-31	2.426508	2.190920	0.344340	0.148916
2016-12-31	2.211695	2.022329	0.387980	0.176209
2015-12-31	2.150953	1.961324	0.398738	0.682533
2014-12-31	1.773858	1.528001	0.515937	0.088375
2013-12-31	1.652428	1.476284	0.559076	0.208116
2010-12-31	1.245964	1.020160	0.643886	0.891784
2009-12-31	1.060479	0.783590	0.689223	0.343421
2008-12-31	0.892622	0.349293	0.700408	0.186476

2. 绘制2021年养元饮品偿债能力指标柱状图

```
#选择第一行数据(养元饮品)的偿债能力指标数据,绘制柱状图
df_changzhai.iloc[0, :].plot(kind = 'bar', figsize = (12, 7), rot = 0, color =
'orange', alpha = 0.6, hatch = './', edgecolor = 'green', label = '养元饮品偿债能力')

#设置图表标题、轴标签
plt.title('2021年养元饮品偿债能力指标柱状图', fontsize = 16)
plt.xlabel('偿债能力指标', fontsize = 14)
plt.ylabel('指标值', fontsize = 14)

#在每个柱状图上方添加具体数值,并设置对齐方式、颜色和字体大小
for x, y in zip(range(4), df_changzhai.iloc[0, :]):
    plt.text(x, y, '%.2f' % y, ha = 'center', va = 'bottom', fontsize = 15)

#显示图例
plt.legend()

#显示图表
plt.show()
```

输出结果为:

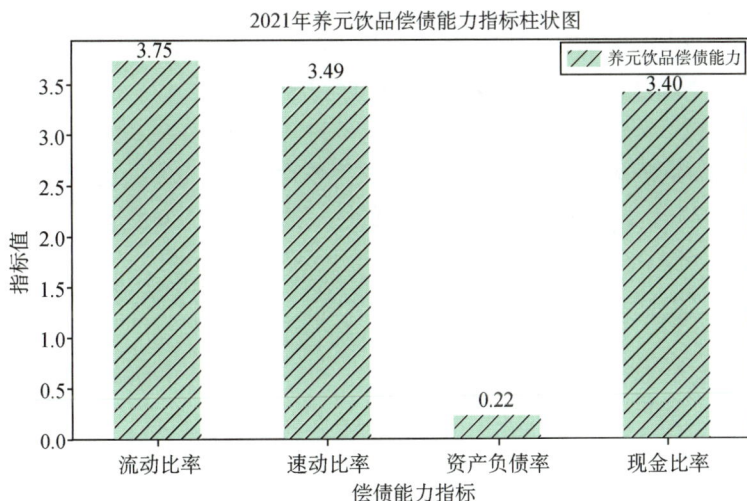
2021年养元饮品偿债能力指标柱状图

　　流动比率是衡量企业短期偿债能力的一个重要财务指标,这个比率越高说明企业偿还流动负债的能力越强,但是过高的流动比率也不一定是好现象,可能是企业滞留在流动资产上的资金过多,缺乏合理的投资管理,可能会影响企业的盈利能力。养元饮品的流动比率3.75意味着公司每一元的流动负债,就有3.75元的流动资产作为安全保

障,保障程度较高,当然,偿债质量还应该进一步结合存货、应收账款的变现能力进行分析。存货的变现速度较慢,经过销售才能转变为现金,一般来说,流动资产中扣除存货后即速动资产,其变现能力变强,一般认为速动比率为1时比较合适。养元饮品的速动比率3.49,代表每一元的流动负债有3.49元的速动资产偿还保障,保障程度较高。现金比率是现金类资产与流动负债的比值,可以反映企业的直接偿付能力,变现能力最强,偿付债务的保障性最强。养元饮品的现金比率3.40较高,有充足的偿债能力。但如上所述,过高的现金比率可能意味着企业现金管理弱,资产盈利能力弱,机会成本高,资产没有得到充分的利用。

资产负债率反映了企业偿还债务的综合能力。资产负债率越高说明偿还债务的能力越差,反之,偿还债务的能力越强。养元饮品资产负债率0.22说明每1元的资产中有0.22元是负债提供的,0.78元是股东提供的,财务风险较低。一方面,股东通过适度的举债经营可以以有限的资本、有限的代价取得对公司的控制权,并且得到举债经营的杠杆效益;另一方面,该比率过高说明股东提供的资本占比低,公司风险主要由债权人承担,贷款的安全性缺乏可靠保障,财务风险增大,有资不抵债的危险。

(二)动态分析

通过偿债能力指标的变化趋势,对2008—2021年公司的偿债能力进行动态分析,绘制2008—2021年偿债能力指标动态分析折线图。

```python
# 使用df_changzhai的数据绘制折线图,设置图表尺寸、标记样式、颜色映射等参数
df_changzhai.plot(figsize = (20, 7), marker ='o', rot = 0, cmap = plt.get_cmap
('Accent'))


# 设置横轴刻度为df_changzhai的索引(年份),并设置刻度标签居中显示
plt.xticks(list(df_changzhai.index), ha ='center')


# 设置图表标题、横轴标签和纵轴标签,以及它们的字体大小
plt.title('2008—2021年偿债能力指标动态分析折线图', fontsize = 16)
plt.xlabel('年份', fontsize = 14)
plt.ylabel('指标值', fontsize = 14)


# 显示图例
plt.legend()


# 显示图表
plt.show()
```

输出结果为:

2008—2021年偿债能力指标动态分析折线图

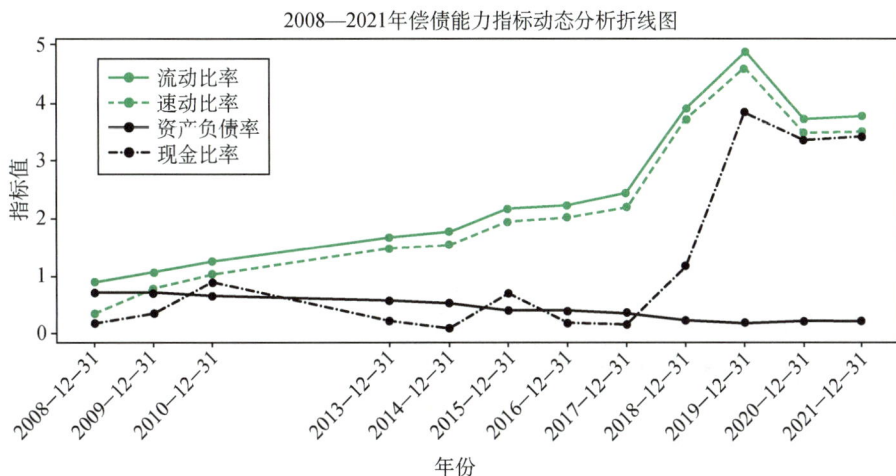

养元饮品的流动比率与速动比率在 2008—2017 年一直平稳上升,流动比率从 2008 年的 0.89 到 2015 年的 2.15 再到 2018 年的 3.89,在 10 年时间增长了 3.37 倍。2020 年流动资产下降,流动负债缺增加,流动比率下降。每年的存货总量变化幅度小,所以速动比率与流动比率变化一致。资产负债率逐年下降,从 2008 年的高负债率 70% 到 2021 年的 22%,财务风险逐步降低。现金比率变动较大,特别是 2018 年上市以后变动很大,保持在一个较高的水平,可能与公司银行理财产品的购买与赎回有关。

(三) 行业对比分析

1. 数据准备

```
# 计算流动比率:流动资产合计除以流动负债合计
df_hangye['流动比率'] = df_hangye['流动资产合计(万元)']/df_hangye['流动负债合计(万元)']

# 计算速动比率:(流动资产合计减去存货)除以流动负债合计
df_hangye['速动比率'] = (df_hangye['流动资产合计(万元)'] – df_hangye['存货(万元)'])/df_hangye['流动负债合计(万元)']

# 计算资产负债率:负债合计除以资产总计
df_hangye['资产负债率'] = df_hangye['负债合计(万元)']/df_hangye['资产总计(万元)']

# 计算现金比率:(货币资金和交易性金融资产)除以流动负债合计
df_hangye['现金比率'] = (df_hangye['货币资金(万元)'] + df_hangye['交易性金融资产(万元)'])/df_hangye['流动负债合计(万元)']

# 重置索引,将报告日期列变为数据的索引
```

```
df_hangye.reset_index(inplace = True)

# 将报告日期设置为数据的索引
df_hangye.set_index('报告日期', inplace = True)

# 选择特定列,包括公司名称、流动比率、速动比率、资产负债率、现金比率,并对每两
行取平均值
df_hangye_changzhai = df_hangye[['公司名称','流动比率','速动比率','资产负债率',
'现金比率']].iloc[0::2, 1:].mean()

# 显示处理后的数据的前几行
df_hangye.head()
```

输出结果为:

(扫码看结果)

2. 绘制 2021 年养元饮品和行业偿债能力指标分布分析图

```
# 导入必要的库
import matplotlib.pyplot as plt

# 设置绘图的整体大小
plt.figure(figsize = (20, 12))

# 通过箱线图展示养元饮品公司的偿债能力指标分布情况
# 选择流动比率、速动比率、资产负债率、现金比率这四个指标,并且每两行选取一次
以避免重复
df_hangye[['流动比率','速动比率','资产负债率','现金比率']].iloc[0::2,0:].
boxplot()

# 绘制养元饮品偿债能力指标的折线图,并添加数据标签
plt.plot(range(1, 5), df_changzhai.iloc[0, :], label = '养元饮品偿债能力指标')
for x, y in zip(range(1, 5), df_changzhai.iloc[0, :]):
    plt.text(x, y, '%.2f' % y, ha = 'center', va = 'bottom', color = 'blue',
fontsize = 15)

# 绘制行业平均偿债能力指标的折线图,并添加数据标签
```

```
plt.plot(range(1, 5), df_hangye_changzhai, label ='行业平均偿债能力指标')
for x, y in zip(range(1, 5), df_hangye_changzhai):
    plt.text(x, y + 0.25,'%.2f' % y, ha ='center', va ='top', color ='orange',
fontsize = 15)


#添加标题和轴标签,设置图例,并展示图形
plt.title('2021 年养元饮品 & 行业偿债能力指标分布分析图', fontsize = 20)
plt.xlabel('偿债能力指标', fontsize = 16)
plt.ylabel('指标值', fontsize = 16)
plt.legend(fontsize = 15)
plt.show()
```

输出结果为:

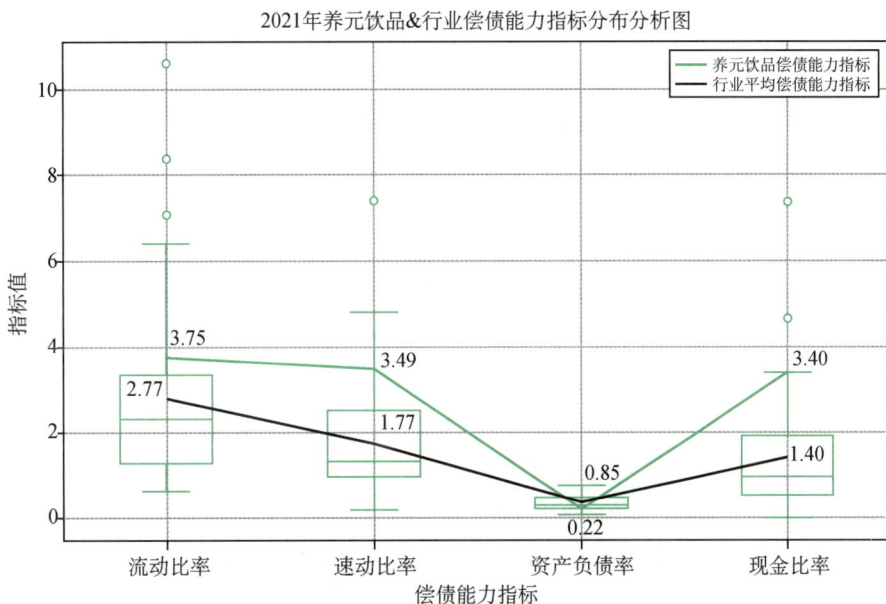

2021年养元饮品&行业偿债能力指标分布分析图

　　养元饮品各项偿债能力指标均优于行业水平,较强的现金流入使得其整体偿债能力保持在一个优良的水平。养元饮品流动比率是行业的 1.35 倍,速动比率是行业的 1.97 倍,现金比率是行业的 2.43 倍,流动资产对流动负债的保障能力强;资产负债率低于同行业,偿还债务能力强于行业,财务风险低于同行业。

六、营运能力分析

　　营运能力分析可以了解公司在日常经营中的流动性状况和经营效率。通过分析存货周转率、应收账款周转率等指标,可以确定公司在运营过程中的现金流情况,以及资金是否得以有效利用。通过动态的营运能力分析,可以追踪和比较公司不同年度间的

经营情况。这有助于发现潜在的问题和趋势，如库存堆积、应收账款拖欠，从而及时采取措施纠正不良情况，提高运营效率。通过行业对比，可以确定企业在库存周转、应收账款回收等方面的相对表现，这也有助于借鉴行业最佳实践，寻找提高经营效率和流动性的方法，并保持与行业标准的一致性。

营运能力分析的主要指标：总资产周转率、存货周转率、应收账款周转率、固定资产周转率。

（一）静态分析

分析 2021 年养元饮品 5 个营运能力指标的情况。

1. 数据准备

```python
# 计算平均资产总额：相邻两期的资产总计的平均值
df['平均资产总额(万元)'] = (df['资产总计(万元)'] + df['资产总计(万元)'].shift(-1).fillna(0))/2
# 计算平均存货：相邻两期的存货的平均值
df['平均存货(万元)'] = (df['存货(万元)'] + df['存货(万元)'].shift(-1).fillna(0))/2
# 计算平均应收账款：相邻两期的应收账款和应收票据的平均值
df['平均应收账款(万元)'] = ((df['应收账款(万元)'] + df['应收账款(万元)'].shift(-1).fillna(0)) + (df['应收票据(万元)'] + df['应收票据(万元)'].shift(-1).fillna(0)))/2
# 计算平均固定资产：相邻两期的固定资产的平均值
df['平均固定资产(万元)'] = (df['固定资产(万元)'] + df['固定资产(万元)'].shift(-1).fillna(0))/2
# 计算总资产周转率：营业收入除以平均资产总额
df['总资产周转率'] = df['营业收入(万元)']/df['平均资产总额(万元)']
# 计算存货周转率：营业成本除以平均存货
df['存货周转率'] = df['营业成本(万元)']/df['平均存货(万元)']
# 计算应收账款周转率：营业收入除以平均应收账款
df['应收账款周转率'] = df['营业收入(万元)']/df['平均应收账款(万元)']
# 计算固定资产周转率：营业收入除以平均固定资产
df['固定资产周转率'] = df['营业收入(万元)']/df['平均固定资产(万元)']
# 选择并创建一个新的 DataFrame，包含计算得到的营运能力指标
df_yingyun = df[['总资产周转率','存货周转率','应收账款周转率','固定资产周转率']]
df_yingyun
```

输出结果为：

	总资产周转率	存货周转率	应收账款周转率	固定资产周转率
报告日期				
2021-12-31	0.446248	4.424145	184.725425	8.229660
2020-12-31	0.293411	3.117831	108.229312	5.846158
2019-12-31	0.490694	4.718150	183.952898	10.767107
2018-12-31	0.615056	4.959303	294.867487	12.611380
2017-12-31	0.738933	5.093754	387.610416	11.308123
2016-12-31	0.930092	6.391621	614.028976	14.347651
2015-12-31	1.079444	5.973682	813.314005	17.145745
2014-12-31	1.297476	6.948675	585.109773	19.905913
2013-12-31	2.541295	15.399731	1162.976526	37.174758
2010-12-31	2.315102	10.273978	3918.036364	15.748885
2009-12-31	2.587890	7.742872	1250.166667	15.077387
2008-12-31	5.534617	12.017521	1116.039216	16.804842

2. 绘制 2021 年养元饮品营运能力指标柱状图

```
# 导入必要的绘图库
import matplotlib.pyplot as plt
# 使用柱状图展示养元饮品公司的营运能力指标,选择第一行数据
df_yingyun.iloc[0, :].plot(kind ='bar', figsize = (12, 5), rot = 0, alpha = 0.
5, hatch ='/', label ='养元饮品营运能力', color ='gray')
# 设置图标题、横轴标签和纵轴标签
plt.title('2021 年养元饮品营运能力指标柱状图', fontsize = 16)
plt.xlabel('营运能力指标')
plt.ylabel('指标值')


# 在每个柱子上方添加具体数值的标签
for x, y in zip(range(5), df_yingyun.iloc[0, :]):
    plt.text(x, y, '%.2f' % y, ha ='center', va ='bottom')
# 添加图例
plt.legend()
# 展示绘制的柱状图
plt.show()
```

输出结果为:

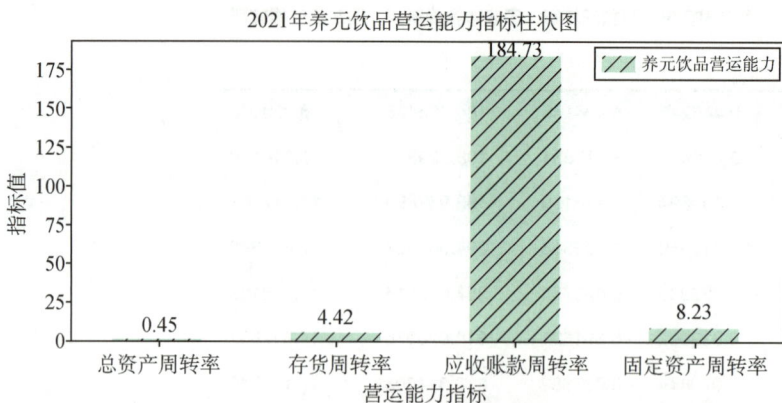

总资产周转率是企业销售收入与资产平均余额的比率,是评价企业营业能力的综合指标。数值越大,周转天数越少,说明企业的营运能力越强,资产的利用效率越高,也就是把资产变成收入的能力越强。养元饮品 2021 年总资产周转率意味着为实现690 596 万元营业收入,总资产一年需要周转 0.45 次,也就是每 800 天周转一次,周转速度比较慢。总资产仅指用于经营活动的资产,不应包括金融资产。养元饮品金融资产较多,2021 年仅交易性金融资产就 105.52 亿元,占总资产比重 66.43%,比重过大,影响对其实际周转能力的判断。总资产周转率的高低与个别资产周转率的高低和个别资产在总资产中的比重极为相关,因此要分析理解企业总资产使用效率高低的原因,必须对各单项资产的使用效率逐一进行分析。

应收账款周转率反映企业应收账款的周转速度和管理水平。应收账款周转率越高,应收账款周转天数越短,说明应收账款收回得越快,应收账款的流动性越强,流动资产质量越高。养元饮品应收账款周转率 184.73 意味着一年周转 184.73 次,也就是每1.95 天周转一次,应收账款从发生到收回需要 1.95 天,比 2020 年周转速度快,这不仅节约了资金,也说明公司信用状况好,发生坏账的可能性也就越小。但如果周转率过高,则可能是由于公司的信用政策过于苛刻,这可能会限制公司销售规模的扩大,影响公司长远的盈利能力。

存货周转率是反映企业销售能力和存货周转速度的指标,是指企业在一定时期的营业成本与存货平均余额之间的比率,反映企业存货在一定时期的周转次数。存货周转次数越多,则存货周转天数就越少,说明存货占用水平越低,流动性越强,存货周转速度越快;存货周转次数少,则存货周转天数多,说明存货积压,存货变现能力差,周转速度慢。存货周转率偏低的原因可能是存货积存,也可能是销售政策发生变化。养元饮品 2021 年存货周转率 4.42 次,意味着每 81.45 天周转一次。

固定资产周转率反映公司固定资产利用效率,固定资产周转率越高,说明固定资产的利用率越高,公司的冗余资产越少;固定资产周转率过低,可能是由于公司的销售情况差,也可能是由于公司存在低效利用或者闲置的固定资产。养元饮品 8.23 的固定资产周转率意味着固定资产一年周转 8.23 次,也就是每 43.74 天周转一次。

(二)动态分析

通过偿债能力指标的变化趋势,对 2008—2021 年公司的营运能力进行动态分析,绘制 2008—2021 年营运能力指标动态分析折线图。

```
#使用折线图展示营运能力指标,设置图的大小、标记样式、旋转角度、颜色映射等参数
df_yingyun.plot(figsize = (20, 7), marker = '^', rot = 0, cmap = plt.get_cmap
('Accent'), secondary_y ='应收账款周转率', ylabel ='指标值', legend = True)

#设置横轴刻度为数据索引,位置居中显示
plt.xticks(list(df_yingyun.index), ha ='center')

#设置图标题、横轴标签和纵轴标签
plt.title('2008—2021 年营运能力指标动态分析折线图', fontsize = 16)
plt.xlabel('年份')
plt.ylabel('指标值')

#展示绘制的折线图
plt.show()
```

输出结果为:

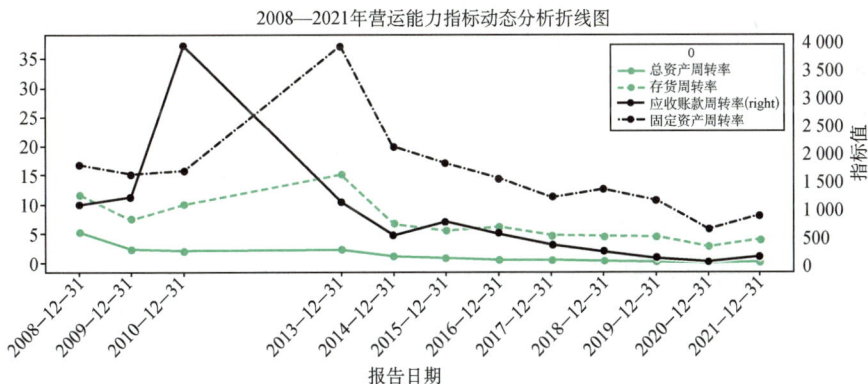

2008—2021年营运能力指标动态分析折线图

应收账款、固定资产周转变动较大,特别是在 2009 年到 2014 年之间。2010 年,应收账款周转率高达 3 918 次,意味着每 0.09 天周转一次;2018 年开始一天周转不到一次,周转效率逐渐下降,存货变动率次之,总资产周转率变动较为平缓。2020 年,养元饮品的应收账款随着赊销增多而水涨船高,存货平均余额也因新型冠状病毒感染防控、产品滞销而上升,营运能力整体上在逐年下降。

(三)行业对比分析

1. 数据准备

```
#计算平均资产总额:当前年和下一年的资产总计的平均值
```

```
df_hangye['平均资产总额(万元)'] = (df_hangye['资产总计(万元)'] + df_hangye['资
产总计(万元)'].shift(-1).fillna(0))/2
```

```
# 计算平均存货：当前年和下一年的存货的平均值
df_hangye['平均存货(万元)'] = (df_hangye['存货(万元)'] + df_hangye['存货(万元)'].
shift(-1).fillna(0))/2
```

```
# 计算平均应收账款：当前年和下一年的应收账款和应收票据的平均值
df_hangye['平均应收账款(万元)'] = ((df_hangye['应收账款(万元)'] + df_hangye
['应收账款(万元)'].shift(-1).fillna(0)) + (df_hangye['应收票据(万元)'] + df_
hangye['应收票据(万元)'].shift(-1).fillna(0)))/2
```

```
# 计算平均固定资产：当前年和下一年的固定资产的平均值
df_hangye['平均固定资产(万元)'] = (df_hangye['固定资产(万元)'] + df_hangye['固
定资产(万元)'].shift(-1).fillna(0))/2
```

```
# 计算总资产周转率：营业收入除以平均资产总额
df_hangye['总资产周转率'] = df_hangye['营业收入(万元)']/df_hangye['平均资产总
额(万元)']
```

```
# 计算存货周转率：营业成本除以平均存货
df_hangye['存货周转率'] = df_hangye['营业成本(万元)']/df_hangye['平均存货(万
元)']
```

```
# 计算应收账款周转率：营业收入除以平均应收账款
df_hangye['应收账款周转率'] = df_hangye['营业收入(万元)']/df_hangye['平均应收
账款(万元)']
```

```
# 计算固定资产周转率：营业收入除以平均固定资产
df_hangye['固定资产周转率'] = df_hangye['营业收入(万元)']/df_hangye['平均固定
资产(万元)']
```

```
# 选择并创建一个新的DataFrame，包含计算得到的营运能力指标
df_yingyun_hangye = df_hangye[['公司名称','总资产周转率','存货周转率','应收账款
周转率','固定资产周转率']]
```

```
# 将第3行、第4列的值设为NaN(缺失值)
```

```
df_yingyun_hangye.iloc[2, 3] = np.nan
```

```
# 将数据框中的 NaN 值填充为 0
df_yingyun_hangye = df_yingyun_hangye.fillna(0)
```

```
# 计算每家公司营运能力指标的平均值,只选择每隔一行的数据(偶数行)
df_hangye_yingyun_mean = df_yingyun_hangye[['公司名称','总资产周转率','存货周
转率','应收账款周转率','固定资产周转率']].iloc[0::2, 1:].mean()
```

```
# 展示数据框的前几行数据
df_yingyun_hangye.head()
```

输出结果为:

报告日期	公司名称	总资产周转率	存货周转率	应收账款周转率	固定资产周转率
2021-12-31	金徽酒股份有限公司	0.489620	0.526391	134.314683	1.170312
2020-12-31	金徽酒股份有限公司	0.715679	1.044903	431.588529	1.835515
2021-12-31	福建省燕京惠泉啤酒股份有限公司	0.455329	4.255177	0.000000	1.747842
2020-12-31	福建省燕京惠泉啤酒股份有限公司	0.366316	3.309608	1159.207547	1.256144
2021-12-31	浙江李子园食品股份有限公司	0.907733	5.961916	1571.893048	2.745344

2. 绘制 2021 年养元饮品及其所在行业营运指标分布分析图

```
# 导入绘图所需的库
import matplotlib.pyplot as plt
```

```
# 创建一个图像,并设置图像大小为 20×12
plt.figure(figsize = (20, 12))
```

```
# 绘制养元饮品的营运能力指标折线图
plt.plot(range(4), df_yingyun.iloc[0, :], label = '养元饮品营运能力指标')
```

```
# 在图中的每个数据点上添加文本,显示具体数值,并设置文本的位置和样式
for x, y in zip(range(4), df_yingyun.iloc[0, :]):
    plt.text(x, y, '%.2f' % y, ha = 'center', va = 'bottom', color = 'blue',
fontsize = 15)
```

```
#绘制行业平均营运能力指标折线图
plt.plot(range(4), df_hangye_yingyun_mean, label = '行业平均营运能力指标')

# 在图中的每个数据点上添加文本,显示具体数值,并设置文本的位置和样式
for x, y in zip(range(4), df_hangye_yingyun_mean):
    plt.text(x, y, '%.2f' % y, ha = 'center', va = 'top', color = 'orange',
fontsize = 15)

#添加图的标题和坐标轴标签,以及 x 轴刻度标签
plt.title('2021 年养元饮品 & 行业营运指标分布分析图', fontsize = 20)
plt.xlabel('营运能力指标', fontsize = 16)
plt.ylabel('指标值', fontsize = 16)
plt.xticks(range(4), ['总资产周转率','存货周转率','应收账款周转率','固定资产周
转率'])

#添加图例,并设置图例字体大小
plt.legend(fontsize = 15)

#显示绘制的图像
plt.show()
```

输出结果为:

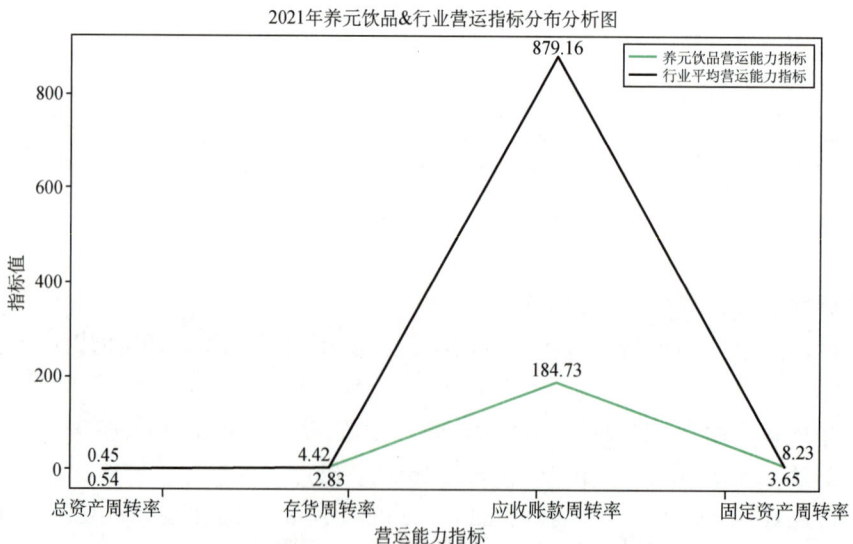

养元饮品整体营运能力低于同行。2021 年行业的应收账款周转率是 879 次,即 0.41 天周转一次,而养元饮品 1.95 天周转一次,远远低于行业水平,说明养元饮品赊销

回款不够及时,变现率较低,回款速度慢,坏账风险大。养元饮品的总资产周转率处于行业平均水平略有下降。就存货周转天数而言,养元饮品远低于承德露露和维维股份,说明养元饮品存在存货积压问题,存货的周转速度在下降,相应的周转时间被拉长。其他指标基本与行业持平。整体来看,养元饮品的营业能力处于行业中等水平,且有变差趋势。

七、发展能力分析

从静态、动态和行业对比三个方面对发展能力进行分析,可以对公司的成长潜力和可持续发展能力全面洞察。通过合理的资源配置、创新驱动,公司可以实现持续的增长,保持竞争优势,并在不断变化的市场环境中取得成功。

发展能力分析的主要指标:股东权益增长率、净利润增长率、收入增长率、总资产增长率。

(一) 静态分析

分析 2021 年养元饮品 5 个发展能力指标的情况。

1. 数据准备

```
#计算股东权益增长率:(当前年的股东权益 - 下一年的股东权益)/下一年的股东权益。
#如果下一年的股东权益为 0,填充为 0.01,避免分母为 0
df['股东权益增长率'] = (df['所有者权益(或股东权益)合计(万元)'] - df['所有者权益(或股东权益)合计(万元)'].shift( - 1).fillna(0.01))/df['所有者权益(或股东权益)合计(万元)'].shift( - 1).fillna(0.01)


#计算净利润增长率:(当前年的净利润 - 下一年的净利润)/下一年的净利润。
#如果下一年的净利润为 0,填充为 0.01,避免分母为 0
df['净利润增长率'] = (df['净利润(万元)'] - df['净利润(万元)'].shift( - 1).fillna(0.01))/df['净利润(万元)'].shift( - 1).fillna(0.01)


#计算收入增长率:(当前年的营业收入 - 下一年的营业收入)/下一年的营业收入。
#如果下一年的营业收入为 0,填充为 0.01,避免分母为 0
df['收入增长率'] = (df['营业收入(万元)'] - df['营业收入(万元)'].shift( - 1).fillna(0.01))/df['营业收入(万元)'].shift( - 1).fillna(0.01)


#计算总资产增长率:(当前年的资产总计 - 下一年的资产总计)/下一年的资产总计。
#如果下一年的资产总计为 0,填充为 0.01,避免分母为 0
df['总资产增长率'] = (df['资产总计(万元)'] - df['资产总计(万元)'].shift( - 1).fillna(0.01))/df['资产总计(万元)'].shift( - 1).fillna(0.01)
```

# 创建一个新的 DataFrame,包含股东权益增长率、净利润增长率、收入增长率和总资产增长率
df_chengzhang = df[['股东权益增长率','净利润增长率','收入增长率','总资产增长率']].
round(3)

显示计算得到的增长率
df_chengzhang

输出结果为：

报告日期	股东权益增长率	净利润增长率	收入增长率	总资产增长率
2021-12-31	0.053	0.338	0.560	0.054
2020-12-31	-0.046	-0.415	-0.406	-0.003
2019-12-31	0.051	0.007	-0.084	-0.012
2018-12-31	0.610	0.159	0.052	0.367
2017-12-31	0.228	-0.157	-0.130	0.146
2016-12-31	0.059	0.046	-0.024	0.041
2015-12-31	0.550	0.431	0.104	0.248
2014-12-31	0.580	0.157	0.112	0.439
2013-12-31	9.295	8.593	5.897	7.315
2010-12-31	1.375	0.949	1.052	1.072
2009-12-31	2.056	2.522	0.845	1.946
2008-12-31	308099.000	240299.000	2845899.000	1028399.000

2. 绘制 2021 年养元饮品成长能力指标柱状图

# 导入必要的库
import matplotlib.pyplot as plt

使用柱状图展示静态分析指标,设置图像大小为 12×5,不旋转 x 轴标签,设置透明度、图案样式和颜色
df_chengzhang.iloc[0,:].plot(kind ='bar', figsize = (12, 5), rot = 0, alpha = 0.5, hatch = '/', label ='养元饮品成长能力', color ='gray')

# 添加图的标题、x 轴标签、y 轴标签
plt.title('2021 年养元饮品成长能力指标柱状图', fontsize = 16)
plt.xlabel('成长能力指标')
plt.ylabel('指标值')

在每个柱状图上方添加具体数值的文本,水平居中、垂直向下

```
for x, y in zip(range(5), df_chengzhang.iloc[0,:]):
    plt.text(x, y, '%.2f' % y, ha ='center', va ='bottom')
```

```
#添加图例
plt.legend()
```

```
#显示绘制的图像
plt.show()
```

输出结果为:

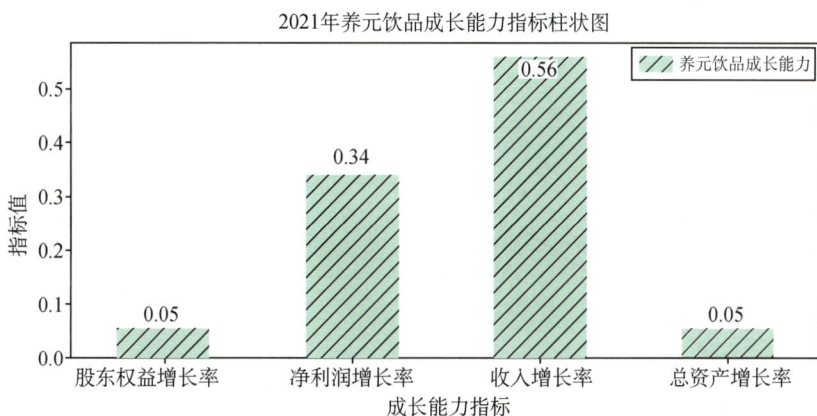

2021年养元饮品成长能力指标柱状图

实现主营业务销售收入是保证公司盈利的必要条件,这是公司成长发展的表现,因为只有充足的收入才能为进一步扩大市场、开发新品、技术升级提供资金来源,促进公司的良性发展。养元饮品股东权益与资产同增长,净利润增长率34%,收入增长56%。

(二)动态分析

通过偿债能力指标的变化趋势,对2008—2021年公司的发展能力进行动态分析,绘制2008—2021年成长能力指标动态分析折线图。

```
#导入必要的库
import matplotlib.pyplot as plt
```

```
#使用折线图展示动态分析指标,设置图像大小为20×7,标记样式为'·',不旋转x轴标签,使用颜色映射,并显示图例
df_chengzhang.iloc[:-1,:].plot(figsize = (20, 7), marker ='·', rot = 0, cmap =
plt.get_cmap('Accent'), ylabel ='指标值', legend = True)
```

```
#设置x轴刻度标签为数据框的索引,不包含最后一个年份,居中对齐
plt.xticks(list(df_yingyun.index)[:-1], ha ='center')
```

```
#添加图的标题、x 轴标签、y 轴标签
plt.title('2008—2021 年成长能力指标动态分析折线图', fontsize = 16)
plt.xlabel('年份')
plt.ylabel('指标值')


#显示图例
plt.legend()


#显示绘制的图像
plt.show()
```

输出结果为：

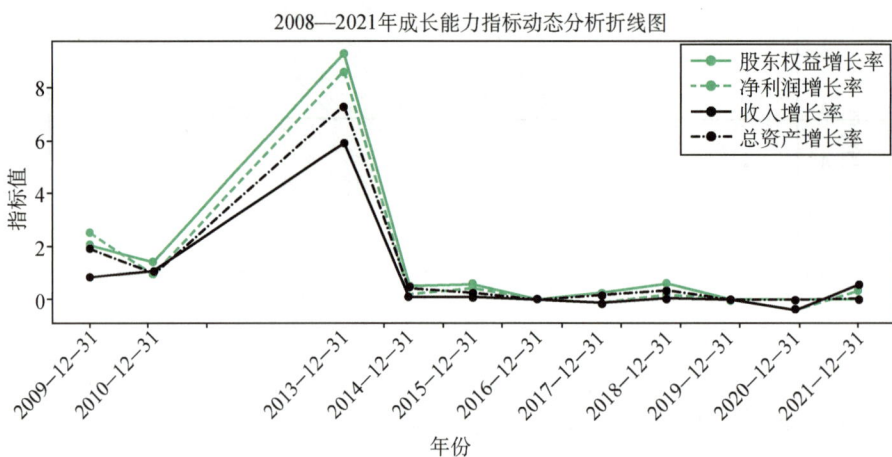

2008—2021年成长能力指标动态分析折线图

养元饮品各项成长能力指标经历了从波峰到波谷的完整轮回。2013 年股东权益总额是 2010 年的 10.3 倍,股东权益增长率是 2010 年的 6.76 倍;净利润总额是 2010 年的 9.59 倍,净利润增长率是 2010 年的 9.05 倍;收入增长率是 2010 年的 5.6 倍,但在 2014 年出现急剧下跌,在 2018 年公司上市时略有回升,但 2020 年年初开始的新型冠状病毒感染又使营业收入、净利润等增长陷于困境。可能是因为行业周期、公司产品结构老化和消费者偏好的转移,养元饮品利润增长率连续下跌,营业利润、净利润下降幅度较大。随着经营战略调整,更好适应市场消费需求变化,拓宽产品线,丰富不同消费层次选择,养元饮品利润增长率也获得了大幅回升,表明公司仍有长期稳健增长的潜力。

(三) 行业对比分析

1. 数据准备

```
#计算股东权益增长率:当前年份的所有者权益与下一年份的所有者权益之差除以下一年份的所有者权益,确保避免分母为零的情况
```

```
df_hangye['股东权益增长率'] = (df_hangye['所有者权益(或股东权益)合计(万元)']
    - df_hangye['所有者权益(或股东权益)合计(万元)'].shift(-1).fillna(0.01))/\
                        df_hangye['所有者权益(或股东权益)合计(万元)'].
shift(-1).fillna(0.01)
```

```
#计算净利润增长率:当前年份的净利润与下一年份的净利润之差除以下一年份的
净利润,确保避免分母为零的情况
df_hangye['净利润增长率'] = (df_hangye['净利润(万元)'] - df_hangye['净利润(万元)'].
shift(-1).fillna(0.01))/df_hangye['净利润(万元)'].shift(-1).fillna(0.01)
```

```
#计算收入增长率:当前年份的营业收入与下一年份的营业收入之差除以下一年份
的营业收入,确保避免分母为零的情况
df_hangye['收入增长率'] = (df_hangye['营业收入(万元)'] - df_hangye['营业收入
(万元)'].shift(-1).fillna(0.01))/df_hangye['营业收入(万元)'].shift(-1).
fillna(0.01)
```

```
#计算总资产增长率:当前年份的资产总计与下一年份的资产总计之差除以下一年
份的资产总计,确保避免分母为零的情况
df_hangye['总资产增长率'] = (df_hangye['资产总计(万元)'] - df_hangye['资产总计
(万元)'].shift(-1).fillna(0.01))/df_hangye['资产总计(万元)'].shift(-1).
fillna(0.01)
```

```
#选择计算得到的增长率指标以及公司名称,构建新的 DataFrame
df_chengzhang_hangye = df_hangye[['公司名称','股东权益增长率','净利润增长率',
'收入增长率','总资产增长率']]
```

```
#计算各个指标的平均值,每隔两行进行计算以得到行业平均值
df_hangye_chengzhang_mean = df_chengzhang_hangye[['公司名称','股东权益增长率','净
利润增长率','收入增长率','总资产增长率']].iloc[0::2, 1:].mean()
```

```
#显示数据框的前几行,用于查看计算结果
df_chengzhang_hangye.head()
```

输出结果为:

报告日期	公司名称	股东权益增长率	净利润增长率	收入增长率	总资产增长率
2021-12-31	金徽酒股份有限公司	0.073218	-0.020071	0.033357	0.068336

2020-12-31	金徽酒股份有限公司	1.334417	9.626042	1.973455	1.707533
2021-12-31	福建省燕京惠泉啤酒股份有限公司	0.019209	0.075543	-0.052638	0.041858
2020-12-31	福建省燕京惠泉啤酒股份有限公司	-0.272638	-0.889558	-0.581975	-0.404421
2021-12-31	浙江李子园食品股份有限公司	1.200430	0.223330	0.351380	0.850721

2. 绘制 2021 年养元饮品与行业营运能力指标分布分析图

```
# 设置绘图的图像大小
plt.figure(figsize = (20, 12))

# 绘制养元饮品营运能力指标折线图
plt.plot(range(4), df_chengzhang.iloc[0, :], label = '养元饮品营运能力指标',
marker = 'o')

# 在每个数据点上添加文本标注,显示具体数值,位于数据点上方,使用蓝色字体
for x, y in zip(range(4), df_chengzhang.iloc[0, :]):
    plt.text(x, y, '%.2f' % y, ha = 'center', va = 'bottom', color = 'blue',
fontsize = 15)

# 绘制行业平均发展能力指标折线图
plt.plot(range(4), df_hangye_chengzhang_mean, label = '行业平均发展能力指标',
marker = 'o')

# 在每个数据点上添加文本标注,显示具体数值,位于数据点下方,使用橙色字体
for x, y in zip(range(4), df_hangye_chengzhang_mean):
    plt.text(x, y, '%.2f' % y, ha = 'center', va = 'top', color = 'orange',
fontsize = 15)

# 添加标题
plt.title('2021 年养元饮品 & 行业营运能力指标分布分析图', fontsize = 20)
# 设置 x 轴刻度标签
plt.xticks(range(4),['股东权益增长率','净利润增长率','收入增长率','总资产增长率'])
# 添加 x 轴和 y 轴标签
plt.xlabel('营运能力指标', fontsize = 16)
plt.ylabel('指标值', fontsize = 16)
# 添加图例,并设置图例字体大小
plt.legend(fontsize = 15)
```

＃显示绘制好的折线图

plt.show()

输出结果为：

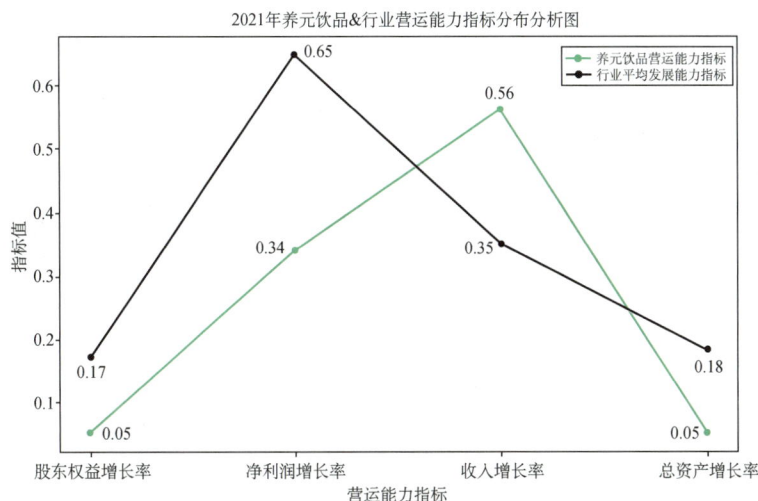

2021年养元饮品&行业营运能力指标分布分析图

2021年，养元饮品的营业收入增长率高于行业水平，但股东权益增长率、资产增长率、利润增长率等指标均低于行业水平，说明养元饮品发展出现了瓶颈。国内外各大食品饮料生产巨头都采取的是多元化发展道路，随着科技进步与生产工艺的更新换代，植物蛋白饮料行业也将会面临洗牌，养元饮品只有不断增加相关产品的研发投入，才能从根本上解决产品同质化的危机。

八、综合评价

养元饮品作为一家快消品加礼品型的食品上市公司，深耕核桃乳市场近二十年，在长期的市场竞争中形成了自身的独特优势，品牌价值高，经销商逐步增加。公司生产基地在全国范围内多点布局，销售网络持续扩大，市场竞争力较强。其卓越的销售净利率、净资产收益率等利润指标展示出了较其他竞争者突出的盈利水平。养元饮品的财务风险很低，且保持了逐年向好趋势，较强的现金流入使得其整体偿债能力保持了一个优良的水平。公司经营策略调整，以更好适应市场消费需求变化，拓宽产品线，丰富不同消费层次选择，利润增长率也获得了小幅回升，表明公司仍有一定的增长潜力。总的来说，养元饮品的各项偿债能力、盈利能力、营运能力处于行业中上等水平。

研发能力弱仍然是养元饮品的一大劣势。通过系统的财务分析可知，养元饮品在2017年之前，几乎没有研发新的产品，每年的研发费用很少，达不到同行的一半水平。技术投入比率过低，研发能力严重不足，直接导致了产品结构单一这个最大风险和问题，也是威胁其经营绩效的最关键原因。此外，公司严重依赖单一的核桃乳产品，单项产品营收比重高达98％，抗风险能力比较差，且增长空间狭小。通常来看，任何产品都有产品生命周期，食品饮料等快消行业表现更明显，需要具有强大的产品矩阵及不断推陈出新的产品创新能力，这种能力突出表现在强大的产品研发能力，而养元最突出的弱点就是新品研发能力差。

通过会计报表分析发现,以银行理财产品为主的其他流动资产占总资产比过高的现象,凸显了养元饮品主营业务增长乏力。从主营业务收入看,养元饮品的主营业务收入在 2015 年达到峰值后,就进入了持续的震荡调整期,出现了明显的增长乏力。从市场占有率看,养元饮品已包揽了国内超过四分之一的核桃乳市场份额,而饮料行业的特性决定了一家公司很难垄断或控制单一市场。从产业角度来看,整个植物蛋白饮料行业并没有市场井喷和产能大幅扩张的机会。面对严峻的行业前景,养元饮品没有加大市场拓展的脚步,反而将大部分流动资金用于购买银行理财产品,虽然能在短期内增加营业外收入,但主营业务原地踏步将会错失转型发展的机遇。在行业调整的背景下,养元饮品如果不及时扩宽产品线和新的客户群体,而只是在一个狭窄的核桃乳行业空间内作茧自缚,领先地位将难以保证。

养元饮品面对经营战略固化导致产品单一的困局,应及时响应市场变化调整经营战略。为转变主营业务增长乏力的局面,应进行多元化发展,开展行业并购和股权投资;面对研发能力不足的问题,应急需加大研发投入和技术创新力度;针对净资产收益率下降问题,应逐步压缩广告支出、渠道推广等销售费用,降低期间费用成本。

第二节　财务舞弊风险预测
——以我国上市公司为样本

财务舞弊风险预警是指通过对公司财务指标和经营状况的分析,在早期阶段识别出潜在的财务风险和经营问题,以便及时采取措施避免财务危机的发生。这一预警机制的意义和目的在于保护投资者权益,维护金融市场稳定,促进企业健康发展,加强整体经济的稳定性。

一、案例背景

本案例以我国 5 991 家上市公司(包含深市主板、沪市、创业板、科创板、北交所)为研究样本,使用 2021 年(第 T－1 年)个股主要指标、盈利能力指标、营运能力指标、成长能力指标、偿债能力指标等 56 项财务特征数据,来预测其在 2022 年(第 T 年)的财务风险状况。将 2022 年被冠以"ST""＊ST"或"S＊ST"等包含特别处理的标志作为公司陷入财务困境的标签,最终建立上市公司财务预警模型。

二、财务舞弊风险预测的具体过程

(一) 数据获取与预处理

1. 数据获取

导入 pandas 库,用于数据处理和分析

```
import pandas as pd

# 使用 pd.read_excel() 函数从 Excel 文件中读取数据
df = pd.read_excel('https://oss.xinchanjiao.com/upload/default/20230828-
d0f955f6-c6ed-4c55-a79e-c75db456aac8.xlsx')

# 打印输出 DataFrame 的行数和列数信息,使用.shape 属性获取维度信息
print('数据的行列数分别为:', df.shape)

# 使用 df.head() 函数显示 DataFrame 的前几行数据,默认显示前 5 行,用于数据预览
df.head()
```

输出结果为：

数据的行列数分别为:(5991,59)

（扫码看结果）

本案例共 60 列数据,包含"证券代码""证券简称(2022 年 10 月)""报告期",以及 57 个财务指标特征,如表 10-1 所示。

表 10-1　　　　　　　　　　　　　案例数据指标

指标分类	指标名称	指标分类	指标名称
基本信息	证券代码	个股主要指标	每股收益(元)
	证券简称(2022 年 10 月)		每股净资产(元)
	报告期		净资产收益率
营运能力	总资产周转率(%)		每股经营现金流量(元)
	总资产周转天数(天)		营业收入(元)
	存货周转率(%)		营业成本(元)
	存货周转天数(天)		营业利润(元)
	流动资产周转率(%)		归属母公司所有者净利润(元)
	流动资产周转天数(天)		毛利率
	固定资产周转率(%)		营业利润率
	运营资金周转率(%)	盈利能力	净资产收益率(%)
	应收账款周转率(%)		净资产收益率(扣除非经常性损益)(%)
	应收账款周转天数(天)		净资产收益率—加权(%)
	现金转换周期(天)		净资产收益率—加权(扣除非经常性损益)(%)

注:因代码中"/"符号代表除法,故本节量名词的单位用括号括起来。

（续表）

指标分类	指标名称	指标分类	指标名称
偿债能力	流动比率(%)	盈利能力	净利润率(%)
	速动比率(%)		营业税金率(%)
	资产负债比率(%)		营业成本率(%)
	产权比率(%)		投资收益率(%)
	现金比率(%)		总资产报酬率(%)
	运营资金(元)		管理费用率(%)
	经营净现金比率(短期债务)(%)		财务费用率(%)
	经营净现金比率(全部债务)(%)		成本费用利润率(%)
	非流动负债比率(%)		三费比重(%)
	流动负债比率(%)		期间费用率(%)
	保守速动比率(%)		净利含金量(%)
	有形资产净值债务率(%)		基本获利能力(%)
成长能力	营业收入增长率(%)		年化费用期间毛利率(%)
	总资产增长率(%)		
	营业利润增长率(%)		
	净利润增长率(%)		
	净资产增长率(%)		
	投资收益增长率(%)		

2. 了解数据基本信息

查看并处理数据的空值、重复值等。

```
# 使用df.isna().sum().sum()计算DataFrame中所有单元格的缺失值总数,并输出结果
print('数据中所有单元格缺失总数为:',df.isna().sum().sum())

# 使用df.duplicated().sum()计算DataFrame中重复行的总数,并输出结果
print('数据中重复行数为:',df.duplicated().sum())

# 使用df['报告期'].unique()获取DataFrame列'报告期'中的唯一值(去重后的值),并输出结果
print('数据中"报告期"列包含的值为:',df['报告期'].unique())
```

输出结果为:

数据中所有单元格缺失总数为:0

数据中重复行数为:0

数据中"报告期"列包含的值为:['2021-12-31']

从结果中可以看出,数据集中没有缺失值,没有重复行,而且在"报告期"列中只出现了一个唯一的时间点:2021-12-31。

3. 构造标签数据,即目标变量

将股票简称中包含以下标志的股票标记为财务困境企业,增加"是否财务困境"列:

(1) ST 表示该上市公司连续 2 年亏损。

(2) SST 表示该上市公司连续 2 年亏损,还没有完成股改。

(3) *ST 表示该上市公司连续 3 年亏损,退市预警。

(4) S*ST 表示该上市公司连续 3 年亏损,退市预警,还没有完成股改。

```
# 在 DataFrame 的"证券简称(2022 年 10 月)"列中,使用.str.contains()方法检查
每个单元格的字符串是否包含'ST'
#.str.contains()返回一个布尔型 Series,表示每个单元格是否包含'ST'
#.astype(int)将布尔值 Series 转换为整数型 Series,其中 True 转换为 1,False 转
换为 0
df['是否财务困境'] = df['证券简称(2022 年 10 月)'].str.contains('ST').astype(int)

# 显示更新后的 DataFrame 的前几行数据,包括新添加的"是否财务困境"列
df.head()
```

输出结果为:

（扫码看结果）

(二) 数据描述性统计分析

1. 绘制是否财务困境占比饼图

```
# 导入 matplotlib 绘图库
import matplotlib.pyplot as plt

# 使用 df['是否财务困境']列的 value_counts()方法统计不同值的数量,得到一个包
含计数信息的 Series
df_count = df['是否财务困境'].value_counts()

# 输出未陷入财务困境数量和陷入财务困境数量,分别获取 Series 中索引为 0 和 1
的元素
```

```
print('未陷入财务困境数量、陷入财务困境数量分别为:', (df_count[0], df_count[1]))

#使用.plot()方法绘制饼图,kind ='pie'表示绘制饼图
#figsize = (8,8)设置图形的大小,autopct ='%.2f%%'设置显示百分比格式,
fontsize = 15设置字体大小
#labels = ['未陷入财务困境','陷入财务困境']设置饼图上的标签
df_count.plot(kind ='pie',
              figsize = (8,8),
              autopct ='%.2f%%',
              fontsize = 15,
              labels = [f'未陷入财务困境 -{df_count[0]}家',f'陷入财务困境 -
{df_count[1]}家'])

#设置图形标题和字体大小
plt.title('是否财务困境占比饼图', fontsize = 18)
#清除 y 轴标签
plt.ylabel(None)
#添加图例
plt.legend()

#显示绘制的饼图
plt.show()
```

输出结果为:

未陷入财务困境数量、陷入财务困境数量分别为:(5851,140)

是否财务困境占比饼图

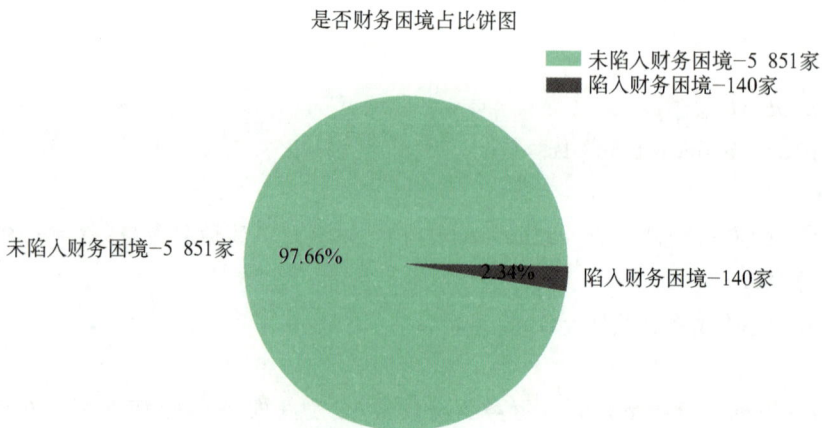

2. 绘制是否财务困境各类指标对比柱状图

根据"是否财务困境"列进行分组,从个股主要指标、盈利能力指标、运营能力指标、成长能力指标、偿债能力指标中分别选择 1～3 个具体指标,绘制"财务指标在不同财务困境状态下的相对平均值"柱状图,对比查看各指标情况。

```
#将 DataFrame 使用.set_index()方法设置多级索引,索引包括"证券代码","证券简称(2022 年 10 月)"和"报告期",以便后续分组和分析
#使用.groupby('是否财务困境')对 DataFrame 按照"是否财务困境"列进行分组,准备进行财务指标在不同财务困境状态下的分析
#从分组后的 DataFrame 中选择一组特定的财务指标列,包括'总资产周转率%','流动资产周转率(%)'等
#使用.mean()计算每个分组中各指标的平均值,并将平均值转换为相对平均值(将每个值除以该指标中的最大值的绝对值。)
#使用.T 进行转置,将指标作为列,不同财务困境状态作为行,方便后续绘制条形图
df.set_index(['证券代码','证券简称(2022 年 10 月)','报告期']).groupby('是否财务困境')[[
    '总资产周转率%','流动资产周转率(%)','应收账款周转率(%)',
    '速动比率(%)','流动比率(%)','资产负债比率(%)',
    '每股净资产(元)','毛利率(%)','每股收益(元)','净资产收益率-加权(%)',
    '总资产增长率(%)','净资产增长率(%)',
]].mean().T.apply(lambda x: x / abs(max(x[0], x[1])), axis = 1).plot.bar
(figsize = (20, 10), rot = 10, grid = True)


#设置图形的标题
plt.title('财务指标在不同财务困境状态下的相对平均值', fontsize = 18)
#设置 x 轴标签字体大小
plt.xticks(fontsize = 12)
#设置 y 轴标签
plt.ylabel('相对平均值', fontsize = 15)
#显示网格线
plt.grid(True)


#显示绘制的条形图
plt.show()
```

输出结果为:

财务指标在不同财务困境状态下的相对平均值

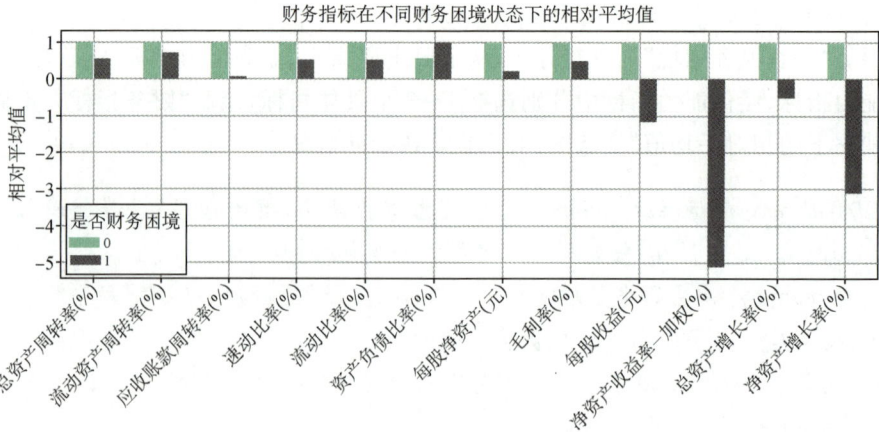

(三) 特征工程

1. 数据平衡化处理

首先从原始的 DataFrame 中分别筛选出陷入财务困境和未陷入财务困境的样本，然后对未陷入财务困境样本进行随机抽样，选择数量为 140，最终通过合并这些样本，得到一个经过降采样处理后的新的数据集。

```
#从原始 DataFrame 中筛选出财务困境状态为 1 的样本,即陷入财务困境的样本集合
#从原始 DataFrame 中随机抽样选择财务困境状态为 0 的样本,抽样数量为 140,即
未陷入财务困境的样本集合
#使用 pd.concat() 将陷入财务困境和未陷入财务困境的样本集合合并成一个新的
DataFrame,实现降采样操作
data = pd.concat([df[df['是否财务困境'] = = 1], df[df['是否财务困境'] = = 0].
sample(140, random_state = 42)], axis = 0)
#打印降采样后数据的行列数
print('降采样后样本后数据的行列数为:', data.shape)
#显示降采样后的数据的前几行
data.head()
```

输出结果为：

降采样后样本后数据的行列数为：(280,60)

	证券代码	证券简称 (2022年 10月)	报告期	总资产 周转率%	总资产 周转天 数(天)	存货周 转率(%)	存货 周转天 数(天)	流动资 产周转 率(%)	流动资 产周转 天数(天)	固定资产 周转率(%)	...	总资产报 酬率(%)	管理费 用率(%)	财务费 用率(%)	成本费用 利润率(%)	三费比 重%(%)	期间费 用率 (%)	净利含金 量(%)	基本获利能力 (%)	年化费用 期间毛利 率(%)	是否 财务 困境
2	000004	ST国华	2021-12-31	0.216	1666	9.950	36	0.502	717	130.180	...	-38.076	7.020	-0.703	-233.532	18.182	18.18	-0.0061	-5.042260e+08	71.09	1
3	000005	ST星源	2021-12-31	0.156	2312	21.316	17	0.284	1266	14.138	...	5.644	17.295	-0.096	45.223	19.527	19.53	2.0012	1.821834e+08	-372.07	1
30	000038	*ST大通	2021-12-31	0.736	489	21.486	17	1.626	221	191.248	...	-20.533	2.293	-0.440	-31.764	4.225	4.23	0.3686	-6.824870e+08	67.34	1
59	000150	*ST宜康	2021-12-31	0.282	1277	70.858	5	0.691	521	2.100	...	-14.402	13.166	19.187	-43.095	35.030	35.03	-0.1676	-4.310805e+08	-179.79	1
79	000410	*ST沈机	2021-12-31	0.397	906	2.049	176	0.742	485	1.404	...	-20.195	17.255	4.901	-43.366	28.308	28.31	0.3289	-8.514454e+08	-105.32	1

5 rows × 60 columns

2. 构造特征矩阵 X 和目标变量 y

将 df 中除第三列到最后一列外的数据选取作为特征指标数据 X,将最后一列作为目标变量 y,以备后续训练模型。

```
#从经过降采样处理后的数据集中选择特征变量,排除第 3 列至最后一列之外的所
有列,作为特征矩阵 X
X = data.iloc[:, 3: -1]
```

```
#从经过降采样处理后的数据集中选择最后一列作为目标变量 y,用于指示样本的类
别(陷入财务困境与未陷入财务困境)
y = data.iloc[:, -1]
```

输出结果为:

无结果输出

3. 拆分数据集为训练集和测试集

```
from sklearn.model_selection import train_test_split
#使用 train_test_split 函数划分数据集,将数据划分为训练集和测试集
#test_size = 0.2 表示测试集占总数据集的 20%,设置随机种子 random_state =
123 以保持可复现性
X_train, X_test, y_train, y_test = train_test_split(X, y, test_size = 0.2,
random_state = 123)
#打印训练集和测试集的形状
print("训练集特征矩阵形状:", X_train.shape)
print("测试集特征矩阵形状:", X_test.shape)
print("训练集目标变量形状:", y_train.shape)
print("测试集目标变量形状:", y_test.shape)
```

输出结果为:

训练集特征矩阵形状:(224,56)

测试集特征矩阵形状:(56,56)

训练集目标变量形状:(224,)

测试集目标变量形状:(56,)

4. 数据标准化

数据标准化是一种常见的数据预处理技术,其主要目的是将不同特征之间的数值范围进行统一,使得特征之间具有相同的尺度,从而有助于提升机器学习算法的性能和收敛速度。

```
from sklearn.preprocessing import StandardScaler
```

```
# 创建一个 StandardScaler 对象,用于数据标准化
scaler = StandardScaler()

# 对训练集数据进行标准化处理,计算并应用均值和标准差
X_train_scaler = scaler.fit_transform(X_train)

# 对测试集数据进行标准化处理,使用训练集上计算得到的均值和标准差进行处理
X_test_scaler = scaler.transform(X_test)

# 打印标准化后的测试集数据的前一行
print(X_test_scaler[:1])
```

输出结果为:

```
[[ 2.49481855e+00 -3.33422445e-01 -6.99705769e-02 -1.84440976e-01
   5.77292386e-01 -3.72991266e-01  6.48975477e+01 -6.07687883e-02
  -2.89968851e-01 -1.54109208e-01 -2.18466414e-01 -2.76514853e-01
  -3.10153878e-01  3.43515129e-01  1.52514348e-02 -6.51835395e-02
  -1.08946238e-01 -1.12261988e-01 -7.59165708e-02 -9.40880673e-01
   9.27290514e-01 -3.06034419e-01 -9.51810229e-02 -1.68859031e+00
  -8.22858829e-02  3.39160548e-01  2.16635198e-01  1.22324511e+00
  -8.08788301e-02  3.63928484e-02 -7.58344024e-01  2.53071677e-01
  -2.43147821e-01 -3.16513392e-01 -2.89868005e-01  1.80829440e-02
   5.44519187e-02 -9.97703590e-01  1.75235424e-01  2.53069097e-01
   2.84543861e-01  1.69216402e-01  2.89525135e-01  2.11301270e-01
  -4.42179399e-01  9.90936957e-01 -8.69027907e-02  2.05042309e-01
  -5.66329042e-01 -1.79183322e-01  1.52733573e-01 -5.19628717e-01
  -5.26387913e-01  3.24553680e-01  1.55140785e-03  3.37340172e-01]]
```

(四)建模分析

1. 初始化 K 最近邻模型并完成训练

```
# 导入需要的模块和类
from sklearn.neighbors import KNeighborsClassifier

# 创建一个 KNeighborsClassifier 实例,用于执行 k 近邻分类
knn = KNeighborsClassifier()

# 使用训练数据对模型进行拟合(训练)
knn.fit(X_train_scaler, y_train)
```

输出结果为:

```
KNeighborsClassifier()
```

2. 初始化随机森林模型并完成训练

```
# 导入需要的模块和类
from sklearn.ensemble import RandomForestClassifier

# 创建一个 RandomForestClassifier 实例,用于执行随机森林分类
rfc = RandomForestClassifier()

# 使用训练数据对模型进行拟合(训练)
rfc.fit(X_train_scaler, y_train)
```

输出结果为:
```
RandomForestClassifier()
```

3. 初始化神经网络模型并完成训练

```
# 导入需要的模块和类
from sklearn.neural_network import MLPClassifier

# 创建一个 MLPClassifier 实例,用于执行多层感知器(神经网络)分类
# 在这个例子中,设置了包含四个隐藏层,每层有 128 个神经元的神经网络模型
# max_iter 参数设置为 2000,表示最大迭代次数
mlp = MLPClassifier(hidden_layer_sizes = (128,128,128,128), max_iter = 2000)

# 使用训练数据对模型进行拟合(训练)
mlp.fit(X_train_scaler, y_train)
```

输出结果为:
```
MLPClassifier(hidden_layer_sizes = (128, 128, 128, 128), max_iter = 2000)
```

（五）模型效果对比与优化

1. 模型的准确率情况

```
# 使用训练好的 K 最近邻模型对标准化后的测试数据 X_test_scaler 进行分类预测,并计算模型的准确度(得分)
    knn_accuracy = knn.score(X_test_scaler, y_test)

# 打印输出 K 最近邻模型在测试数据上的准确度得分
print(f"K 最近邻模型的准确度得分：{knn_accuracy:.2 % }")
```

```
#使用训练好的随机森林模型对标准化后的测试数据 X_test_scaler 进行分类预
测,并计算模型的准确度(得分)
rfc_accuracy = rfc.score(X_test_scaler, y_test)


#打印输出随机森林模型在测试数据上的准确度得分
print(f"随机森林模型的准确度得分:{rfc_accuracy:.2 % }")


#使用训练好的神经网络模型对标准化后的测试数据 X_test_scaler 进行分类预
测,并计算模型的准确度(得分)
mlp_accuracy = mlp.score(X_test_scaler, y_test)


#打印输出神经网络模型在测试数据上的准确度得分
print(f"神经网络模型的准确度得分:{mlp_accuracy:.2 % }")
```

输出结果为:

K 最近邻模型的准确度得分:83.93 %

随机森林模型的准确度得分:85.71 %

神经网络模型的准确度得分:82.14 %

2. 通过 ROC 曲线查看各模型效果

```
import matplotlib.pyplot as plt
from sklearn.metrics import roc_curve


# 创建一个大小为 12×8 的图形窗口
plt.figure(figsize = (12,8))


#计算并绘制 K 最近邻模型的 ROC 曲线
knn_fpr, knn_tpr, knn_threshold = roc_curve(y_test, knn.predict_proba(X_test
_scaler)[:, 1])
plt.plot(knn_fpr, knn_tpr, label = 'K 最近邻模型 ROC 曲线')


#计算并绘制随机森林模型的 ROC 曲线
rfc_fpr, rfc_tpr, rfc_threshold = roc_curve(y_test, rfc.predict_proba(X_test_
scaler)[:, 1])
plt.plot(rfc_fpr, rfc_tpr, label = '随机森林模型 ROC 曲线')


#计算并绘制神经网络模型的 ROC 曲线
```

```
mlp_fpr, mlp_tpr, mlp_threshold = roc_curve(y_test, mlp.predict_proba(X_test_
scaler)[:, 1])
plt.plot(mlp_fpr, mlp_tpr, label = '神经网络模型 ROC 曲线')


# 添加图例
plt.legend()
# 设置图形标题
plt.title('不同模型的 ROC 曲线')
# 设置 X 轴标签
plt.xlabel('假正率(FPR)')
# 设置 Y 轴标签
plt.ylabel('真正率(TPR)')


# 显示绘制的图形
plt.show()
```

输出结果为：

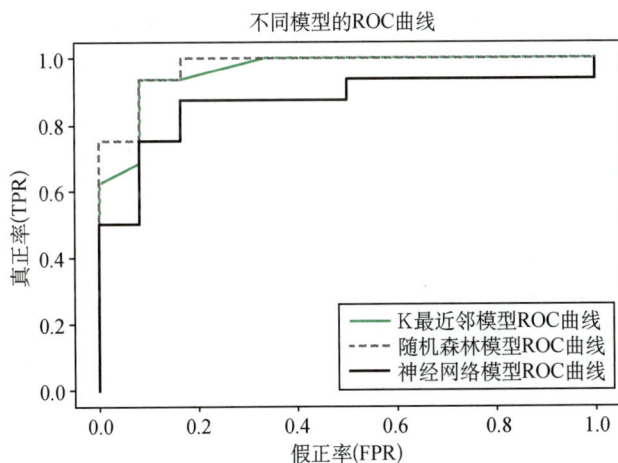

ROC 曲线越靠近左上角,表示模型在不同阈值下能够保持较低的假正率同时获得较高的真正率。从结果看,随机森林模型效果最好,K 近邻模型次之,神经网络模型效果最差,可能与数据量较小有关。随机森林和 K 近邻模型在较小数据集上表现可能更稳定,因为它们具有更少的参数和更少的复杂性。

AUC 是 ROC 曲线下的面积。AUC 值越大,表示模型在不同阈值下的性能越好,具有更好的分类能力。一般来说,AUC 值大于 0.5 表示模型有一定的分类能力,AUC 值等于 1 表示模型完美分类。

3. 通过 AUC 值查看各模型效果

```
from sklearn.metrics import auc

knn_auc = auc(knn_fpr, knn_tpr)
rfc_auc = auc(rfc_fpr, rfc_tpr)
mlp_auc = auc(mlp_fpr, mlp_tpr)

print("K 最近邻模型的 AUC 值:", knn_auc)
print("随机森林模型的 AUC 值:", rfc_auc)
print("神经网络模型的 AUC 值:", mlp_auc)
```

输出结果为:

K 最近邻模型的 AUC 值:0.9609375

随机森林模型的 AUC 值:0.9739583333333334

神经网络模型的 AUC 值:0.8645833333333334

从结果来看,K 最近邻模型的 AUC 值约为 0.96,表示该模型在不同阈值下的性能较好,具有较高的分类能力。随机森林模型的 AUC 值约为 0.97,表示该模型在不同阈值下的性能更优,具有更高的分类能力。神经网络模型的 AUC 值约为 0.86,相较于其他两个模型,其性能稍低。

4. 通过随机森林模型查看特征重要性

通过分析随机森林模型中的特征重要性,我们可以了解哪些特征对于模型的预测影响最大,从而更好地理解数据和模型的关系。

```
import matplotlib.pyplot as plt
import pandas as pd

# 创建一个图形,指定大小
plt.figure(figsize = (12,8))

# 构建一个 DataFrame,其中包含指标名称及其重要性
df_feature_importances = pd.DataFrame({
    '指标名称': X.columns,    # X 是特征数据的 DataFrame,包含各个指标作为列
    '指标重要性': rfc.feature_importances_    # rfc 是随机森林模型
}).sort_values('指标重要性')    # 按指标重要性排序

# 创建一个水平条形图,显示排名靠后的十个特征及其重要性
plt.barh(df_feature_importances['指标名称'][ - 10:], df_feature_importances
['指标重要性'][ - 10:])
```

```
#添加标题和标签
plt.title('财务困境预测的top10财务指标特征',fontsize = 15)
plt.xlabel('特征重要性',fontsize = 12)
plt.ylabel('特征名称',fontsize = 12)


#显示图片
plt.show()
```

输出结果为：

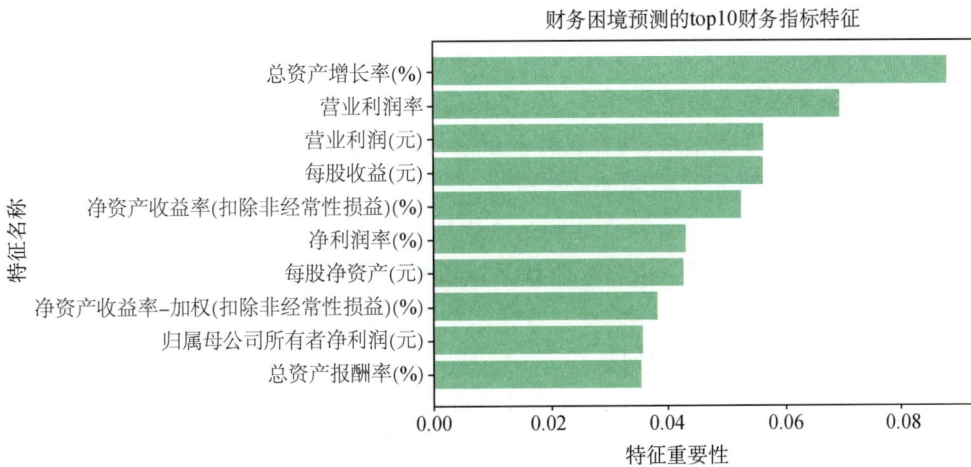

财务困境预测的top10财务指标特征

结果显示了随机森林模型在预测企业财务困境时前十重要的特征,这些特征根据它们对模型在预测财务困境方面的性能贡献被赋予了重要性分数。以下是对部分特征的解读：

（1）总资产增长率：这个特征在预测企业财务困境时具有最高的重要性,这意味着总资产增长率对于判断企业是否陷入财务困境具有显著影响,较低的增长率可能暗示着潜在的问题。

（2）营业利润率：营业利润率在预测财务困境时具有较高的重要性,这表明企业核心业务的盈利能力对于判断其财务状况是否健康至关重要。

（3）营业利润：营业利润金额对于预测财务困境也很重要,这表示企业的营业活动是否能够产生足够的利润来应对可能的困境。

（4）每股收益：每股收益在预测财务困境方面具有显著的影响,这个指标可能与企业的盈利能力和未来发展潜力有关。

（5）净资产收益率（扣除非经常性损益）：考虑了非经常性项目后的净资产收益率在预测财务困境时很重要,这个指标反映出企业核心盈利能力的稳定性。

（6）净利润率：净利润率对于判断企业财务困境也是一个重要因素,较低的净利润率可能暗示着经营效益不佳。

综合准确率、ROC 曲线和 AUC 值来看,随机森林模型的性能最佳,其次是 K 最近邻模型,而神经网络模型相对较弱。通过随机森林模型中的指标重要性看到"总资产增长率(%)""营业利润率""营业利润(元)""每股收益(元)""净资产收益率(扣除非经常性损益)(%)"等成长能力和盈利能力指标对财务困境预测有重要的影响。可以利用指标和结果的因果关联性,反向探索预警原因,为上市公司实现财务健康提供帮助。

我们也可以通过获取更多的数据、增加其他衍生变量、尝试更多的参数等,综合比较更多的模型,进一步确定一个更加稳定且性能好的模型,作为最终的上市公司财务困境预测模型,投入实际的预测工作。

本章小结

1. 财务报表对于管理层来说,不仅是了解企业财务状况的工具,更是优化经营决策、资源配置和战略制定的重要依据。管理层通过对财务报表的分析,能够更全面地了解企业的盈利能力、运营能力、成长能力和偿债能力等方面的情况,从而有针对性地制定经营策略,优化资源分配,提高企业竞争力。

2. 对于投资人而言,财务报表分析是评估投资风险、回报潜力和判断企业竞争力的重要手段,可以通过分析财务报表来评估企业的财务健康状况,判断其长期发展潜力。投资人可以关注企业的盈利情况、资产负债表和现金流量表等财务指标,以制定投资策略,降低投资风险,追求更好的回报。

3. 财务困境预警是在早期阶段通过对公司财务指标和经营状况的分析,识别出潜在的财务风险和经营问题,以便及时采取措施避免财务危机的发生。这一预警机制的目的在于保护投资者的权益、维护金融市场的稳定、促进企业的健康发展以及加强整体经济的稳定性。

复习思考题

1. 财务报表在企业内外的作用分别是什么? 管理层如何利用财务报表优化决策?
2. 投资人如何通过财务报表分析评估投资风险和判断企业竞争力?
3. 财务困境预警的目的和意义是什么? 为什么及时识别财务问题至关重要?
4. 企业内外部利益相关者如何通过财务报表更好地理解企业状况?
5. 上市公司财务预警模型的建立依据是什么? 使用了哪些财务特征数据?
6. 特别处理标志(ST、ST、SST)在财务预警模型中的作用是什么?
7. 养元饮品的财务报表数据分析中涉及了哪些财务指标?
8. 财务困境预警的机制是如何通过财务指标和经营状况分析实现的?
9. 为什么财务报表数据分析对企业的可持续发展和投资决策具有促进作用?
10. 如何利用财务特征数据建立上市公司财务预警模型? 这种模型的应用场景是什么?

实践操作题

1. 根据第一节财务大数据分析——财务报表数据分析的分析思路和方法,选择感兴趣的行业和企业,收集其财务报表数据,包括资产负债表、利润表和现金流量表。通过计算和分析财务比率、趋势及同行业对比,评估企业的盈利能力、资产负债结构和现金流量。结合行业背景,考虑行业增长趋势、市场环境和宏观经济因素,分析行业内的竞争格局。最后,将分析结果汇总并撰写报告,为投资者、管理层或其他利益相关者提供有价值的信息。

2. 根据第二节财务大数据分析-财务舞弊风险预测案例的分析思路和方法,采集更多的特征数据,使用其他如逻辑回归、支持向量机等模型进行训练,并使用准确率、召回率等指标评估模型性能。分析模型识别出的舞弊案例,撰写报告讨论模型应用及改进。

参考文献

［1］余国本. Python 编程与数据分析应用［M］. 北京：人民邮电出版社，2023.

［2］班妙璇. Python 在企业财务数据分析中的应用［J］. 现代商贸工业，2023，44（12）.

［3］林德尔. 大数据财务分析入门［M］. 2 版. 徐国栋，译. 北京：中国人民大学出版社，2022.

［4］黑马程序员. Python 快速编程入门［M］. 2 版. 北京：人民邮电出版社，2021.

［5］魏伟一，李晓红. Python 数据分析与可视化［M］. 2 版. 北京：清华大学出版社，2022.

［6］董付国. Python 数据分析、挖掘与可视化［M］. 2 版. 北京：人民邮电出版社，2020.

［7］成佩，孟勇. 集成学习方法的应用与比较［J］. 统计与决策，2023，39（23）.

［8］顾顺德. 数据可视化与分析基础［M］. 北京：中国铁道出版社，2022.

［9］余本国，刘宁，李春报. Python 大数据分析与应用实战［M］. 北京：电子工业出版社，2021.

［10］张雪萍，杨腾飞，王军峰，等. 大数据采集与处理［M］. 北京：电子工业出版社，2021.

［11］石毅，张莉，高建华，等. Python 语言程序设计［M］. 北京：电子工业出版社，2021.

［12］王鑫. 数据可视化五部曲［M］. 北京：电子工业出版社，2019.

［13］吕晓玲，宋捷. 大数据挖掘与统计机器学习［M］. 北京：中国人民大学出版社，2016.

［14］马秀麟，姚自明，邬彤，等. 数据分析方法及应用［M］. 北京：人民邮电出版社，2015.

［15］王志权. 大数据时代与企业财务管理转型［J］. 财务与会计，2014，6.

［16］陈旭瑶. 基于聚类算法的财务大数据智能分析处理技术研究［J］. 创新科技研究，2024，2（2）.

［17］莫尔纳. 可解释机器学习［M］. 北京：电子工业出版社，2021.

［18］ABEDIN Z M, HASSAN K M, HAJEK P, et al. The Essentials of Machine Learning in Finance and Accounting［M］. London：Routledge，2021.

教师教学资源服务指南

关注微信公众号"**高教财经教学研究**",可浏览云书展了解最新经管教材信息、下载教学资源、申请教师样书、下载试卷、观看师资培训课程和直播录像等。

下载教学资源

电脑端进入公众号点击导航栏中的"教学服务",点击子菜单中的"资源下载",或浏览器输入网址链接http://101.35.126.6/,注册登录后可搜索相应资源并下载。

申请教师样书

点击导航栏中的"教学服务",点击子菜单中的"云书展",了解最新教材信息及申请样书。

下载试卷

高教财经教学研究公众号目前提供基础会计学、中级财务会计、财务管理、管理会计、审计学、税法、税收筹划、税务会计课程试卷下载。点击导航栏中的"教学服务",点击子菜单中的"免费试卷",下载试卷。

观看教师培训课程

高教财经教学研究公众号上线了名师谈"中级财务会计教学""高级财务会计教学""财务报表分析教学""管理会计教学""审计学教学",以及"智能投资在线课程""Python量化投资在线课程"等课程。点击导航栏中的"教师培训",点击子菜单中的"培训课程"即可观看教师培训课程和"名师谈教学与科研直播讲堂"的录像。

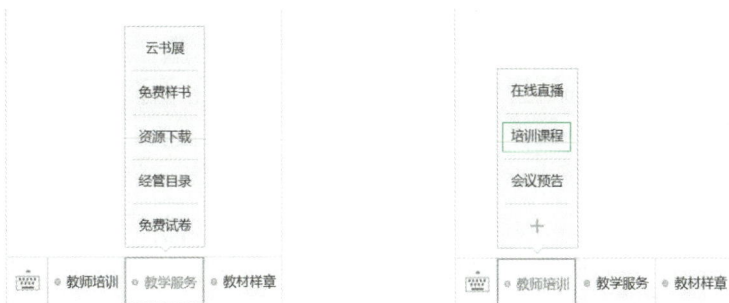

| 云书展 |
| 免费样书 |
| 资源下载 |
| 经管目录 |
| 免费试卷 |

教师培训 · 教学服务 · 教材样章

| 在线直播 |
| 培训课程 |
| 会议预告 |
| + |

教师培训 · 教学服务 · 教材样章

联系我们

联系电话:(021)56718921　　　　高教社本科会计教师论坛QQ群:116280562